论文写作问题清单

55种常见错误的识别与订正

田洪鋆（吉大秋果）
| 著

北京大学出版社
PEKING UNIVERSITY PRESS

图书在版编目（CIP）数据

论文写作问题清单：55 种常见错误的识别与订正 / 田洪鋆著. -- 北京：北京大学出版社，2025.8.
ISBN 978-7-301-36540-3

Ⅰ．H152.3

中国国家版本馆 CIP 数据核字第 20257ED189 号

书　　名	论文写作问题清单：55 种常见错误的识别与订正 LUNWEN XIEZUO WENTI QINGDAN: 55 ZHONG CHANGJIAN CUOWU DE SHIBIE YU DINGZHENG
著作责任者	田洪鋆　著
责任编辑	王　晶
标准书号	ISBN 978-7-301-36540-3
出版发行	北京大学出版社
地　　址	北京市海淀区成府路 205 号　100871
网　　址	http://www.pup.cn
新浪微博	@北京大学出版社　@北大出版社法律图书
电子邮箱	编辑部 law@pup.cn　总编室 zpup@pup.cn
电　　话	邮购部 010-62752015　发行部 010-62750672 编辑部 010-62752027
印刷者	三河市北燕印装有限公司
经销者	新华书店
	890 毫米×1240 毫米　A5　9.625 印张　275 千字 2025 年 8 月第 1 版　2025 年 10 月第 2 次印刷
定　　价	59.00 元

未经许可，不得以任何方式复制或抄袭本书之部分或全部内容。
版权所有，侵权必究
举报电话：010-62752024　电子邮箱：fd@pup.cn
图书如有印装质量问题，请与出版部联系，电话：010-62756370

序
——为什么要写这本书？

这应该是我在论文写作领域的最后一本书，之前我已经独自撰写了三本写作指导用书——《批判性思维与写作》《100天写出一篇论文——论文写作的本质及过程控制》《论文写作》，与爬树鱼老师共同撰写了两本关于师生论文写作的小故事集锦《你学习那么好，为什么写不好论文》《你写的论文，为什么老师总看不上》，这五本书分别从不同的角度揭示了论文写作的本质，但最终都是为了解决论文写作中不同的问题。其中《批判性思维与写作》是国内第一本将写作放在批判性思维角度观察的著作，揭示了写作的本质。《100天写出一篇论文——论文写作的本质及过程控制》一如既往地遵循了批判性思维的底层原理，将论文写作的本质更加细致地推进到分析论证和评论论证层面，同时指出写出一篇论文的难度不亚于管理一个复杂的项目，这本书贴心地将任务分解，帮助写作者①进行过程管理和控制。《论文写作》的写作初衷是解决全国3000多所高校没有统一的论文写作通识教材的难题，这本书不仅一如既往地将写作定位于思维培养，还结合高校毕业论文写作的特点和过程，形成了

---

① "写作者"是本书对从事写作学习和练习的人（他们通常也会是本书的读者）的称呼，"作者"是本书在援引某些文章时对这些文章作者的称呼，而"笔者"通常是指本书的作者，即我本人。区分"写作者""作者"的一个简单的方法是，"写作者"一直是笔者想要对话的读者，而"作者"则是笔者跟"写作者"对话的过程中涉及的某具体文章的作者。

论文写作问题清单：55种常见错误的识别与订正

一套完整的从入学到毕业的指导体系，论文写作过程也被细化为相互交织和影响的写作过程、指导过程和管理过程，被业内称为关于论文写作的从入学到毕业的保姆级教程。以上作品在北京大学出版社、高等教育出版社的帮助下顺利出版，取得了不俗的市场表现，在大学生群体中形成了"论文写作找秋果"的一般性共识。

此外，我和爬树鱼老师还经营着一个有着30多万关注量的公众号，常年分享关于论文写作的文章，经过将近7年的积累，竟然有了800多篇帖子。于是，在北京大学出版社的鼓励和帮助下，我们分步骤地将这些文章进行挑选、编撰、结集成册，形成了上面提到的《你学习那么好，为什么写不好论文》《你写的论文，为什么老师总看不上》这两部作品。这两本书表达轻松、语言幽默、可阅读性强，受到了大批读者的喜爱，我们的公众号也收到了很多读者的阅读反馈。在此，也要感谢一直支持我们的读者和粉丝朋友们。

还差一本书，我就将我构筑的论文写作学术指导体系全部建设完毕了。以上提及的五本书采用的都是正向的撰写思路，即从应该怎么写的角度帮助大家认识写作的本质，这种写作指导用书是重要的，也是必要的。然而，"知行合一"总是困难的，学生在阅读和学习，甚至在老师反复强调正确的撰写方法之后，还是会在实际写作中出现各种各样的问题。所以，"知道"和"做到"是两回事。作为一个拥有20年教龄的老教师，我不仅要在理论方面揭示论文写作的各种要求、本质和内在逻辑，也要在实践方面指出写作者容易犯的错误，即将写作理论落实到写作实践时遇到的障碍。于是，本书——《论文写作问题清单：55种常见错误的识别与订正》在我的脑海中逐渐浮现，它采用反向指导的方式，将写作者容易犯的写作错误结合写作原理加以分析，让写作者在拥有正向写作指导的同时还有一个"问题清单"可以参考。这样，我心中的论文写作指导体系才形成了闭环，我个人关于论文写作的学术探索也可以告一段落。

《论文写作问题清单：55种常见错误的识别与订正》将围绕两个方面的写作错误进行深入探讨、作出诊断——输出和输入。众所周知，论文写作不是无源之水、无本之木，写作者一定是在充分输入（阅读等准备工作）的基础上才能输出（写作）。所谓的输出诊断，是指针对一篇已经被书写出来的论文稿件进行诊断。在这个部分，我们会就一篇论文的标题、目录、关键字、摘要、引言和正文经常出现的问题进行展示、分析和纠正。所谓的输入诊断，是指针对一篇存在问题的论文，我们反思其在准备（输入）阶段存在的问题。在这个部分，我们会指出一篇文章在输出部分出现的问题是输入环节（选题、文献、阅读、综述、问题寻找以及框架构思）没有做好导致的。采用这种类似倒叙的撰写方式和顺序，原因有二：其一，论文写作的过程在本质上分为输入和输出两个阶段，没有输入，就不会有输出；输入的质量决定输出的质量。其二，写作者通常不太容易察觉自己在输入环节的问题，最直观的论文写作问题一般反映在输出环节，所以本书先从输出环节（写作者的写作稿件）入手，逐一分析输出问题之后再指出输出问题是由输入问题引起的，然后再进入下一部分——输入诊断。这样的安排更符合写作者认识和反思自己写作问题的逻辑。

本书想尽可能详尽地呈现笔者在20年的职业生涯中遇到的论文写作问题，对它们进行分类并以例子的形式展现出来。由于笔者研究领域的限制，所举的例子多为人文社科类的，甚至多为法学领域的例子。但这并不影响本书成为一本跨学科，甚至是跨越文科来揭示论文写作

论文写作问题清单：55种常见错误的识别与订正

本质的论文写作通识用书。希望本书以及上文提及的其余五本书所构成的正向和反向、理论和实践、输入和输出、过程和结果、现象和本质等复杂而又条理分明的论文写作学术指导体系能够助力年轻写作者的成长。最后，还要感谢读者们多年的陪伴、支持和厚爱！

论文写作问题清单

目 录

I 论文写作的基本常识

1. 设置论文写作的初衷——教会学生解决问题　004
   1.1　高等学校教的更多的是专业知识　004
   1.2　论文写作是为了让学生学会解决问题并生产新知识　005

2. 怎样用知识解决问题　007
   2.1　解决问题的底层逻辑　007
   2.2　问题是怎样被正确解决的　008

3. 解决问题的过程　014
   3.1　宏观步骤　014
   3.2　微观细节　017
   3.3　易混淆术语　018

4. 论文写作常见的解决问题形式　022
   4.1　最完整的形式　022
   4.2　最常见的形式　023

  4.3 最简洁的形式 024

5. 论文写作的过程及其控制 027
6. 根本性错误和非根本性错误 029

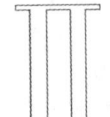 输出诊断

1. 标题诊断 035
  1.1 标题的写作要求 035
  1.2 常见错误 039
    错误1 标题没有问题 039
    错误2 标题没有学科关键字 043
    错误3 标题没守住学科 045
    错误4 标题没体现研究对象 048
    错误5 题目过大 050
    错误6 题目过难 056
    错误7 题目陈旧 059
    错误8 虚构的题目 061
    错误9 没有学术前途的题目 062
    错误10 政府报告类题目 067
    错误11 科普类题目 069
    错误12 说明文类题目 071

错误 13　标题语言不清晰需要优化　073

2. 目录诊断　076

　　2.1　目录的写作要求　076

　　2.2　常见错误　080

　　　错误 14　目录写成说明文　080

　　　错误 15　没有按照议论文逻辑撰写目录　083

　　　错误 16　无须保留所谓的理论基础部分　089

　　　错误 17　内衣外穿——逻辑层次错乱　091

　　　错误 18　跑题以及关键字不统一　095

　　　错误 19　提出问题部分——没提炼出问题并证明问题存在　098

　　　错误 20　分析问题部分——理论框架不对，又大又空　101

　　　错误 21　解决问题部分——与分析问题对应不上，又大又空　105

3. 关键字诊断　107

　　3.1　关键字的写作要求　107

　　3.2　常见错误　109

　　　错误 22　关键字没有学科属性　109

　　　错误 23　关键字排序不对　110

　　　错误 24　关键字不准确　112

4. 摘要诊断　113

　　4.1　摘要的写作要求　113

　　4.2　常见错误　114

错误 25　摘要没写实　114
错误 26　摘要写成内容简介　117
错误 27　摘要思路混乱　119
错误 28　摘要没扣住核心关键字　121

5. 引言诊断　125

5.1　引言的写作要求　125

5.2　常见错误　131

错误 29　不了解引言如何写作　131

错误 30　引言写作没到位　137

6. 正文诊断　143

6.1　正文的写作要求　143

6.2　常见错误　153

错误 31　段落写作法的错误　153

错误 32　IBAC 写作结构的错误　159

错误 33　语言文字人称等错误　163

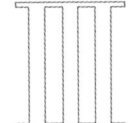

III 输入诊断

1. 研究方向诊断　172

1.1　研究方向的要求　172

1.2 常见错误 178

错误 34 研究方向没有学科属性 178

错误 35 研究方向过难 180

错误 36 研究方向陈旧平庸 183

错误 37 研究方向延展性差 185

错误 38 研究方向太过成熟（快） 186

错误 39 研究方向太小众（大） 188

2. 文献检索诊断

2.1 文献检索的要求 190

2.2 常见错误 193

错误 40 脱离文献谈选题 193

错误 41 文献不满足"四性" 196

3. 文献阅读诊断 199

3.1 文献阅读的要求 199

3.2 常见错误 203

错误 42 基础性阅读不充分 203

错误 43 检视性阅读不充分 205

错误 44 没有达到批判性阅读的程度 212

4. 文献综述诊断 217

4.1 文献综述的要求 217

4.2 常见错误 219

错误 45 没有"述"没有"评"，只有基本信息罗列 219

错误 46 只有"述"没有"评"，述得还行，
评得不够 221

　　　　错误47　有"述"有"评"，解构论证尚可，
　　　　　　　　建构论证不行　222
　　　　错误48　有"述"有"评"，但没写到位　223

5. 问题诊断　228
　　5.1　论文写作对"问题"的要求　228
　　5.2　常见错误　234
　　　　错误49　没有问题　234
　　　　错误50　说不清问题来源　238
　　　　错误51　没有提炼出问题　240

6. 论证框架诊断　242
　　6.1　论证框架的要求　242
　　6.2　常见错误　245
　　　　错误52　没有论证框架　245
　　　　错误53　论证前提又大又空　247
　　　　错误54　结论放之四海皆准、缺乏针对性　248

IV　AI辅助诊断

1. AI辅助论文写作概述　251
　　1.1　AI怎么看待AI辅助论文写作　253

  1.2 AI 辅助论文写作的基本提示 256

2. AI 辅助诊断 263

  2.1 AI 辅助的要求 263

  2.2 常见错误 265

    错误 55 AI 辅助论文写作发生的错误 265

附录 常见错误自纠自查简表 285

后记 如何判断一本写作书的好坏以及江湖再见！ 288

设置论文写作的初衷——教会学生解决问题
怎样用知识解决问题
解决问题的过程
论文写作常见的解决问题形式
论文写作的过程及其控制
根本性错误和非根本性错误

I 论文写作的基本常识

在正式介绍论文写作的各种错误之前，我们需要先对论文写作的基本常识进行澄清，以便本书的读者乃至全国从事论文写作教与学的人们能够就论文写作的基本范畴、基本原理和规律有统一的认识。这种做法并不多余，目前全国对于论文写作的知识体系、内容结构、逻辑表达都没有形成共识，也没有统一的课程和教材对此进行权威的解释。① 在实践中，师生在围绕论文写作进行沟通的时候，使用的话语体系不同，对相同术语的内涵和外延理解不同，甚至对论文的文体、叙事逻辑也有不同的认识。有的老师只是自己会写，他们想当然地认为在他们使用问题、问题意识、论证、理论性、创新性等词汇的时候，学生听得懂并且能身体力行地将这些内容落实到写作实践中。其实，绝大多数学生是听不懂的，更不要说实践了。不只是学生，写作对很多年轻老师来说也是挑战，他们自己也说不清楚上述术语的准确含义。上述理论和实践的问题导致论文写作在常规教学中充满了困惑、误解和沟通不畅等问题，教学效果也难以保证。因此，本书用比较短小的篇幅先将实践中经常涉及的论文写作基本问题澄清一下，然后在这个共识的基础上再展开常见写作错误的分析。

---

① 笔者为全国高校开设通识论文写作课程撰写的《论文写作》教材，即将由高等教育出版社出版。

Ⅰ 论文写作的基本常识

1. 设置论文写作的初衷——教会学生解决问题

在高等学校,每一次学位的获得都必然伴随着论文写作,学士、硕士和博士学位都是如此。但很少有人思考,为什么要设置这样一个环节。当然,现在网上也有很多人主张要将论文写作环节取消,这样的观点是否有道理呢?在本部分,我们将会获得这个问题的答案。

1.1 高等学校教的更多的是专业知识

大学之前的学习是通识性的,大学之后的学习多是专业性的。在学生进入大学之后,根据高考志愿,他们被分配到各个学院进行专业学习。大学生从大学课堂上能学到什么呢?绝大多数情况下,学生获得的是一套完整的知识体系,即按照中国和世界上很多高校既有的人才培养模式,通过大学四年(或五年)的学习,学生能够收获自己所在学科的一套完整的知识体系。以法学专业为例,学生进入法学院,会学习宪法、行政法、民法、商法、经济法、刑法、诉讼法、国际法等一系列学科知识。以医学专业为例,学生进入医学院,会逐步学到内科、外科、妇科、儿科等学科的知识。也就是说,目前中国的高等教育比较擅长传递学科知识,它保证大学生在经过4—5年的学习后能获得一套其所在学科的完整的知识体系。

这种培养方式的优点在于学生会得到一个完备的知识体系,缺点在于学生不怎么会用知识解决问题。这就好似虽然我们有一柜子衣服

（知识体系），但是当面对各种专门的场合时，我们却不会穿搭（用知识解决问题）。现实中，我们也能经常听到用人单位的抱怨——大学生的成绩可能还行，但他们不会解决实践中的问题。比如，法学生到了法院不会处理案件，医学生到了临床不会处理病情。这也是高校作为人才培养机构和用人单位作为人才聘用机构之间长期存在的结构性矛盾。

1.2 论文写作是为了让学生学会解决问题并生产新知识

为了提升学生用知识解决问题的能力，高等学校设置了实践教学环节，比如法学生的实习、模拟法庭、法律援助等；医学生的实习、轮转、医学模拟等。论文写作也是实践教学中的一个环节，其目的也是培养学生解决问题的能力。论文写作与法学生的模拟法庭、医学生的实习相比，虽然都是在强化和训练学生的解决问题能力，但是前者涉及新知识的生产，后者（模拟法庭和实习）仅涉及既有知识的应用，即论文写作强调创新性，强调通过解决一个没有被解决的问题从而得出一个创新性结论（新知识的生产）；或者某个问题虽然已有解决方案，但是不够优化，通过论文写作这种研究性活动[①]得出了比之前更为优化的方案（还是新知识的生产），如 5G 和 4G 虽然都是通讯问题的解决方案，但 5G 显然更优化，涉及新知识的生产。

常规的实习、模拟教学等属于应用层面，即强调既有知识的应用，不要求生产新知识，只要学生能将在课堂上学会的既有知识应用于实践问题的解决就行。所以，我们看到法学生在实践中要不断地练习常规案件的处理、法律文书写作；医学生在实践中要不断地熟悉病情诊

---

① 论文写作是科学研究即研究性活动的载体。

断、手术、开方子等,这些都不涉及新知识的生产,只是既有知识的实践应用。但论文写作强调生产新知识,在解决问题的过程中生产出新的知识。比如一个外科医生在工作中,创造性地研发了一种可以快速缝合伤口或者高效率的精准完成手术的新方法,他就可以围绕这个新方法撰写论文,向全世界宣布自己生产出了新知识。在剖宫产手术没有被发明之前,生育是女性的一道坎,难产会导致女性的死亡。自从剖宫产手术被发明之后,因难产死亡的女性数量大大减少。剖宫产手术在当时就是新知识,是在解决问题过程中生产的新知识,或者是为了更好地解决问题而生产出的新知识,论文写作只不过是用文字将这种知识生产的过程和原理呈现出来。呈现的目的是让这种新知识得到传播,让科学研究的成果能快速地被大家知晓并进一步转变成人们日常解决问题使用的"既有知识"。

也许有人会说,学生能解决什么问题啊,毕竟他们年龄还小、学识还浅。这里不要对新知识有误解,但凡能够推动人类的知识总量有一点增加的都是新知识,无论大小。本科生、研究生都是新知识生产的主体,他们可以根据自己的实际情况和能力,在自己的专业领域内力所能及地生产新知识。总之,论文写作是需要有创新性的,这个创新性只能通过生产新知识体现出来。

综上所述,大学课堂主要传递给学生一整套学科知识,这种培养方式的优点很明显,但缺点在于对学生实践能力(解决问题能力)的培养不足。为了提高学生解决问题的能力,高校设置了一系列的实践教学环节,包括实习和论文写作。前者强调用既有知识解决常规问题,但后者所面临的问题就不是既有知识能解决的,只能通过生产新知识解决。所以,论文写作一方面是为了培养学生解决问题的能力;另一方面强调创新性,即生产新知识。以上是本书要强调的关于论文写作的第一个核心问题。从这一点来看，那些主张取消论文写作的观点实际上是站不住脚的。缺少了论文写作环节，不仅缺少了一个培养学生解决问题能力的教学环节，更主要的是也缺少了培养学生创新性思维的环节。这不仅与国家教育政策不相符，也与教育发展趋势相背离。尤其是在人工智能对高等教育的知识教学形成巨大挑战的今天，论文写作这个环节不仅不能取消，相反，我们需要思考的是怎样将这个教学环节做得更好、落到实处，不能因为有问题就主张将这个环节取消掉。

2. 怎样用知识解决问题

2.1 解决问题的底层逻辑

既然上文指出论文写作是为了解决问题，并且强调在解决问题中生产出新知识。那么我们就必须先弄明白，问题是怎么被解决的？现实中，很多人阐述不清这个问题，或者没有以学生能听懂的方式清晰明了地阐释这个问题。有的老师说，你得多看书；有的老师说，你得多做实验、多思考。但是这样的表述并不能让学生领会其中的要义。我们用一个最具有操作性的方式阐述问题是怎样被解决的，用一句话表述就是——针对问题，给出前提充分的结论，即问题的解决必须有结论，这个结论必须有充分的前提。问题解决需要具备三要素——问题、结论、前提，如图1-1所示。

我们为什么一定要用图1-1的方式表述解决问题的底层逻辑？因为它最接近本质，各个学科、任何人在任何关于论文写作和解决问题

Ⅰ 论文写作的基本常识

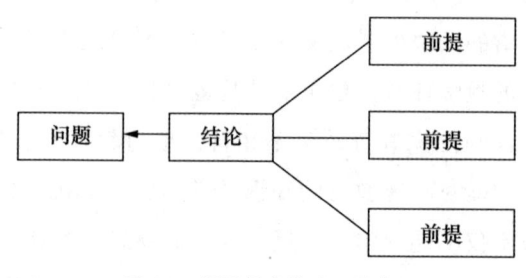

图 1-1 问题解决的"三要素"

的场景下都可以将其作为交流的共同基础。有了解决问题的"三要素",我们就能够将教师和学生在日常沟通中使用的所有表达(自创的、传承的或有一定共识的词语)统一起来,并且明确地将上述表达在三要素中进行定位,使得关于论文写作的沟通和交流变得准确、高效和顺畅。比如,当老师说多看书时,双方都应当知道这个行为的重要性在于积累三要素中的"前提";当老师说多发现问题、研究有意义的问题的时候,双方都应当知道这是在强调论文写作最重要的环节,即三要素中的"问题";当老师说要不断验证假设、多做实验时,双方都应该知道这是围绕一个问题,先预设一个"结论",通过实验(寻找前提)来证明这个结论是否成立;当老师说要加强论证时,双方都应当知道此时强调的是三要素中"前提与结论"之间的关系……总之,图 1-1 呈现的解决问题"三要素"可以作为沟通论文写作事项的底层逻辑,任何经验式、个人化的表达都能在"三要素"中找到定位。

2.2 问题是怎样被正确解决的

上文已经提及问题要想得到解决需要具备"三要素",凡是没有

2. 怎样用知识解决问题

这三要素的都不是"严肃正经"地解决问题。比如，我们在校园里看到情侣吵架，女孩说我要分手——这是结论。男孩问为什么啊？——这是询问前提也就是原因。女孩说没有什么为什么，这就是拒绝提供前提，这不是解决问题的良好沟通方式。现实中，我们经常能看到很多人对问题只给观点（结论），不提供理由，非常武断，非常不靠谱。

那么是否只要具备了"三要素"，问题就会被正确解决呢？不是的，强调"三要素"是想说明我们要想解决问题必须具备这三个组成成分，缺了肯定不行。但是要想正确地解决问题，还要满足额外的两个条件：① 前提为真；② 前提能推出结论。也就是说，在对方或者自己为一个问题提供了结论和前提之后，我们还要审查这个前提是否为真、前提能否推出结论。如你的父母总是因为你已经 30 多岁还没结婚而喋喋不休地催促你要赶紧结婚，给出的理由（前提）是别人在你这个年龄段都结婚了。我们看一下这个前提——别人在你这个年龄段都结婚了，这个前提是不为真的，即便为真也推不出结论。首先，在城市里 30 多岁不结婚的人很多，前提不为真，即前提是错误的。其次，即便别人在 30 多岁都结婚了，你也没必要跟他们一样也结婚，因为这是一件可以由自己做主的事情，即前提推不出结论。所以，我们只要依照上文提及的两个条件（前提为真且前提能推出结论）就能对很多事情进行判断，就能知道对方的结论是不对的。这也是人们常说的深度思考（不停留在争论的表面）、独立思考（不受别人意见左右）和有辨别力（能看到事物的本质）的核心。

我们再用一个刑事案件来说明前提以及前提和结论之间的关系对正确解决问题的重要性。张三出生于 1998 年 3 月，与同村的李四是邻居，两人长期因为自家耕地的边界发生纠纷。2021 年 3 月，张三认为李四再次侵占了自家的耕地，于是与李四发生口角，在激愤中抄起放

I 论文写作的基本常识

在田间的镐头，朝李四头部猛砸了十几下，李四头部顿时鲜血直流，当场毙命。请问，在这个案件中，张三是否构成故意杀人罪？解决问题的三要素——问题、结论和前提在此案中是怎样互动的？

围绕这个案件，我们分别看一下法律人士（专业且有法律知识）和非专业人士（不专业且不具有法律知识）是怎样看待这个案件的。我们先看一下法律人士怎么解决这个问题。法律人士首先要锁定这个案件涉及的两个前提——法律（大前提）和案件事实（小前提，它通过证据呈现）。大前提是犯罪构成的"四要件"，① 根据《中华人民共和国刑法》，故意杀人罪的四个构成要件，如表1-1所示。

表1-1 故意杀人罪的构成要件（大前提）

构成要件	具体标准
主体要件	故意杀人罪的主体为一般主体，根据《刑法》第17条第1、2、3款，年满14周岁就应当对该罪承担刑事责任，特殊情况下年满12周岁也会被追责。
主观要件	故意杀人罪在主观上须有非法剥夺他人生命的故意，包括直接故意和间接故意，即明知自己的行为会发生他人死亡的危害后果，并且希望或者放任这种结果的发生。
客观要件	实施了剥夺他人生命的行为，行为人的危害行为与被害人死亡的结果之间必须具有因果关系。
客体要件	故意杀人罪侵犯的客体是他人的生命权。法律上的生命是指能够独立呼吸并能进行新陈代谢的、活的有机体，是人赖以存在之前提。

---

① 我们为什么要锁定犯罪构成的"四要件"？原因是批判性思维要求我们依据"客观真实"，经过推理来作出判断。而犯罪构成的"四要件"就是客观真实，是法学知识。当然，四要件只是刑法分析的一种，还有三阶层理论，此部分过于专业，非法学专业读者可忽略。

2. 怎样用知识解决问题

在本案中,小前提(证据)有张三的身份证,证明其出生于1998年3月,符合故意杀人罪的主体要求。张三在主观上存在直接故意,这可以从其行为判断出来。作为一个农民,他应该明确知道自己用镐头敲击别人的头部会产生死亡的危害结果,他追求这种结果发生,而且他砸了有十多次,不可能不是故意。张三在客观上实施了故意杀人的行为,这个证据是比较确凿的,因为张三用镐头猛击了李四头部十余次。最后,李四被剥夺了生命权,侦查机关提供了尸检报告。我们用表1-2来整理一下小前提。

表1-2 张三案件的小前提

构成要件	小前提(证据)
主体要件	1. 张三身份证表明其出生于1998年3月
主观要件	1. 使用镐头作为工具 2. 向李四头部猛砸过去
客观要件	1. 张三向李四头部实施了打砸的行为 2. 李四当场死亡及尸检报告 3. 镐头上有李四的血迹
客体要件	1. 李四的尸检报告 2. 现场勘察报告

最后,我们用表1-3来呈现结论以及整个解决问题过程中三要素之间的互动,请读者们细细体会前提为真、前提能推出结论对于问题正确解决的重要作用。注意,在表1-3中,我们将问题、结论和前提的顺序微调。实践中,这三者的顺序可以按照需求进行排列,总之能说明前提、结论和问题之间的关系就行。

在表1-3中,前提分别是法律规定和案件的具体情况(以证据形式呈现),符合前提为真的要求。同时,按照法律规定,故意杀人罪需要考察这四个方面的前提,前提和结论之间构成必要且充分关系,前

Ⅰ 论文写作的基本常识

提可以推出结论。因此，张三构成故意杀人罪这个结论是成立的。所以，要想正确地解决问题（或者说使结论成立），必须符合前提为真、前提能推出结论两个条件。

表 1-3　张三构成故意杀人罪中的三要素及其互动

问题	大前提 （构成要件）	小前提 （证据）	结论 （每个要件的）	最终结论
张三构成故意杀人罪吗？	主体要件：达到刑事责任年龄，具备刑事责任能力，已满14周岁	1. 张三身份证表明其出生于1998年3月	1. 年满14周岁 2. 张三符合故意杀人罪主体要件	张三构成故意杀人罪
	主观要件：直接故意是指明知自己的行为会发生他人死亡的危害结果，并且希望这种结果的发生	1. 使用镐头作为工具 2. 向李四头部猛砸过去	1. 农民出身的张三明知道镐头砸头（十余次）会有生命危险，且追求这种危害结果的发生 2. 张三主观上具有直接故意	
	客观要件：实施了剥夺他人生命的行为，行为人的危害行为与被害人死亡的结果之间必须具有因果关系	1. 张三向李四头部实施了打砸的行为 2. 李四当场死亡及尸检报告 3. 镐头上有李四的血迹	1. 张三实施了杀害李四的行为	
	客体要件：故意杀人罪侵犯的客体是他人的生命权	1. 李四的尸检报告 2. 现场勘察报告	1. 李四已经死亡 2. 李四的生命权被侵害	

2. 怎样用知识解决问题

我们接下来看一下非法律人是怎么处理张三是否构成故意杀人罪这个问题的，然后再比较一下两种思考过程的差别。假设张三的邻居——赵大娘得知张三和李四发生了纠纷，但并不知道详情，这时候有人问赵大娘："你觉得张三是杀人犯不（张三是否构成故意杀人罪，此处用口语方式表达）？"赵大娘脱口而出："他看着就像个杀人犯，你看看他的头发染成红色，整天穿着乱七八糟的衣服。"我们来仔细分析一下赵大娘解决问题的三要素：问题——结论——前提。问题与上文一样——张三是否构成故意杀人罪，但前提不同，赵大娘给出的理由（前提的别称）是：其一，头发的颜色；其二，身着的服饰。让我们停下来思考一下，这两个前提是否为真？经过走访调查，张三的头发颜色和服饰确如赵大娘所描述的那样，所以这两个小前提为真。但这两个前提能推出结论——张三构成故意杀人罪吗？不能，因为这两个前提跟一个人是否构成故意杀人罪没有关系。

综上所述，本部分强调两个核心观点，其一，问题的解决需要具备三个要素——问题、结论和前提[①]。其二，问题的正确解决或者结论要想成立必须符合两个条件——前提为真和前提能推出结论。细心的读者从上文张三的例子就能发现，法律工作者和非法律工作者（赵

---

① 前提根据论证类型不同还包括大前提、小前提、假设、未表达前提等，简单地说，前提包括很多层次，前提还存在前提的前提，或者前提的前提的前提。以上文张三案件为例，张三是否符合故意杀人罪主体要求，结论是符合。最直接的前提（小前提）是身份证显示其出生于 1998 年。为什么 1998 年出生就符合故意杀人罪的主体要求？这就涉及前提的前提（案件中的大前提）——法律规定年满 14 周岁要对故意杀人罪承担刑事责任。那大前提也即前提的前提还有前提吗？有的——法律关于刑事责任年龄的划分理论。再往前推还有前提。所以，此处仅对前提做简单处理，但事实上前提是很复杂的理论体系，具有多层次性。

大娘）之所以对张三案件提供不同的前提，形成不同的前提与结论的关系，是专业水平不同。法律工作者由于具备法律专业知识，能够提供专业的前提并保证前提能推出结论。赵大娘不懂法律，只能按照自己的主观想象提供非专业的前提并且不能保证前提一定能推出结论。所以，学习知识的意义就在于，在关键的时候能形成真的前提以及保证前提能推出结论。一句话，专业的事还得专业的人来做。写论文也是如此，没有学习过专业知识根本不可能写出专业的论文，因为写作者不能保证前提为真以及前提能推出结论。

3. 解决问题的过程

3.1 宏观步骤

问题的解决会经历几个步骤呢？有人可能会脱口而出三个步骤：提出问题、分析问题和解决问题。这个回答没什么问题，但缺了一点东西。提出问题、分析问题和解决问题的三步骤全部都发生在专业领域（或者称之为学术领域）①，我们提出的问题一定是有现实基础或者有现实需求的，所以正确理解问题的解决恐怕还要将三步骤延伸到现实生活中并将其变成五步骤，如图1-2所示。

我们先用一个生活例子来还原解决问题的五个步骤，然后再回到学术领域探讨问题。有一天我胃疼，疼了一夜一直睡不着。第二天一

---

① 如医学领域、法学领域、经济学领域等，取决于我们要解决的问题是什么性质的问题。

3. 解决问题的过程

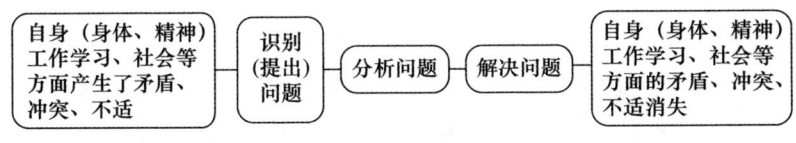

图 1-2　问题解决的步骤

大早我来到医院,医生给我检查之后确认我患上了浅表性胃炎。在这个过程中,我的身体出现的不适(胃疼)只是一个现象,虽然人们在日常生活中也会把胃疼叫作问题,但这依旧只是现象级别的问题(或者称为痛点)。什么时候来到我们所说的三要素中的"问题"层面呢?——经过专业人士(医生)诊断之后(确诊)才算是提出了问题。所以,所谓的提出问题是指提出一个专业问题,并不是人们在日常生活中口头上表达的问题。但要注意的是专业问题是以现实中的"问题"(现象或现象级别的问题,即痛点)为载体的,否则所提出的问题就是一个虚假的问题,不是一个真问题。

从现象级别的问题上升到理论级别的问题(提出问题)的一个明显标志就是出现了专业术语,例如在上文的胃疼例子中,相较于普通老百姓眼中的胃疼,医生将其诊断为"浅表性胃炎"。这个"浅表性胃炎"就是专业词汇,它标志着现象级别的问题在经过专业人士的识别之后,上升为理论级别的问题。由此可见,将现象级别的问题上升为理论级别的问题,是专业人士才能从事的专业活动。能否将现象级别的问题上升为理论级别的问题,即提出问题,也是解决问题的至关重要的环节。爱因斯坦曾经说过:"提出一个问题,比解决问题更重要。"问题一旦被提出之后,只需要寻着问题的定性就可以找到解决问题的方法。我们接下来继续看爱因斯坦的话为什么是正确的。当被医生确诊为浅表性胃炎之后,我们一定想知道自己为什么会得浅表性胃

I 论文写作的基本常识

炎？这时候就进入了分析问题的环节，医生会向我们解释患浅表性胃炎的原因。分析完原因之后，就会进入到解决问题的环节。这时候我们会发现，只要被定性为浅表性胃炎，该疾病的治疗方案也即解决问题的方案只能是依照浅表性胃炎的原理来制订。所以对问题定性的同时也决定了解决方案。从这一点来看，识别问题（或者称为提出问题）是一个至关重要的环节，它涉及给问题定性。

在我接受了医生提供的解决方案之后，经过治疗，我的浅表性胃炎痊愈了。这时候现象级别的问题消失，我的胃不再疼痛，整个解决问题的环节（一共五个步骤）也就全部完成了。所以，在各个领域从事写作的人要明确的一点是，提出问题、分析问题和解决问题的三步骤其实是发生在专业领域中的，问题不是凭空产生的，是从现实中来的。同理，当我们解决了专业问题之后，现实中的问题（痛点）也就消失了。

行文至此，我们需要对一些论文写作常用"术语"及其区别进行解释。在论文开题、答辩的过程中，老师经常会问"你要解决的问题是什么？""你这篇论文缺少问题意识""写论文要需求导向"。那么这里的"问题""问题意识""需求导向"都是什么意思呢？"问题"是指写论文是为了解决问题（而不是像说明文那样介绍信息）；或者说论文是科研活动的载体，科研活动是为了解决问题。如果从上文图 1-1 提及的三要素和图 1-2 问题解决的五个步骤来看，"问题"是指三要素中的"问题"和五步骤中的"提出问题"。"问题意识"是指写作者要有解决问题的意识，针对的是写作者写的论文不解决问题，不关注现实中的问题和理论中的问题，集中体现为图 1-2 中现象级别的问题，以及现象级别的问题如何上升为理论级别的问题。"需求导向"则是指论文写作要解决的问题必须源自真实而客观的需求（如上文解决浅表性胃炎问题的真实需求是患者确实胃疼），而不是主观臆造的。记住这些词语背后所表达的意思，在下文解析各种错误类型的时候会时常用到这些概念。

3.2 微观细节

我们在上文详细介绍了解决问题的三步骤和五步骤，其中五步骤中的第一个和最后一个步骤都不属于专业领域，而是社会生活中由于问题的存在而引发的失衡、冲突等现象。考虑五步骤就是提示写作者，学术研究（论文是其载体）来源于社会生活，无论解决哪个领域的专业问题都必须以社会中存在的真实需求为导向。本部分我们要深入到解决问题的每个步骤的内部结构，详细揭示问题是怎样在细节上被把控和解决的。

提出问题、分析问题和解决问题的三步骤发生在专业领域，这三个步骤构成一个完整的解决问题的过程。但同时，每个步骤又是一个相对独立的解决问题的小环节，各自都包含完整的解决问题三要素：问题——结论——前提，如图 1-3 所示。

我们从图 1-3 能够看出，提出问题是一个独立的解决问题过程，包含单独的"问题——结论——前提"三要素。在提出问题部分要解决的"问题"是——是个什么问题。"结论"可能是上文提及的浅表性胃炎或者故意杀人罪。"前提"是能够推出结论（浅表性胃炎或者构成故意杀人罪）的理由。在分析问题部分要解决的"问题"是——什么原因导致的。"结论"是可能导致浅表性胃炎的原因或者引发故

Ⅰ 论文写作的基本常识

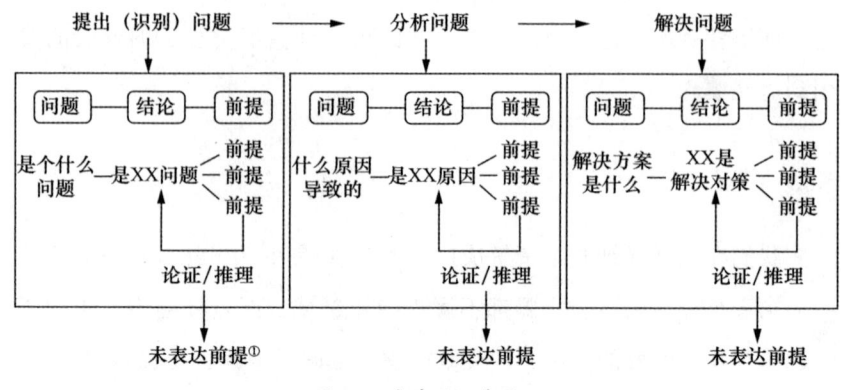

图 1-3 各步骤细节图

意杀人的原因。"前提"是能够推出结论(诱发浅表性胃炎和构成故意杀人)的理由。在解决问题部分要解决的"问题"是——解决方案是什么。"结论"可能是服用抑酸药和胃黏膜保护剂或者判处死刑缓期执行。"前提"是能够推出结论(服用抑酸药和胃粘膜保护剂或判处死缓)的理由。

3.3 易混淆术语

写到这里,我们要结合图 1-3 再解释两对在论文写作中经常使用但是容易混淆的术语。

3.3.1 分析与分析问题

为了解释实践中解决各种不同类型问题的不同步骤和形态,我们需要先区分一下分析和分析问题这两个相似却又不同的概念。分析问题是指解决问题步骤中的分析问题环节,这个好理解。分析是指在一

---

① 未表达前提是前提能推出结论的保证,在三段论中,未表达前提被称为大前提。这属于逻辑学的内容,本书无法详细展开,请读者自行补充阅读。

3. 解决问题的过程

个解决问题的单元（一个完整独立的"问题——结论——前提"三要素）中，将问题拆分成不同的方面进行逐一考察。这些不同的"方面"就构成了得出结论的前提。分析中的"分"是指拆分，"析"是指考察。还以上文张三构成故意杀人罪的案子为例，为了验证张三是否构成故意杀人罪，需要将这个问题拆分成四个方面，即犯罪构成的四要件，如前文表 1-1 所示。

表 1-1 说明了一个故意杀人罪的案子必须被放置在这四个构成要件中进行考察。相应地，张三是否构成故意杀人罪这个"问题"就被拆成了四个要件：主体要件、主观要件、客观要件、客体要件，这四个要件构成了得出张三案件总结论的四个前提。这样，我们就完成了"分析"这个活动中的"分"，接下来我们看一下"分析"这个活动中的"析"。

"析"是指考察，在确定将一个问题拆分成若干方面之后，要逐一对每个"前提"（方面）进行考察。还是以上文所提及的张三案件为例，如前文表 1-3 所示，我们要逐一考察一下每个前提是否符合实际。经过跟实践中的证据结合，我们发现每个前提都是可以满足的（每个要件都成立），最终可以推断出结论——张三构成故意杀人罪。

所以，所谓的"分析"实际上就是先将一个复杂问题进行拆分，这种拆分必须符合客观真实，符合相关理论的要求，例如上文中张三案件拆分出来的四个要件是由法学理论和法律规定决定的，并不是人们主观想象的；然后再对每个拆分出来的方面进行逐一的考察，最终完成对结论的证成和解释。① 所以，分析就是一个从问题到结论的过

---

① 分析的过程其实就是确保上文提及的正确解决问题的两个条件成立：前提为真以及前提能推出结论。

程。如果用图表表示的话，就是将问题拆成若干前提，并保证这些前提能推出结论，如图 1-4 所示。

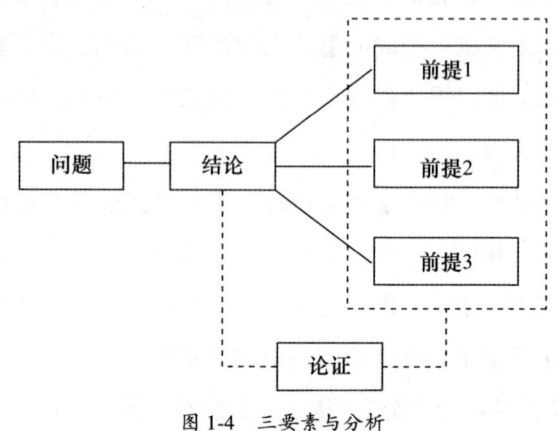

图 1-4　三要素与分析

这样我们就将分析和分析问题环节区分开了，结合图 1-3 各步骤细节图我们能发现，每个解决问题的步骤里都包含一个分析过程（拆分出前提以及使前提推出结论），即提出问题包含"分析"；分析问题包含"分析"；解决问题包含"分析"。此外，在整个解决问题环节中还包含一个分析问题，其目的是"解决"这个问题——导致手中问题的原因是什么（分析问题环节中的问题），通过"分析"（分析问题环节中的前提），我们能得知真正的原因（分析问题环节的结论）。

之所以要先解释"分析"和"分析问题"，是因为我们在日常学习工作中经常使用"分析"一词，也会使用"分析问题"一词，这两个词是混用的，如果不能明确它们的使用场景就会引发混乱，也不太能从底层上理解不同问题解决过程的不同步骤和表现形式。比如，有人说我要"分析分析"这是个什么问题，他使用的"分析"可能只是提出问题中的寻找"前提"的过程。有人说"分析这个问题看看怎么办",他使用的"分析"可能是指解决问题中的"前提"怎么确定。还有人说"这个问题到底由什么原因导致的？分析一下原因"。这里的"分析"可能指的是分析问题环节，当然"分析问题"也包含"分析"，即寻找原因的前提。

3.3.2 结论与解决问题

与上文分析与分析问题一样，结论与解决问题也经常会被混淆。解决问题的任何一个环节里都包含结论。其中，提出问题部分的结论涉及问题的定性，分析问题部分的结论涉及原因的探求，解决问题部分的结论是解决的方案。日常生活中人们也经常将结论和解决问题混淆，当人们问你的结论是什么的时候，它既有可能是提出问题环节的结论，也有可能是分析问题环节的结论，但只有解决问题环节的结论才真正涉及问题的解决方案。值得注意的是，结论是一个广泛存在的概念，任何一个论证都包含结论，即便在提出问题环节中，也可能包含多个结论，但最终的总结论只有一个。例如在上文张三案例中，张三是否构成故意杀人罪这个问题必须符合四个构成要件之后才能得出最终的结论——构成。但其实每个构成要件都是一个结论，即张三要在主体、主观方面、客观方面、客体上都符合要求才能共同推出一个总的结论。

综上所述，本部分主要解决了三个问题。首先，我们介绍了解决问题的宏观步骤，它并不像平时我们认为的那样只包含提出问题、分析问题和解决问题三个步骤，事实上它包含五个步骤。其次，我们介绍了提出问题、分析问题和解决问题每一个环节都是一个独立的问题解决环节，都包含各自的三要素——问题、结论和前提。最后，我们比较了两组对论文写作而言比较重要却经常被混淆的术语——分析与分析问题、结论与解决问题。

Ⅰ 论文写作的基本常识

4. 论文写作常见的解决问题形式

实践中，根据所解决的问题的不同，解决问题的步骤和环节会有不同的表现形式，即写论文的时候不见得会在文章中一次性地将上文提及的宏观部分中的提出问题、分析问题和解决问题全部囊括，有可能只涉及其中一个部分。下面我们来逐一分析一下。

4.1 最完整的形式

由于所要解决的问题是全链条的，即包含问题是什么、原因是什么以及解决方案是什么，因此这种形式就是图 1-3、图 1-5 所体现的全部解决问题的步骤，要经过完整的提出问题、分析问题和解决问题三步骤。

如在上文张三的案例中，张三构成什么罪名是提出问题部分，通过分析犯罪构成四要件得出张三构成故意杀人罪的结论。张三为什么构成故意杀人罪是分析问题部分，这部分可以从犯罪心理学、社会学等角度分析张三犯罪的原因。在解决问题部分，会针对如何处理张三构成的故意杀人罪进行分析论证，如果在法律范畴之内，就会涉及量刑问题，即对张三构成故意杀人罪的解决方案涉及十年以上有期徒刑、无期徒刑以及死刑等具体刑罚，这个结论是由法律和张三具体的犯罪情节决定的。

4. 论文写作常见的解决问题形式

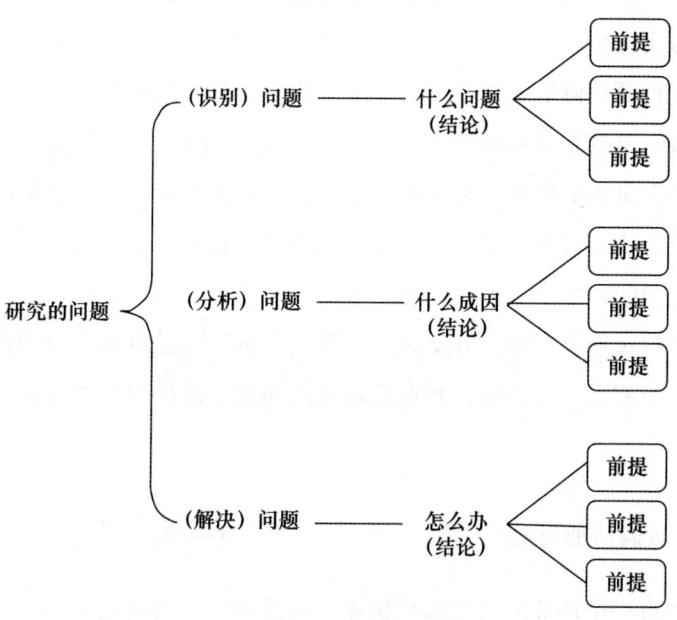

图 1-5　最完整的形式

4.2　最常见的形式

不需要像上文一样分析某一行为或者问题的原因,而是直接提出问题和解决问题。这是最为常见的形式,如图 1-6 所示。

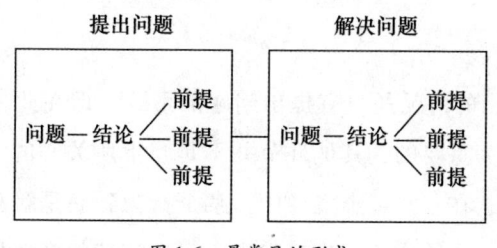

图 1-6　最常见的形式

Ⅰ 论文写作的基本常识

在这种形式中,我们关心的是问题是什么以及怎么解决,分析问题部分会被我们忽略掉。比如在张三的案例中,张三的行为构成什么罪?这种罪如何量刑或者处罚?这是最为常见的解决问题的形式。这种形式只是没有分析问题环节但不是没有"分析"。在提出问题环节有分析,具体指明张三构成故意杀人罪的前提都有哪些。在解决问题部分有分析,具体指明对张三进行量刑的前提是什么。通常,人们也会把提出问题中的"分析"和解决问题中的"分析"当成分析问题环节。这种观点也没错,但要知道这种"分析"只是提出问题中的分析或者解决问题中的分析,并不是跟提出问题、解决问题相并列的分析问题环节。

4.3 最简洁的形式

只有一个环节的问题需要解决,根据所要解决的问题不同分为只有提出问题、只有分析问题或只有解决问题部分,如图 1-7、图 1-8、图 1-9 所示。

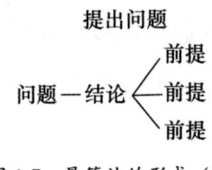

图 1-7 最简洁的形式(1)

图 1-7 指出的情况是只有提出问题的形式,即在此种情况下对问题的定性是最为重要的,其他环节并不是当下所关心的,或者是没有疑问的。比如,在一些疑难案件中,某个行为到底是触犯了刑法还是仅违反了民法?在一次流行病暴发中,引发病情的毒株到底是冠状病

毒还是普通病毒？

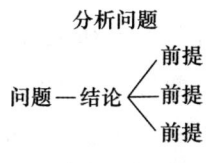

图1-8　最简洁的形式（2）

图1-8指出的形式是只有分析问题的形式，即在此种情况下对问题的定性没有问题，存在困扰的是导致这种问题的原因是什么。比如早些年，某传染病的大规模暴发，引发传染病的病毒是可以确定的，但是病毒的来源并不清晰。经过多个科学家团队坚持不懈的努力和探索，终于在某种动物身上发现了同样的毒株。同时，也证明这种存在于动物身上的病毒是由于人们不断侵占动物的领地才传播到人类身上的。探寻清楚原因之后，科学家对此提出针对性建议——人类减少对动物生活空间的侵犯，从而使病毒跟人类保持安全的距离。近些年，这类病毒再也没有侵袭过人类。有意思的是，部分医学家想要直接消灭该病毒的尝试至今没有成功，直接控制这个病毒的解决方案目前仍然没有，只能通过保持适当的物理距离隔绝病毒向人类世界的蔓延。这个例子就是典型的分析问题即可单独成为一个研究项目，形成一篇研究文章的情形。

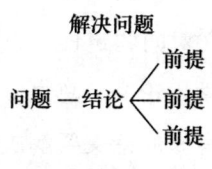

图1-9　最简洁的形式（3）

Ⅰ 论文写作的基本常识

图1-9指出的形式是只有解决问题的形式,即在此种情况下对问题的定性、引发问题的原因都没有问题,但对如何解决这个问题是有困扰的。以许霆案为例,经过几轮研究(一审以及二审发回重审),法院最终认定许霆构成盗窃罪①,如何量刑成为两次审判的重点分歧。一审法院判处无期徒刑,重审法院改判为五年有期徒刑,这是在解决问题环节上发生的争议和调整。或者针对一种疾病,有人主张手术,有人主张保守治疗,这同样也是在解决问题环节上产生了分歧。

解决问题有不同的表现形式是因为现实世界是丰富多彩的,有时候我们面对的问题形式是比较单一的,比如单纯确认问题的性质(提出问题)、确认问题的原因(分析问题)或者确认问题的解决方案(解决问题);有时候我们面临的问题形式比较复杂,比如既要确认问题的性质(提出问题),又要确认问题的解决方案(解决问题);对于一个新出现的问题,我们甚至不仅要确认问题的性质和解决方案,还可能要深入分析引发问题的原因,防止问题再次发生。这类问题一般都会有较为深远和广泛的社会影响,因此要挖掘原因进一步完善相关治理措施。

综上所述,本部分主要介绍了论文写作作为科学研究的载体,其解决的问题可能有多种表现形式。有的论文主要解决问题的定性是什么的问题;有的论文主要解决问题的原因是什么的问题;有的论文对问题的定性、原因都没有异议,只是对解决方案是什么单独发表学术见解。当然,也有一些论文对问题定性、原因分析以及解决方案进行全方位探讨,这也是一篇学术论文。总之,在论文写作环节,我们需要明确手头正在阅读或者写作的论文要解决的问题是什么,无论哪种

---

① 虽然对盗窃对象和盗窃罪名的差异还存在分歧,但没有影响盗窃罪成立。

形式都可以写作，都是研究的一部分。它们之间的区别仅在于被研究对象所处的发展阶段不同，研究定性的（专注提出问题）通常是一个新出现的事物，或者是处于初期发展阶段的事物。研究原因的，通常是定性已经没有问题，但是原因不清晰，这种研究对象通常处于研究的中间发展阶段。而研究解决方案通常意味着定性和原因基本已经探明，研究者主要集中精力去解决问题。每个研究者从事的研究领域不同，每个研究领域的成熟度不同，因此导致了论文写作常见的解决问题形式各有不同。

5. 论文写作的过程及其控制

可能会有读者感到疑惑，为什么在上文介绍了解决问题的过程之后还要单独介绍论文写作的过程？这是因为上文介绍的解决问题的过程是思维（或者科学研究规律）层面的，落实到论文写作的实操环节还需要一步一步地转化。还因为论文写作是科学研究活动的总结，我们看到的是一篇论文，但是实际上这篇论文形成之前还有很长的科学研究活动，之前的积累活动都结束了才能形成一篇论文。所以，本书会介绍论文写作的全过程并强调对每个环节进行严格把关和控制。任何一个前置环节没有处理好都可能影响后期论文的写作质量，甚至会导致因论文立不住而需要重写的悲剧。

笔者曾经专门撰写过一本关于论文写作过程控制的书籍——《100天写出一篇论文——论文写作的本质及过程控制》，感兴趣的读者可以补充阅读。此处我们仅简要地介绍论文写作的全过程，方便读者对论

Ⅰ 论文写作的基本常识

文写作的全链条工作有一个整体性的认识,避免出现丢掉、漏掉一些环节或者对某些环节的重要性认识不清进而导致论文写作后期遇到致命障碍的情况发生。这种错误只能通过重新返工才能解决。

常规的论文写作过程包含输入阶段和输出阶段,没有输入就没有输出。输入阶段包括确定选题方向、搜集文献(资料)、阅读文献、文献综述、问题形成以及构思环节(论证框架和写作框架)。输入阶段结束之后才能进入输出阶段,输出阶段也就意味着前期的研究和思考活动结束,正式进入写作阶段,包括标题、摘要、关键字、引言、正文(包括初稿和定稿等一系列修改过程)等部分的撰写。如果是撰写学位论文的话,中间还会穿插中期考核、开题、预答辩、正式答辩等流程。上述每一个环节都有严格和明确的要求,比如在输入环节,文献检索要求满足"四性"——全面性、权威性、及时性、针对性。文献阅读有四种类型——基础性阅读、检视性阅读、分析性阅读和主题性阅读。每种类型都要完成相应的阅读任务,如果不能达到上述标准,后续的论文写作在相应环节就会遇到问题。再比如在输出环节,标题的撰写需要体现问题和主题;摘要就三句话,需要写实;关键字要体现学科属性,要符合检索要求……这一切都要求写作者不仅要对写作的全流程做到心中有数,还要精准地控制每个环节的完成度,避免为后续工作埋下隐患。本书在后续也将论文写作错误按照输入和输出两个部分进行划分,分门别类地介绍每种错误类型及其成因。至于为什么要将输出诊断放在输入诊断之前,笔者已经在序中解释过了,此处就不再赘述了。

6. 根本性错误和非根本性错误

我们通过上文已经向读者介绍了论文写作的基本常识，如论文写作是为了解决问题①；解决问题有三要素——问题、结论和前提；正确解决问题需要满足两个条件——① 前提为真和② 前提能推出结论；解决问题的流程在宏观上包括五个步骤，而不是我们通常默认的提出问题、分析问题和解决问题三个步骤；提出问题、分析问题和解决问题又各自是一个独立的解决问题环节，不仅包含各自独立的解决问题三要素——问题、结论和前提，而且每一个环节都可以根据实际需要单独撰写成一篇论文。在上文中，我们还明确了一些关键术语，如既有知识、生产新知识、创新、问题、问题意识、需求导向、分析、分析问题、结论、解决问题等。希望本书对论文写作基本常识的强化介绍能帮助读者乃至所有师生构建起一个研究和讨论论文写作的共同话语体系。

本部分还有一个重要的问题需要澄清，论文写作是一个链条化的过程，在这里有一个关键环节，如果这个环节没有做好，后续所有其他环节也都做不好，同时这个环节没做好也意味着之前的准备环节没做好。这个环节就是**问题**，写作者要有明确的、要解决的问题。根据上文描述，这个问题来源于社会生活的实际需求（现象级别的问题），经过写作者的理论思考上升为理论级别的问题（变成一个值得研究的学术问题，也是论文写作要解决的问题，也是三要素中的"问题"）。

---

① 论文写作强调解决问题，它是议论文文体，与教科书的说明文文体形成强烈对比。教科书不解决问题，它只是介绍既有知识，类似产品说明书。

I 论文写作的基本常识

只要写作者有了一个"问题",就标志着其在前期输入环节(文献检索、阅读等环节)准备得相对充分,其在后期的输出环节(各个部分的写作环节)也不会遭遇根本性的错误。一句话,如果一位写作者的论文在"问题"方面没问题,那么哪怕在之前之后遭遇了其他写作问题,这些问题都不是致命的,或者按照本文的说法是非根本性错误。但是,如果一位写作者的论文在"问题"方面有问题,这则是根本性的错误,哪怕这位写作者文笔再优美、结构再清晰都没有用。

所以,本部分就想提示写作者一点,论文写作的错误类型是分为根本性错误和非根本性错误的。根本性错误就是写作的前期准备没做好,标志是"问题"不行,只要"问题"不行,论文就立不住,就面临重写(之前的准备环节也要重来)的风险,这不是一个通过修改能解决的错误。非根本性错误是指前期准备工作还可以,"问题"没问题,论文的根基能立得住,哪怕之后有若干错误也都不影响论文的根本,通过修改是可以修正这些错误的。

"问题"有问题(根本性错误)表现在方方面面,比如标题、目录、结构、论证甚至微观的语言,但最为致命的就是标题是立不住的。通常,如果我们看到一篇论文连标题都立不住,就可以不用往下看了,或者顶多看个目录和摘要,真的没必要看细节,因为这类错误属于根本性错误。还有一种错误是需要深入到细节才能看出来的,这类错误一般都是非根本性错误,即这篇文章选题、标题可能都没有什么问题,只是由于写作者写作能力不到位、语言控制力比较弱、论证能力不强产生了一些理解障碍,这类错误可以经过修改矫正过来。总而言之,问题是一篇议论文的灵魂,论文的每一个部分都要围绕问题展开,为问题服务。

与问题相对应的就是结论,又被称为文章的主题和写作者的观点。

6. 根本性错误和非根本性错误

主题是一篇文章的重要组成部分，写作者撰写文章的目的是围绕问题阐述和表达自己的主题。需要注意的是主题并不是指某一个观点，它是指观点的体系，是一个集合概念。如上文张三是否构成故意杀人罪案件中，主题是为了证明张三构成故意杀人罪的一系列观点。其中，张三构成故意杀人罪是最终观点，在其之下还包括四个分论点（观点），包括张三在主体要件上符合故意杀人罪的要求；张三在主观方面上符合故意杀人罪的要求；张三在客观方面上符合故意杀人罪的要求；张三在客体要件上符合故意杀人罪的要求。所以，主题是针对问题的结论集合体，包含大大小小的、成体系的、写作者本人的观点。没有主题也是一个致命的错误，但只要问题还在，主题还可以慢慢形成。但是问题不在，主题想要鲜明也是万万不可能的。所以，本书虽然在此处强调了问题以及主题的重要性，但"问题"还是最为核心的论文写作要素。

此外，本书强调的"错误"是围绕写作本身展开的，那些立场错误、意识形态错误、用词不规范等问题不在讨论之列，请读者自行提高这方面的认识和觉悟。另外，论文写作的形式错误比如注释、参考文献、行间距、字间距等亦不在讨论之列。原因在于：一方面论文写作的形式规范本身就有多种类型，不好统一要求；另一方面每个学科要求也不同，请写作者根据学校、学院以及学科①的相应要求自行调整和纠正。最后，学术伦理和道德问题也不在本书讨论范围之内，一则是因为本书作为通识论文写作的参考用书，没有能力对众多学科指手画脚，评判其是否违背了学科的伦理和道德；另一则是因为这是学术底线，没有什么讨论空间，就是不能触碰。

---

① 比如法学学科有统一的注释规范。

标题诊断

目录诊断

关键字诊断

摘要诊断

引言诊断

正文诊断

II 输出诊断

1. 标题诊断

1.1 标题的写作要求

标题写作的一个至高原则就是能让读者①看到我们要解决的问题，这个问题是学科关注的或者即使被忽视（没有被表达在标题里）但一旦被提起也会引起警觉，随后写作者也会努力地将其表达出来的。遵循这样的原则，结合每个领域研究的不同程度，标题的表述方式会略有不同。但只要不能让同行读者看出我们要研究或者解决的问题，这个标题就是有问题的。

1.1.1 常规放入标题的内容

（1）研究对象

通常文章的标题会将研究对象放入其中，比如《美国的经济政策》《诉讼程序研究》《人权研究》等。但是仅单纯指出研究对象的标题是不清晰的，读者看不出写作者要研究的问题是什么。研究对象就是上文提及的现象级别的问题上升到理论级别的问题之后的载体，从这个角度看，研究对象必须具有学科属性，即研究对象是一个学科关键术语。

---

① 这里的读者不是泛读者，而是与论文作者同一领域的研究者，领域之外的人看不懂是正常的，但是同一领域的人看不懂是不正常的。

Ⅲ 输出诊断

(2) 研究结果

有的写作者喜欢在文章的标题中很明确地告诉读者他的研究结果是什么。比如《艾滋病药物能提升新冠肺炎患者的治愈率》，这就是将研究结果放在标题里。

(3) 研究目的

还有一些写作者喜欢将研究目的放在文章标题中，如《西方国家早餐谷物中多种霉菌毒素的评估》，这类标题也比较含糊，没有披露太多的研究内容。很多学科的论文偏爱这种表达方式。但这种方式也不够直观，是一种比较传统的表达方式。

(4) 研究方法

很多学者强调他们所使用的研究方法并将其放在文章的标题之中，如《最密切联系原则的欧美比较研究》，再如《犯罪低龄化的实证研究》。如果研究方法是作者文章的一个创新点的话，这种方式就是值得采用的。

(5) 研究问题

将要研究的问题放在标题之中是一种最为直观和常见的表达方式，比如《新冠病毒可以通过空气传播吗》或者《亚洲世纪一定是美国治下和平的结果吗》。如果我们比较一下这两个标题，就会发现前一个标题是疑问句，后一个标题是反问句，不同的问句形式传递的信息是不同的，请大家在学习的过程中细细体会。但是也有采用陈述句的方式表达研究问题的，如《新冠病毒的传播渠道之厘清》，这就是用陈述句表达作者要研究的问题——新冠病毒的传播渠道都是什么。所以，表明研究问题其实可以采用多种句式。

(6) 研究观点

研究观点是指写作者将自己对问题的看法（主题）直接表达在文

章标题之中。比如《最密切联系原则的司法可控性研究》,在这篇文章中,观点是最密切联系原则应当具有司法可控性;想要解决的问题是目前最密切联系原则的司法适用是失控的。再如《企业社会责任法制化研究》,既表达了写作者的观点——企业社会责任需要法制化,又表达了这个观点产生的问题基础——目前企业社会责任并没有法制化。这样的标题会给同行留下很多信息,既表达了问题,又传递了作者对这个问题的观点。

(7) 研究背景

研究背景并不是论文最需要表达的核心内容,但是它可以限定研究的范围。所以,很多写作者愿意将研究背景放入文章的标题之中,比如《"一带一路"背景下企业社会责任研究》《"后疫情时代"国际格局的变迁》等。这两个标题中的"一带一路"和"后疫情时代"就是研究背景。

1.1.2 必须放入标题中的内容

由于汉语的语言特点以及人脑认识和理解事物的特点,文章的标题一般不应该超过3—4个内容。也就是说,不能将我们上文介绍的七个常被放入标题的内容——研究对象、研究结果、研究目的、研究方法、研究问题、研究观点以及研究背景一股脑全部放入标题之中,需要对其进行筛选。否则,不仅会使标题显得非常凌乱、冗长,还会增加读者理解的难度。标题需要言简意赅地表达出最为核心的思想。

对于一篇议论文而言,研究对象、研究问题和研究观点是三项必不可少的内容,无论其他内容是否被提及,这三项内容是必须放入标题的,否则写作者就没有成功通过标题向读者传递论文的核心信息。比如在《最密切联系原则司法可控性研究》这个标题中,最密切联系原则是研究对象,司法可控性是研究的观点。这个标题中没出现问题,

Ⅲ 输出诊断

但是可控性这个词就暗指最密切联系原则的司法是不可控的这个问题，因此这个标题也表达了问题。再如，我们可以采用《〈涉外民事关系法律适用法〉实施中最密切联系原则司法可控性研究》这个标题，这样就把研究背景也加入进去了。这个标题有了研究背景、研究对象以及研究观点，而且通过暗示的手段也将研究问题表达出来，这就是一个比较令人满意的题目。除了上述必须放入文章标题里的三项内容之外，其他的内容就是起到辅助说明的作用，比如研究背景主要是框定研究对象的范畴，研究方法主要是强调研究在方法论层面的不同等。这些辅助内容也不是可以随意放进标题里的，只有能突出文章的创新性的内容才能被放进去。

1.1.3 一些学科论文标题的习惯性表达

有一些学科的文章标题并不遵循上文的研究对象、研究问题和研究主题的写法，比如《脑脊液 β-EP，3-NT 水平与脑胶质瘤患者术后神经损伤程度及预后的关系研究》《东北地区人口净流出与经济指数的关系》《基于稀土和过渡金属离子掺杂无机发光材料的荧光强度比温度计的研究进展》。这是由以下几方面的原因造成的：其一，学科发展得比较成熟，研究推进深入，导致研究对象非常具体，细分发展的特征非常明显。作者探讨的问题都特别具象化，研究对象非常微观。其二，论文多采用实证研究，通过实验验证结果，而非上文提及的定性研究。其三，受到国际通用表达习惯影响，比如医学文章的表达方式、文章格式、展开逻辑都比较固定，这是因为国际上 SCI 期刊对此有统一要求。但不管怎样，文章的标题必须向同行读者传递出其所要解决的问题，如果同行看不出来问题，这个标题就是存在问题的。比如在上文提及的《脑脊液 β-EP，3-NT 水平与脑胶质瘤患者术后神经损伤程度及预后的关系研究》一文中，"脑脊液 β-EP，3-NT 水平"与

"脑胶质瘤患者术后神经损伤程度及预后"之间必须具有基础的逻辑关系并且研究两者的关系能够解决现实中存在的问题。外人可能看不出来，但是内行必须非常清楚，作者不可以随心所欲地（或凭主观想象）地将两个不相关的因素放在一起对比和验证。[①]

1.2 常见错误

错误 1　标题没有问题

错误示例[②]

例 1.1　《欧盟新经济政策研究》

例 1.2　《正当防卫研究》

例 1.3　《论欧盟的新经济政策》

例 1.4　《论正当防卫》

例 1.5　《人口流出与 CPI 指数的关系研究》

例 1.6　《脑脊液 β-EP，3-NT 水平与动脉血压异变关系研究》

---

① 在我指导写作的经历中，一些写作者提供的都是这种 A 与 B 关系的标题，我如果要问他们 A 与 B 是什么关系，为什么要把这两个事物放在一起研究。写作者都会振振有词地描述 A 与 B 之间的关系，但他们描述的都是他们"主观"认为的，从这个角度万事万物都是能联系到一起的。科学研究讲究的是 A 与 B 放在一起能解决什么问题。或者说，写作者要能描述出 A 与 B 之间的客观联系。

② 本书中所有错误均属虚构，虽然来源于写作实践，但都经过笔者改编，请勿对号入座。

Ⅲ 输出诊断

📋 示例解析

《欧盟新经济政策研究》《正当防卫研究》等这类"XXX研究"标题与《论欧盟的新经济政策》《论正当防卫》等这类"论……"标题的错误特别常见,其不当之处在于只列明了研究对象,没有指出研究对象存在的问题。也许会有很多读者说——实践中,总是能看到大量使用类似标题表达方式的文章,难道它们都有问题吗？——是的！出现这种错误的原因有两个：其一,作者真的没有问题或者问题意识,不知道欧盟经济政策和正当防卫存在什么问题,也不知道自己要解决什么问题。其二,作者可能有问题或者问题意识,但是没有通过标题将其表达出来,这在严格意义上属于不规范的写法。中国近现代的学术研究开启得比较晚,有很多论文的写法并不规范。很多特别著名的学者在早些年撰写文章的时候也不考虑读者的阅读体验,没有将问题明确表达出来。

还有的写作者（多为初出茅庐的学生）在撰写文章的时候由于没有问题意识所以在标题中没有体现"问题"。如笔者曾经在一次答辩中遇到过一篇文章,标题为《诉讼时效的法律问题研究》。题目写成这样,答辩人被问到："论文要解决什么问题？"结果这名学生说："解决诉讼时效问题。"答辩组老师继续追问："解决诉讼时效的什么问题？"学生回答："诉讼时效的法律问题。"于是,答辩组老师继续追问："诉讼时效的法律问题是什么问题？"学生就回答不出来了。出现这种情况的浅层次原因是学生根本没有"问题",深层次原因是学生根本不知道议论文是要解决问题的,即在写作之初就要锁定一个要解决的问题。

《人口流出与CPI指数的关系研究》《脑脊液β-EP,3-NT水

1. 标题诊断

平与动脉血压异变关系研究》这类"A 与 B 关系"的论文标题要想符合要求就必须能让同行看出研究 A 和 B 的关系确实在解决一个问题。比如，在《脑脊液 β-EP，3-NT 水平与动脉血压异变关系研究》这个题目中"脑脊液 β-EP，3-NT 水平"和"动脉血压异变"根本就是不搭边的两个事物，纯粹是作者主观臆想的题目，这样的科学研究没有价值。同样，《人口流出与 CPI 指数的关系研究》的作者也必须说明研究"人口流出"与"CPI 指数"的关系能够解决一个问题，否则研究两者之间的关系也没有意义。这类选题必须保证题目中的 A 和 B 有深层次的逻辑关系，比如自变量和因变量的关系，我们不能随便逮住两个东西就研究它们的关系。

错误订正

这类错误可大可小，如果是有问题没有被体现出来的，仅通过调整标题的表达方式就能解决这种错误；如果是自始至终就没有问题意识，那么可能就得从头开始寻找问题，这不是修改标题就能改正的错误。我们尝试将上文的标题调整一下，让人们在阅读文章的时候一眼就能看出该位作者要解决的问题。虽然这种调整从学科角度来看可能不见得精准，但是可以引导作者往"将问题明确表达在标题里"这条路上走，或者至少能让其知道一个合格的标题在形式上应该是怎样的。

我们可以将《欧盟新经济政策研究》调整为《欧盟新经济政策对中欧贸易的挑战及应对策略研究》。当然，这样调整从形式上看是没有问题的，但是要想确保该题目从本质上也没有问题，就需要作者在实践中发现这个新经济政策是真的会给中欧贸易带

Ⅲ 输出诊断

来挑战,这个问题本身是真实存在的。所以,一个好的标题不仅在形式上要能够让读者看出问题,在本质上这个问题本身也是真实存在且有研究价值的。

同理,我们可以将《正当防卫研究》调整为《正当防卫的司法界定标准重塑研究》,这样一来这个标题就拥有了"问题"。作者想要在这篇文章中解决的是正当防卫司法界定标准模糊、不统一进而导致同案不同判的问题。事实上,正当防卫也确实遭遇了这样的问题。因此,这个标题无论从形式上还是实质上来看都是符合要求的。

《脑脊液 β-EP,3-NT 水平与动脉血压异变关系研究》这个标题我们还是可以将其修改成上文提及的《脑脊液 β-EP,3-NT 水平与脑胶质瘤患者术后神经损伤程度及预后的关系研究》,毕竟"脑脊液 β-EP,3-NT 水平"与"脑胶质瘤患者术后神经损伤程度及预后"从脑外科角度来看是有明显关联的。在日常评审论文的过程中,我们见过好多"A 和 B 关系研究"类型的题目,看到这类题目我们首先要看 A 和 B 是否为同一学科,如果不属于同一学科,可能会存在下文提及的第 3 种错误——没守住学科。但如果是本处提及的两个例子——《人口流出与 CPI 指数的关系研究》和《脑脊液 β-EP,3-NT 水平与动脉血压异变关系研究》,标题中涉及的 A 和 B 显然是同一学科的(前者同属于经济学学科;后者同属于医学学科)。在这种情况下,我们要继续追问作者,研究 A 和 B 之间的关系是为了解决什么问题,为什么对这两者关系的揭示能解决这个问题。这样做的目的就是防止作者随意拿出两个事物进行比较,而实际上这两个事物并不存在底层的学科逻辑关系。

错误 2　标题没有学科关键字

错误示例

例 2.1　《跨国并购中知识产权流失问题研究》
例 2.2　《离婚案件中一方当事人证据不足问题的对策研究》

示例解析

这一类错误主要是没有体现出学科关键字（或者叫作学科术语），为什么没能体现出学科关键字呢？从上文介绍的问题解决的步骤来看，这类选题仅停留在了现象级别的问题，没有将现象级别的问题上升到理论级别的问题。所以，这类错误又被称为停留在现象级别的选题。学科关键字一般表现在研究对象上，即一篇论文必须锁定一个具有学科特征的研究对象，比如正当防卫、权利、侵权、救济等一看就是法学术语；博弈、规模经济、成本收益是经济学术语；肺泡通气、血流量比值、急性淋巴球、异丙肾上腺素等是医学术语；初级群体、代际流动、地缘关系、集镇社区、集体意识、社会均衡等是社会学术语。

现代的教育是分科而治的，每个人都有一个自己所属的学科。笔者出身于法学学科，我写作的是法学论文，发表于法学期刊或者综合期刊的法学版块；我的学生也属于法学学科，撰写的毕业论文也是法学论文，拿的是法学学位。所以，每一篇论文都有一个自己的学科属性（即便是跨学科也是如此）。但是在上文的示例中，我们看不出标题的学科属性是因为带有学科属性的关键术语没有出现。此外，我们撰写的是学术论文，要有学术性，

Ⅲ 输出诊断

不是就社会现象本身讨论问题,所以要将我们观察到的现象级别问题上升为理论级别问题。这个上升的标志就是用学科的一个关键术语锁定住这个问题的理论基础。①

在《跨国并购中知识产权流失问题研究》中,读者可能会认为知识产权是学科术语,流失是问题,这个题目是可以的。但是,知识产权是多学科的研究对象,不是专属于某一学科的,这个标题的学科属性并不强,学科属性没有被凸显出来。在《离婚案件中一方当事人证据不足问题的对策研究》中,一方当事人证据不足是一个现象级别的问题,没有上升到理论层面。一方当事人证据不足是由什么导致的?是诉讼程序?是证据规则?抑或是举证责任分担?这样深入思考就能把学科术语提炼出来。总之,这两个例子是缺乏学科关键术语的典型表现。

错误订正

如果将《跨国并购中知识产权流失问题研究》这个标题修改为《跨国并购中被并购方知识产权权利保护路径研究》或者《跨国并购中知识产权囚徒困境及对策研究》就起码在形式上符合了

---

① 这里解释一下,强调学科属性并不是排斥跨学科研究,现实世界是需要跨学科研究的,但是跨学科对研究者的要求非常高,研究者必须具备所跨学科的学科知识体系,否则解决不了问题,只是蹭了跨学科的热度。同时,不可否认绝大多数的研究都是具有学科属性的,本书就是在这样的前提下展开论述的。

要求。① 前者出现了"权利",这是很明显的法学学科的术语。这个标题代表着作者要解决在跨国并购中被并购方知识产权保护一直做得不好,缺少保护权利的有效路径的问题。调整后的标题既有了问题,又有了学科属性。后者出现了"囚徒困境",这是典型的经济学学科术语,这个标题代表着作者发现了在跨国并购中双方(或多方)在知识产权问题上存在囚徒困境,并且给出关于困境的解决方案。

《离婚案件中一方当事人证据不足问题的对策研究》这个标题的修改方法是将证据不足的学理原因找到,然后放入标题中,例如《离婚案件举证责任失衡的再调整》。这个调整后的标题一方面将一方证据不足问题上升到理论层面——举证责任(法学学科术语);另外一方面突出了问题——举证责任"失衡"。这样,就满足了论文对标题的形式要求。

错误3 标题没守住学科

错误示例

例 3.1 《体育文化的数字化传播路径研究》

例 3.2 《体育产品的消费者行为异化研究》

例 3.3 《非遗陶瓷技艺的数字化传播研究》

---

① 本书最后一次强调,在错误订正的环节对问题的解决只是一种示范,在实质上是否成立还取决于学科研究的真实情况。本书只能在形式上提供一些调整思路供写作者参考,这些题目能否在本质上成立还取决于写作者是否真的在前期的阅读中提炼出了问题。

Ⅲ 输出诊断

例 3.4 《批判性思维与德育的关系研究》

✅ 示例解析

在这四个题目中，我们一起来看一下《体育文化的数字化传播路径研究》和《体育产品的消费者行为异化研究》是什么专业的人能做的研究？肯定不是体育专业的人能做的，因为标题中的核心关键字"数字化传播""消费者行为异化"都不是体育学科的专业术语。但是特别不幸，这两个论文题目都是体育专业的学生提供的。这肯定是不行的，体育专业的人提供的论文题目必须是在体育学范畴之内的。数字化传播路径、消费者行为异化则分别属于传播学和商学的研究范畴，这不是体育学的人能驾驭的写作领域，这就属于典型的没有守住自己的学科，跑到别人的地盘上指手画脚的表现。[①] 第三个题目《非遗陶瓷技艺的数字化传播研究》也有类似问题，该位作者的专业是陶瓷技艺，但是放着陶瓷技艺本身的专业问题不研究，非得要研究数字化传播，数字化传播是传播学专业的人才能驾驭的，这属于典型的将别人的学科放在"C位"的做法。近些年出现了好多类似"……数字化传播"的题目，都是非传播学专业的人在研究，这种研究恐怕会因为研究者缺乏相应的学科背景而无法顺利开展。论文是写作者用自己学科的知识解决一个自己学科的问题，例如"……数字化传播"这种题目是用传播学知识解决一个涉及体育文化、非遗技术等领域的传播问题，本质上还是传播学，只不过涉及了体育、某

---

① 除非写作者自身有从事跨学科研究的能力，但实践中，绝大部分写作者是没有的。

项技术的范畴。

《批判性思维与德育的关系研究》这个题目也看不出作者的学科，经过询问，才知晓作者的研究方向是德育。在这种情况下作者需要作出两方面的调整：其一，将德育的"C"位突出出来，不能像现在这样将批判性思维与德育并列，看不出哪一个是作者的主要研究对象，并且也无法锁定作者的学科。如果这是一篇投稿论文或者项目申请书，想锁定符合条件的盲审专家也很困难。其二，将德育的问题表达出来（该位作者要解决的问题是什么），不能将德育直接放在这里，这一点有点像第一种错误，都是只摆出了研究对象而没有深入揭示研究对象存在什么问题。还有一点，德育的内容很多，不是一篇论文能容纳的，并且对于这位作者而言这个题目也过大，需要限缩。研究题目过大的问题我们在下文还会详述，此处仅简单提示一下。[①]

错误订正

类似《体育文化的数字化传播路径研究》《非遗陶瓷技艺的数字化传播研究》等与数字化传播有关的题目可以调整为《数字化传播背景下体育文化的……问题研究》《数字化传播背景下非遗陶瓷技艺的……问题研究》。这样修改的好处在于，将数字化传播当作研究背景，突出自己本学科的内容，即将本学科的术语放在C位，这样就能让人一眼看出作者的学科属性。此外，还要继续提炼学科问题，体育文化、非遗陶瓷技艺仍然属于上文提及的研究对象，研究问题依旧没有被揭示出来。

---

① 其实，很多论文的问题都是复合的，会同时触犯很多种类型的错误。

Ⅲ 输出诊断

我们尝试将《批判性思维与德育的关系研究》这个题目调整为《批判性思维视域下德育评价指标体系的定量研究》。这样修改不仅捋清了批判性思维与德育的主次关系，能帮我们看清楚作者的学科属性；还具体化了德育的问题——评价指标体系的定量研究不足，需要进行可测量性研究。值得注意的是，我们在上文也提及过这种类似"A 与 B 关系研究"的题目，但是上文提及的 A 和 B 都在同一学科之内，即没有跨学科，所以在上文中我们只需要追问作者研究 A 和 B 之间的关系是为了解决什么问题即可。如果说不出来就是没有问题意识，这属于第一种错误。但是此处，A 和 B 是两个不同学科的概念，比如批判性思维和德育，这时候我们首先考虑的问题是作者有没有守住自己的学科，是不是跑到其他学科做了研究。两种错误虽然都属于"A 和 B 关系研究"类型的题目，但是根据 A 和 B 是否属于同一学科的术语会被归为不同类型的错误。当然，有些标题本身就涉及多种错误，比如《批判性思维与德育的关系研究》这个标题，既没有守住作者自己的学科，又没有突出问题，所以我们在后续修改的时候将其调整为《批判性思维视域下德育评价指标体系的定量研究》。

错误 4　标题没体现研究对象

错误示例

例 4.1　《美国 1972 年〈教育法修正案〉第 9 条研究》

例 4.2　《〈破产法〉第 17 条研究》

例 4.3　《〈海商法〉修改背景下对第 4 条的修订研究》

1. 标题诊断

例 4.4　《商务部第 29 号文研究》

📋 示例解析

《美国 1972 年〈教育法修正案〉第 9 条研究》《〈破产法〉第 17 条研究》《〈海商法〉修改背景下对第 4 条的修订研究》《商务部第 29 号文研究》这些题目同时还存在别的一些错误，但此处我们仅讨论它们没有指明研究对象的错误。按照议论文写作的要求，标题是读者观察作者论文的最直接的窗口，结果读者在窗口连作者锁定的对象都没看到，更不要说进一步看明白这些研究对象存在什么问题了，这是不符合论文写作的题目要求的。实践中，这种题目虽然出现频率不高，但也能偶尔见到。

🖱 错误订正

这种标题的订正方式就是将标题中的研究对象明确表达出来，即要将《教育法修正案》第 9 条、《破产法》第 17 条、商务部第 29 号文所涉及的具体法律内容表达出来，同时要保证研究对象存在的问题也被描述出来。比如我有一个学生的写作题目为《〈破产法〉第 17 条研究》，我就问她："这一条是关于什么内容的？"她回答我说："是关于破产判决的承认与执行。"如果是这样就可以直接将研究对象锁定为破产判决的承认与执行，而没必要将法条列在标题上，一点也不直接，也不符合标题的要求。我又继续问她："你要解决破产判决的承认与执行的什么问题？"她回答说："跨境破产判决的承认与执行的审查标准优化问题。"基于学生的回答，我们可以将原本的题目《〈破产法〉第 17 条研

Ⅲ 输出诊断

究》修改成《跨境破产判决的承认与执行的审查标准优化研究》,这个题目就在形式上符合论文写作的要求了。再比如《美国 1972 年〈教育法修正案〉第 9 条研究》,在询问完作者之后才知道,美国 1972 年《教育法修正案》第 9 条的具体内容是什么——多种族群体教育公平的规定,我们帮助这位作者将论文标题修改成《美国多种族群体教育公平的推进路径研究——兼论 1972 年〈教育法修正案〉第 9 条的重构》。在这个题目中,我们还使用了副标题,使得这个题目的信息非常充足和丰满,能满足读者在第一时间阅读文章标题时的各种需求。

其他题目修改的思路也是一样的,本书就不一一列举了。这种题目修改的关键就在于将研究对象明确提炼出来而不是云里雾里地指出多少条、多少款、多少号文件。一方面,这种写法不便于作者与读者的交流,很多人没办法立即联想到这些条款和文件背后的专业理论和术语是什么;另一方面,这种写法也不符合学术论文(议论文)写作的要求——明确研究对象。标题要尽可能向读者准确地传递更多的信息,而不是给读者的理解制造障碍。同时,在将研究对象明确表达出来之后,作者还要进一步明确研究对象的问题——这篇文章解决的实际问题是什么。

错误 5　题目过大

错误示例

例 5.1　《国际经济霸权及其反制》

例 5.2　《糖尿病致病机理研究》

1. 标题诊断

例 5.3　《人工智能法律问题的国际法协调》

例 5.4　《中国医疗体制改革的进路分析》

例 5.5　《破产房地产企业资产抵押的法律问题研究》

示例解析

示例中的错误都是选题太大，也许有读者会问："什么叫选题大？经常听到这个对论文的评价，但就是不知道什么是选题大。"通常，如果用一棵大树来比喻的话，论文（项目也一样）选题可以分成四种类型——树干级别的选题、树枝级别的选题、树叶级别的选题以及叶脉级别的选题。每个级别的选题对写作者（项目的话就是申报者）的学术经历、学术地位、学术团队、经费支持等都有明确的要求，我们用表 2-1 来呈现一下。

表 2-1　四种类型不同的选题及其要求

不同类型选题	示例	对写作者（或申报者）的要求			
		学术经历	学术地位	学术团队	经费支持
树干级别选题	《糖尿病致病机理研究》《西方国际经济法霸权及其反制研究》	院士、资深教授	各学术团体的会长、副会长等领军人物	必须有团队	理科上千万经费支持 文科过百万经费支持（重大项目）

Ⅲ 输出诊断

(续表)

不同类型选题	示例	对写作者（或申报者）的要求			
		学术经历	学术地位	学术团队	经费支持
树枝级别选题	《A基因与糖尿病致病机理的关系研究》《国际投资领域的西方霸权及其反制研究》	一、二级教授	各学会分会的领军人物	必须有团队	理科几百万经费支持 文科几十万经费支持（重点项目）
树叶级别选题	《B基因与A基因主导的糖尿病致病机理的关系研究》《西方投资霸权背景下的比例原则的司法适用研究》	教授	各学会常务理事、理事	可以有，也可以没有	理科几十万经费支持 文科20万左右的经费支持（一般项目或者面上项目）
叶脉级别选题	《C基因与B基因作为辅助诱发因素的糖尿病致病机理的关系研究》《比例原则司法适用中的程序争议考量》	副教授、博士	理事、会员	基本没有团队	经费较少（青年项目）

1. 标题诊断

从表 2-1 中我们可以看出，不同的题目对写作者或者项目①申报者的要求是不同的，树干级别的选题通常覆盖了一个二级学科（如国际经济法）问题或者一个巨大的科学问题（如糖尿病），无论是从自身的能力、江湖地位、学术团队还是经费支持角度判断，这么庞大的选题根本不是一个普通老师能驾驭的。树枝级别的选题通常会比树干级别的选题小一点，但依旧很大，它会涉及二级学科下面的三四级学科（如国际经济法中的国际投资法分支）问题或者一个巨大的科学问题的一个典型分支（如 A 这个主要的糖尿病致病基因），这也是一个庞大的选题，普通老师也没办法驾驭。再往下，树叶级别的选题就是在研究具体问题，它通常表现为聚焦于某一个学科的原则或者具体术语（如比例原则）或者某个庞大科学问题分支中的一个二级分支（B 基因作为 A 基因的下位基因对糖尿病而言是一个次级基因）展开研究，这样的选题就比较适合有一定研究经验的学者在有限的经费支持下开展研究。最小的选题就是叶脉级别的选题，它是在树叶级别的选题之下再继续限缩。比如，如果比例原则作为一个整体对我们来说太大了，研究不了，那么就可以直接聚焦比例原则的程序问题，这样就又将选题缩小了。同样，C 基因作为 A、B 基因的下位基因，也再一次地限制了糖尿病这个庞大选题的研究范围。

---

① 本书虽然是写作指导用书，但是项目申报和写作在选题的原则上是一脉相承的，写作同时也和项目申报相勾连，列出项目选题和经费支持能更加形象地说明这个问题。所以，本书在这里把项目选题和经费支持也放进去，从项目的角度帮助写作者理解选题大小的不同要求。此外，本书会根据论文指导日常的表述习惯交替使用选题和标题两个词汇，并不太严格区分二者的不同。其实，标题就是文章的题目；选题范围更广泛一点，具体指标题所处的研究领域，即作者确定的研究方向所处的领域，也是标题的来源。

Ⅲ 输出诊断

所谓的选题大就是应当选择叶脉、树叶级别的选题的人选择了树枝和树干级别的选题。选题跟自己的学术能力、学术地位、学术支撑都不相匹配。回到示例中所列举的题目——《国际经济霸权及其反制》《糖尿病致病机理研究》《人工智能法律问题的国际法协调》《中国医疗体制改革的进路分析》，这些都是树干级别的选题，其所探讨的国际经济、糖尿病、国际法协调以及医疗体制等都是庞大的议题，对作者都有非常高的要求。通过本书学习写作的人基本上是年轻的学者和在校的研究生、本科生，他们都是写作领域的新手，同时学术经历也比较浅，比较适合从叶脉级别的选题做起。

实践中，时常会有初级写作者选择很庞大的议题作为研究对象，也即题目如上文所述那样写得很大。出现这种情况的根本原因还是在于初级写作者在论文写作的准备阶段（如文献检索和文献阅读）没有深入研究某个具体问题，只是在非常广泛的领域内"逡巡"，始终不能落在一个点上。这些写作者需要在已有文献的基础上再向深入细致的议题推进。比如，研究国际经济法这个领域太大，就推进到国际经济法的分支——国际投资法领域；国际投资法领域如果还是太大就深入到国际投资法的原则——比例原则；如果比例原则还是太大就再推进到比例原则的司法适用或者程序问题研究。总之，初级写作者是需要锁定微观的具体问题展开研究的，特别宏大的选题只有在所处领域拥有深厚积淀的人才能驾驭。

《破产房地产企业资产抵押的法律问题研究》这个选题乍一看也不觉得大，但是熟悉民商法和房地产企业运作机制的人一看就知道这个选题大。因为房地产企业的资产抵押可以发生在各个环节，比如拿地环节、建设环节、施工环节、预售环节、正式销售环节、售后环节……那么题目中的资产抵押就显得过分宽泛了，还是要对其进行限缩，因为每个环节发生的资产抵押在法律关系的主体、客体和内容上都是不一样的。所以，这也是一种偏大的选题，但只有业内人能看出来。再次强调，选题的大小与否是一个相对的概念，是相对于写作者的能力而言的。本书中指出的选题大是相对于学生写作者、青年写作者而言的，行业大咖还是能驾驭住这些题目的。

错误订正

关于示例《国际经济霸权及其反制》《糖尿病致病机理研究》《人工智能法律问题的国际法协调》《中国医疗体制改革的进路分析》等标题如何修改，本书只能提供一个限缩选题的例子。这个例子能在形式上满足上文提及的选题适中的要求，但能否在学科中站得住脚难以保证（而且每个人的学科不一样，笔者没有能力在实质上作出修改）。请读者朋友不要过分纠结例子在学科本质上是否成立，只是感受本书提示的过大的题目在限缩过程中的不同表现即可。

如果将《国际经济霸权及其反制》的题目调整成《国际经济霸权反制背景下条约解释的非司法路径研究》就能使之聚焦于某个具体的问题，而不是直接研究国际经济霸权及其反制本身，这样庞大的议题根本不是初学者或者一篇普通的论文能驾驭得了的。《糖尿病致病机理研究》这个题目在上文已经有所阐释，此处就不再赘述。《人工智能法律问题的国际法协调》同时出现了选题过大和选题过难两个问题，下文还会继续讨论，本处先解决

Ⅲ 输出诊断

选题过大的问题。如果作者将题目修改成《人工智能侵权责任认定标准的国际法协调》就会限缩很多,请读者体会修改前后题目的变化。如果将《中国医疗体制改革的进路分析》修改成《中国医疗体制改革中医疗保险再分配逻辑的优化研究》,就可以将比较庞大的选题拉回到一个比较具体的层面上来,就比较适合青年学者和初学者写作。《破产房地产企业资产抵押的法律问题研究》这个题目可以调整成《破产房地产企业预售环节资产抵押的法律问题研究》,这样就限制住了资产抵押发生的场景,使问题研究变得更聚焦一些。

错误 6　题目过难

错误示例

例 6.1　《人工智能法律问题的国际法协调》

例 6.2　《红筹上市中 VIE 股权架构的拆除路径》

例 6.3　《再论康德的自由意志》

例 6.4　《资金出海的法律优化调整路径研究》

例 6.5　《人工智能侵权的主体与责任认定》

示例解析

其实,上文提及的题目过大对写作者而言同时也是过难的,这两个问题有时候是纠缠在一起的。但是,有时候题目过难并不意味着题目过大,只是研究者缺乏相应的知识、技能和精力,所以即使这个选题不大,对写作者而言也难以完成。《人工智能法

1. 标题诊断

律问题的国际法协调》是上文提及的一个例子，这个题目不仅大而且难，其"大"在于国际法协调不是一个普通学者能驾驭的，甚至不是单独一个人能驾驭的；其"难"在于写这种题目的人通常出身于法学，而人工智能技术性特别强，普通的、没有人工智能知识背景的法律人是无法驾驭的。但是很遗憾，这是一位"普通的"法学博士生的毕业论文选题，现在很多写作者对于自己能写什么主题的论文并不清楚。《红筹上市中 VIE 股权架构的拆除路径》是多年前我在答辩的时候遇到的一个论文题目，这个题目从现在看已经过时了。但无论从何时（是否过时）看这个题目都不适合学生写。原因在于红筹上市非常复杂，VIE 股权架构更是其中的一个难点，很多从业十多年的律师都未必有机会和有能力参与完整的红筹上市过程，VIE 框架的设计更是只有高手才能操盘。在校大学生或者缺乏实践经验的学者对这种实践性比较强的题目都要慎重，因为自身并不具备丰富的实践经历。《再论康德的自由意志》这个题目的难点在于它是一个纯理论性选题，一般而言，对于新手或者初级写作练习者，我们更推荐他们做应用型选题，尽量避开纯理论性选题。纯理论性选题一般是行业的大咖才能驾驭的，因为它对写作者的理论积淀要求很高，理论积淀较浅的普通写作者很难驾驭。在日常指导写作的过程中，我们经常看到学生选择这样的题目作为学位论文的选题，但我们通常不太鼓励这种冒险行为，这纯粹是因为这类纯理论性的选题对于学生而言太难了。等写作者理论成熟度好一些的时候再考虑这类选题会更好，当然凡事都有例外，并不绝对。有些学生就是理论深度好，但是这类学生寥寥无几，几年也碰不到一个，然而每年都会有很多学生认为自己的理论积淀可以驾驭这类选题。所以说，认

Ⅲ 输出诊断

识自己是一件超级困难的事情。

《资金出海的法律优化调整路径研究》这个题目的问题同上文《红筹上市中 VIE 股权架构的拆除路径》的问题类似——同样是实践性太强,因而对作者的实践能力和阅历要求很高。但是大多数学生、在高校工作的青年学者缺乏这类实践背景和经历,这种选题对他们而言就会很难。《人工智能侵权的主体与责任认定》同上文《人工智能法律问题的国际法协调》的问题类似,法律专业的作者(非人工智能相关专业)对人工智能这么强技术性的领域都是不甚了解的,更不要说谈论人工智能的法律问题。这类选题对作者的专业技术性要求太高,不是其他学科学者能驾驭的(除非经过专业训练)。这两个选题的区别在于《人工智能法律问题的国际法协调》不仅难而且大,《人工智能侵权的主体与责任认定》只是难但不大,因为侵权责任的主体和责任认定是一个比较聚焦微观的选题,但是人工智能对于缺乏专业背景的作者来说太难了。[①]

错误订正

选题应当聚焦在自己能做的范畴内,太难的选题一般都建议写作者放弃。换一句话说,写作者一定要写一个自己能看得见、摸得着的事物。我曾经跟那位要做人工智能研究的同学交流,我说人工智能就相当于飞机,而一些朴实的标题就相当于自行车。如果我们自己真实的状态是一个天天骑自行车的人,但是写论文的状态却野心勃勃地想要告诉人们怎么修理飞机,这不现实。所

---

① 这里只是说对于研究者而言这个选题太难,而不是这个选题没有研究价值。

1. 标题诊断

以，这一部分不给出具体的修改意见，只是建议更换选题。如果学生选择了这一类题目，就需要进一步跟指导教师磨合选题，总之要选一个符合自身能力水平的题目。

错误 7　题目陈旧

错误示例

例 7.1　《红筹上市中 VIE 股权架构的拆除路径》

例 7.2　《传统媒介对信息传播的影响因素厘定》

例 7.3　《基于 PC 平台的电子商务模式创新研究》

例 7.4　《传统加密技术在网络安全中的应用研究》

例 7.5　《搜索引擎算法优化研究》

示例解析

《红筹上市中 VIE 股权架构的拆除路径》这个题目具有时代性，由于当年国内 A 股市场上市困难，很多企业绕道去香港上市，在香港上市的红利消失之后很多企业又将红筹上市的框架拆除，回归 A 股市场。这已经是将近二十年前的选题，目前时代背景和股市环境都不支持这样的选题。这样的题目如果还出现在如今的论文选题中，未免显得选题太过于陈旧，不具有时代性，或者说，没有研究的意义和价值。

《传统媒介对信息传播的影响因素厘定》的陈旧性体现在数字化时代背景下互联网和社交媒体已成为信息传播的主要渠道，而报纸、电视等传统媒介的影响力逐渐减弱。因此，探讨传统媒

Ⅲ 输出诊断

介对信息传播影响的选题就显得较为过时。

《基于 PC 平台的电子商务模式创新研究》的陈旧性体现在随着移动互联网的普及，移动电子商务已成为主流趋势，用户更倾向于通过手机等移动设备进行购物和交易。因此，仅针对 PC 平台的电子商务模式研究（哪怕是创新研究）已不符合当前市场的实际情况。

《传统加密技术在网络安全中的应用研究》的陈旧性在于随着量子计算等新技术的发展，传统加密技术（如 RSA、AES 等）的安全性面临挑战。当前，量子加密等新型加密技术正成为研究热点。因此，仅关注传统加密技术的选题就显得不够前沿。

《搜索引擎算法优化研究》的陈旧性在于随着人工智能和大数据技术的发展，搜索引擎算法不断更新换代，如 Google 的 PageRank 算法已逐渐被更先进的 RankBrain 等算法所取代。因此，仅针对早期搜索引擎算法的研究已无法反映当前搜索引擎技术的最新进展。

错误订正

科学研究是为了生产新知识、阐述新的见解和观点，陈旧性选题没有时代性、创新性、学术价值和应用价值，根本无法满足这样的需求。因此，从科学研究的角度来说，陈旧性选题就不应该存在。这类题目在写作者选择的时候就应该被 pass 掉，如果写作者没有能力识别这种错误，导师也应该对此进行把关。如果写作者（学生）和导师都没有把住关，那么导师组也应该在开题、中期考核等关口指出问题。总之，这类选题自始就不应该存在，所以本书不提供修改意见。

1. 标题诊断

错误 8　虚构的题目

错误示例

例 8.1　《韩日国际私法中最密切联系原则的立法修改及对我国的启示》

例 8.2　《肠道菌群调控及对人体物质欲望的影响：兼论廉政文化建设的新路径》

例 8.3　《中国传统文化对蟋蟀身体与战斗力关系的认识》

例 8.4　《行长的面部宽高比影响银行绩效的路径研究》

示例解析

《韩日国际私法中最密切联系原则的立法修改及对我国的启示》这个题目看起来像模像样，但是内行一看就知道这个选题是不成立的，是作者自行脑补出来的题目。国际私法有两大法系——英美法系和大陆法系，两大法系关于最密切联系原则也有各自不同的立法，分别是欧盟的《罗马条例Ⅰ》和《罗马条例Ⅱ》以及美国的《冲突法重述（第二次）》。全世界所有关于最密切联系原则的立法都是参照这两大法系制定的，韩日也不例外。且熟悉韩日国际私法立法的内行就会更清楚，它们也只是参照了欧美立法的一部分，并没有什么独创和值得单独借鉴的内容。研究这个题目还需要追溯到欧美法律传统的根源上，而不是断章取义到一个并非典型的、也非根源性的立法体系中去寻求借鉴。因此，这个选题从业内人士的角度来看，不太具备研究价值，建议从根源上展开研究。

Ⅲ 输出诊断

示例中其余几个标题——《肠道菌群调控及对人体物质欲望的影响：兼论廉政文化建设的新路径》《中国传统文化对蟋蟀身体与战斗力关系的认识》《行长的面部宽高比影响银行绩效的路径研究》就比较离谱，都不用行内人看，外行人都能察觉到这完全属于虚构的选题，其所要研究的内容根本站不住脚，与理论研究没什么关系。这种论文的存在，对于学术研究而言是非常不健康的，甚至让人贻笑大方。

错误订正

虚构的题目都没有办法修改，本书不会给出修改意见。但值得一提的是，虚构的题目与其他错误类型相比，是学术态度出现了问题。这些题目的出现表明作者不仅需要提升写作能力，还需要端正学术态度。建议按照学术规范和学术要求，按部就班地确定一个正确的题目。

错误9 没有学术前途的题目

错误示例

例9.1 《台湾地区国际法中XX规则的研究》

例9.2 《WTO贸易争端表决规则研究》

例9.3 《X边界线的历史溯源和界定新论》

示例解析

《台湾地区国际法中XX规则的研究》这个选题的问题在于

1. 标题诊断

我国台湾地区不是一个国际法主体，虽然它自身有一系列的国际法，但是研究它的法律没有太多实际意义，且随着我国国际地位的不断提升，台湾地区在国际上几乎已无实际影响，实在没有必要将其作为一位学者的研究方向并为此撰写学术论文。在上世纪八九十年代的时候，大陆地区在很多方面还需要学习台湾地区的经验，因此出现了一些专门研究台湾地区在相关领域做法的学者并产生了一系列学术成果。但随着大陆学者的学术水平的提高、学术视野的扩大和对外交往能力的增强，如果现在还将台湾地区的某个领域当作研究对象不仅过时，而且也不会有太多学术发展。① 此外，国际法是一个特殊的领域，它关乎国家主权，台湾地区不具有国际法主体地位，研究台湾地区的国际法无论是在上个世纪还是在当代都没有太大的意义。青年学者选择这样的题目或者将这个作为自己的研究方向会影响自己的学术发展和学术前途。②

《WTO贸易争端表决规则研究》这个题目的问题在于，WTO在贸易摩擦的背景下出现了一定的问题，其争端解决机制中的上诉机构已经停摆，什么时候会有突破性的进展也是未知的，而且从近几年的国际关系和国际格局来看，逆全球化的趋势明显，多边主义遭遇了明显的困境。在这种背景下，我们不太建议年轻的学者或者学生写作者以这样的题目开始自己的研究生涯。这种选

---

① 此处需要提醒的是，并不是所有的有关我国台湾地区的问题都不适合研究，而是有些领域不值得研究，因为没有研究价值，如本书列举的选题所在领域。
② 学者的研究方向对其职业发展是非常重要的，其重要性不亚于生活中配偶对婚姻的影响，所以选择研究对象的时候要慎重。这个问题我们会在后文研究方向部分着重探讨。

Ⅲ 输出诊断

题风险极高,不仅不具有明显的研究价值,还有可能搭上很多宝贵的学术精力却没有什么太明显的产出。①

《X边界线的历史溯源和界定新论》这个题目是虚构的,但是在实践中存在这样的情况,即某国和某国之间的边界线争端已经被搁置或者经由国际法庭确定,如果学者再去做这样的溯源和界定研究就缺乏社会支撑,也会影响自己的学术成果的应用和社会效果。学者生产知识的最终价值是由社会需求决定的,虽然一位学者或者写作者研究的题目从个人和历史的角度有一点价值,但是从现实社会和国家关系的角度来看没有应用空间,这样的研究不仅没有意义还会限制学者个人的成长空间。被搁置的议题不建议再进行讨论和研究(除非有重大契机),因为现实世界都无法解决或者现实世界不认为这个问题可以被深入推进,学者就更不应该沉溺其中,而应该将自己的精力放在更具有研究价值的选题上。

错误订正

这类题目也建议更换,也许会有很多人认为仅因为没有学术前途就更换题目属于学术功利性的一种表现,学术研究就应该随心所欲地展开。很多人在时下吹捧"无用之学",用以表达对某些学术功利性做法的不满和讽刺。笔者无意陷入这种争论,但是,笔者要表达一下自己的观点。经常会有人说,无用之学可以涵养自己的学术情趣、滋养学术乐趣……我们先定义一下有用之

---

① WTO虽然因其上诉机构陷入困境,但也不是所有的领域都无法推进研究,只不过对于年轻学者而言,WTO相关的选题要求很高,如果能克服相关困难,精准识别突破口也不是不能研究,只是这对研究者的理论和实践能力要求很高。所以,日常中我们并不推荐学生做这类选题。

1. 标题诊断

学和无用之学、学术功利性和学术的问题意识，以防出现无意义的争论以及本书的读者对笔者观点的误解。从笔者个人的观点来看，学术可以是没有目的的，也可以是有目的的。没有目的的学术研究可以被称为无用之学，也就是人们常说的搞研究纯粹为了涵养自己的调性而开展的学术研究。从这个意义上说其实也不能称其为无用之学，因为毕竟能为自己所用，能为自己所乐，这也是有一定用处的。有目的的学术研究是站在他人需求、社会需求和国家需求的角度开展的学术研究，更多的不是出于自己的学术小爱好和小乐趣，而是为了完成学术研究所承载的另一个功能——利他和完成社会使命。这两者本身并不矛盾，毕竟人（学术人也是普通人）在一生中不可能时时刻刻都想着利他，想着自己身上的责任和使命，也需要考虑自己的个人需求，能够利用自己的所学娱乐自己、让自己开心也是一个重要方面。从这个意义上来说，有用之学和无用之学不是对立的，也无好坏之分，只是个人选择，也即由个人决定自己学术研究中"有用"和"无用"的比例，达到自身平衡即可。但是我们必须意识到一点，无用之学的社会影响和社会功用不会太大，从社会问题和需求出发的有用之学（前提是能够正确开展研究，能够正确识别问题）能带来较大的社会效益从而给个人带来诸如声誉、声望甚至是经济利益。① 一个

---

① 以笔者为例，《批判性思维视域下课程思政的教与学》出版后，笔者跻身国内一线课程思政专家行列，每年讲座邀约不断；《批判性思维与写作》一书出版后，笔者成为写作培训领域的专家，同时也收获了丰厚的稿酬。这两本著作都是基于社会需求产生的研究性著作，带有学术有用性的标签。但是也不能完全将"有用""无用"区分开，在这两本书的写作过程中，笔者自己也觉得获益匪浅，提升了自己的学术素养，涵养了学术情趣。

Ⅲ 输出诊断

人的理想和对国家、民族的使命感是否与自身的研究相结合以及结合多少确实是个人选择的部分，笔者也无意干涉和对此指手画脚，只是期待写作者能在充分认识有用之学和无用之学的区别和功用的基础之上作出较为理性的、符合自身定位的个人判断。

我们接下来再讨论一下学术功利性和学术的问题意识这两个问题。但凡是学术研究都强调问题意识，有用之学更是如此，研究者的研究必须能够解决问题，只有为了解决社会问题而进行的研究才具有真正的学术价值，同时也具有了社会价值。学术研究的问题意识强调的是真正的学术研究都是建立在问题意识的基础上，没有问题意识就没有真正意义上的学术研究。学术功利性是指问题意识薄弱，或者几乎没有，所谓的研究不是为了解决问题、生产知识，而是为了个人名利的不择手段，这样是不行的。通常，一个人如果真正解决了一个棘手的社会问题，例如现在有科学家就解决了小纳米芯片的研发、设计和量产问题，即便这个人是非常淡泊名利的，也会名利双收。我们反对的是建立在虚假问题以及虚假科学研究基础上单纯追求名利的学术研究行为。学术和名利这两者之间的关系一定是学术为先，名利在后。如果将名利放在前，学术放在后，那就变成了学术功利主义。

综上，我们对以上两个问题做一下总结，希望写作者不要将这些概念混淆。一方面，我们不能在做了很多"无用之学"之后，还期待自己能获得很多社会影响和声望；另一方面，我们也不能在用自己的"无用之学"（缺乏问题和需求导向）申请国家社科基金这一类问题导向、需求导向特别明确的项目败北时，抱怨项目的评审过程、评审结果对自己不公正。不能将别人通过真正的、有问题意识的科学研究获得的声望抨击为学术功利主义，更不能将缺乏问题意识的、追求功利的虚假学术研究吹捧成"有用之学"。

错误 10　政府报告类题目

错误示例

例 10.1　《健全完善发展机制 夯实健康中国科技之基》

例 10.2　《守护重症患者 守护生命线》

例 10.3　《数智共生开创数字经济新未来》

示例解析

《健全完善发展机制 夯实健康中国科技之基》《守护重症患者 守护生命线》《数智共生开创数字经济新未来》看上去就不像常规的论文标题，学术论文一般不这么撰写标题。理论上，我们可以把标题分为指示性标题和报道性标题。报道性标题是用主、谓、宾完整的语句陈述论文的内容，指示性标题则是由动宾短语或者偏正短语构成的。学术论文一般采用指示性标题，即由动宾短语或者偏正短语构成，一般不会是一个句子。报道性标题一般用在一些报告和政府文件中，如"贯彻……构建……"等，这类标题已经超出学术论文标题的范畴。因此，在一般情况下，论文标题不宜用报道性的语句，而应该多用动宾或偏正式的复合词组。在目前正式刊载的学术文献中，报道性标题屡见不鲜，尤其是提问式或反问式标题。提问式标题与传统的论文标题相比更具话题性和参与感，更容易激发读者讨论和思考的兴趣，但缺陷是

Ⅲ 输出诊断

将论题局限在对事情的介绍上,且形式上缺乏学术的庄重感。国际生物学编辑委员会的撰稿指南曾明确指出:"正规的标题通常是指示性而不是报道性的,它只说明论文的主题,而不陈述论文的结果。"论文标题如果被表述成《新修订科学技术进步法彰显时代新意》《消费者权益保护是电子商务法立法重心》《提高政治站位,强化责任担当,推动家庭教育促进法深入妇女落到家庭》,都属于错误使用报道性标题①而导致的学术性丧失的情况。

总之,写作者一定要知道,论文写作是一种学术写作,要具有理论性和学术性,不能只是简单地应用或者普及知识,一定是从学理上解决问题。对于这个问题可以结合上文讨论的既有知识的应用和新知识的生产(创新)来理解。举个例子,一名法官在法院系统工作总结大会中发表了一篇题为《优化司法审查机制 确保纠纷公正解决》的报告,这就是既有知识的应用和普及,不具有理论性,也不涉及新知识的产生。但是如果将其修改成《纠纷处理背景下的司法审查机制优化路径研究》,这就是理论上的探讨,适合作为学术论文来进行研究和撰写。但是,以上的例子都只是形式上的探讨,笔者并不试图在本质上使这些例子符合论文写作的要求,请读者聚焦标题的表达,体会不同表达带来的不同学术效果。

---

① 这类标题使用了一个完整的句子,不是学术论文常见的短语,并且在标点符号的使用上也不符合标题的要求。由于论文标题都是短语,通常也不使用逗号、句号以及与句号功能相似的感叹号、问号等标点符号。但是可以使用冒号、书名号、引号和破折号。详情参见田洪鋆:《论文写作》,高等教育出版社 2025 年即将出版。

1. 标题诊断

> **错误订正**

　　这类标题修改的原则就是增强学术性，改为学术论文标题撰写常用的偏正短语，如"……的构建"，或动宾短语"论……"。我们可以尝试将《健全完善发展机制 夯实健康中国科技之基》这个题目修改成《健康中国的科技支撑机制研究》，这样就使标题在形式上具备了学术性，满足了学术论文对标题撰写的要求。《守护重症患者 守护生命线》这个题目可以尝试修改成《重症患者生命质量提升机制研究》，这也具备了学术性，且在形式上也更像一篇学术论文的标题。《数智共生开创数字经济新未来》这个题目如果修改成《数字经济新未来背景下数智共生模式创新研究》，这就在形式上符合了学术论文的要求。记住，高等学校要求的毕业论文、学位论文、学年论文、投稿论文都是学术论文，跟政府工作报告、工作总结、媒体报道等应用文有本质上的区别。我们在日常学术活动中也经常能看到有些论文使用了这种指示性标题作为题目，经过正规学术训练的人要一眼就能看出这类标题存在的问题并意识到它们并不符合学术论文的要求。

错误 11　科普类题目

> **错误示例**

　　例 11.1　《十一届三中全会文件的法律解读》

　　例 11.2　《慈善社团的法律化管理》

　　例 11.3　《掩星的科学价值》

Ⅲ 输出诊断

示例解析

这类标题的问题在于它们只是科普文章的标题，科普不涉及新知识的生产，只是既有知识的简单应用和介绍。科普文章就是把已有的科学知识、科学方法，以及融于其中的科学思想和精神，通过文字的形式表达出来；论文是常用来描述各个学术领域的研究和学术研究成果的文章。有些人认为科普文章与正式论文的区别主要体现在字数上，其实不然，主要区别在于性质不同。科普文章和论文的研究范围是不一样的，科普文章的特点是知识性强，具有科学性、实用性和短小性；论文的特点是具有学术性、理论性、科学性等。所以即使科普文章的字数达到了数千字，也不可以被认定为论文。《十一届三中全会文件的法律解读》只是用法律知识解读十一届三中全会的文件，不具有学理性，也不涉及知识生产，没有新知识产生。《慈善社团的法律化管理》也是一篇类似科普的文章，其主要内容是将基本的法律知识运用到慈善社团的管理中，不涉及新知识的产生。《掩星的科学价值》是典型的科普文章，其目的是向非专业人士普及专业知识，用于科学宣传。总而言之，科普文章面向非专业群体，使用的是既有知识，目的是普及相关专业领域的知识，提升非专业群体的一些认识；专业的学术论文是面向专业读者群体的，生产的是新知识，目的是在既有知识基础上实现创新，实现人类在该领域中知识总量的增加，提升的是专业群体的认识。

上文提及的政府报告类题目和本处提及的科普类题目虽然面向的都是非专业群体，但仍有区别。前者具有官方属性；后者具有民间属性。但无论怎样，这两类题目的共性在于其没有学术性（理论性），不涉及新知识的生产。

1. 标题诊断

> **错误订正**

这类选题的订正方式就是换题，重新写作。因为没有问题意识，不能生产出新知识，这不符合论文写作的基本要求，只能通过重新选题来解决。

错误 12　说明文类题目

> **错误示例**

例 12.1　《诉讼时效的法律特征》

例 12.2　《商业组织进化的历史》

例 12.3　《魔幻现实主义的内涵》

例 12.4　《英美法系和大陆法系的异同点比较》

> **示例解析**

这类题目的问题在于它们是说明文而非论文要求的议论文载体。我们在科学研究中所提及的论文主要有以下几类：综述（review）、调研报告（survey）、普通议论文（regular paper），本书集中讨论的，也是日常经常使用的类型——普通议论文。这种论文的文体一定是议论文而不是说明文，事实上说明文主要用于教科书（或产品说明书），其目的是介绍既有知识（或信息）。议论文是解决问题的文体，而科学研究就是在解决问题的基础上生产新知识。因此，绝大多数的论文都是议论文。综述也算是独立的论文，它既可以写成议论文，也可以写成说明文。写成说明文的综述的目的是介绍新出现的研究成果和知识形态，这些知识还没有

Ⅲ 输出诊断

被写入教科书，是刚出现的。综述是为了便于研究者快速掌握学科动态而存在的一种独特的论文形式。我们在上文中使用的例子《基于稀土和过渡金属离子掺杂无机发光材料的荧光强度比温度计的研究进展》就是综述。调研报告也是为了解决问题，只不过为了凸显其来源于实践，作者可能会遵循调研的实际流程或者步骤撰写内容，但这也不能掩盖其本质是具有解决问题的议论文。

在以上对论文的几种问题以及议论文和说明文之间区别的解释基础上，我们来看一下示例中给出的几个标题，它们都不符合议论文标题的要求，更像是说明文的标题。《诉讼时效的法律特征》《商业组织进化的历史》《魔幻现实主义的内涵》这几个标题探讨的都是概念、内涵、特征、历史发展等内容，这是我们经常能在教科书上看到的表述，是说明文常用的语言和表达方式。撰写这些内容的主要目的是向人们介绍知识内容，是既有知识传递最好的载体和表达方式。最后一个题目《英美法系和大陆法系的异同点比较》也是说明文的标题，它的目的在于衡量两个事物的关联性，这也不属于新知识生产的范畴。

错误订正

这类题目有两种修改的思路，一种是放弃，重新选题；另一种是在原来的基础上继续凝练出问题。说明文的题目有一点好处——已经出现了研究对象，如果不想改变研究对象，作者可以在研究对象的基础上继续阅读和发现问题。在有了问题之后，可以将问题体现在题目中，这样就在形式上满足了议论文标题的要求。比如《诉讼时效的法律特征》这个标题可以继续凝练为《诉讼时效域外适用的认定标准研究》，以诉讼时效为研究对象，解

1. 标题诊断

决其在域外适用过程中存在的认定标准模糊或者不清晰的问题,这样就使原来的标题具有了问题意识,也使其性质从说明文变成了议论文。《商业组织进化的历史》可以调整成《商业组织决策机制的优化研究》,这就变成了在商业组织的基础上研究其决策机制的优化问题,具有了问题意识并且是一篇议论文的标题。《魔幻现实主义的内涵》可以尝试调整成《魔幻现实主义电影的非理性时空建构路径研究》,这在形式上也满足了议论文对标题的要求。

错误13 标题语言不清晰需要优化

错误示例

例13.1 《基于可持续发展的我国涉农企业税收法律制度优化路径研究》

例13.2 《机动车损失险中保险利益主体的判定——以某汽车销售公司诉保险公司保险合同纠纷案为例》

例13.3 《全国人大常委会对全国人大法律修改权研究——围绕上海自贸区调整法律的决定》

例13.4 《以法学核心范畴理论构建关涉社会公益的法律体系》

例13.5 《论"法律效果与社会效果相统一"向法治思维与法治方式的转型》

例13.6 《上市公司法律风险对审计收费和审计意见类型影响的实证研究》

Ⅲ 输出诊断

✅ 示例解析

以上标题存在的共同问题是语言表达不清晰,用词不精准。标题的表达应当尽量简洁,词和词组的数量要严格地控制。如果标题包含的信息量比较多,词组较多,建议用副标题进行界定,否则所有信息都堆积在一个长长的标题里会显得标题不利落、过于拖沓。此外,标题用词过多容易导致歧义。我们上文曾经提及过,可以放入标题的内容多达七项。但实践中,如果标题超过三个词语就会引发词语界限不清的问题,大脑在接受这些信息的时候会产生分辨困难。如果遇有信息量丰富的标题,如《基于可持续发展的我国涉农企业税收法律制度优化路径研究》,我们也可以考虑用副标题将其拆分,这样至少从表达上看起来比较清爽。总之,标题语言表达得不清楚是信息多、词组多、词组之间的关系不明确导致了读者没有办法分辨研究对象、研究问题等关键内容。

《全国人大常委会对全国人大法律修改权研究——围绕上海自贸区调整法律的决定》《以法学核心范畴理论构建关涉社会公益的法律体系》《论"法律效果与社会效果相统一"向法治思维与法治方式的转型》《上市公司法律风险对审计收费和审计意见类型影响的实证研究》,这些标题读起来都比较拗口,词组过多导致断句困难,甚至无法准确断句。这些都需要作者在反复润色论文的过程中不断提高对语言的驾驭能力,最终提炼出精准易懂的题目。

1. 标题诊断

> **错误订正**

《基于可持续发展的我国涉农企业税收法律制度优化路径研究》其实可以另设一个副标题将可持续发展这个限定要素单独表达，这样在观感上会清爽很多，并且读起来也比较顺畅，如《我国涉农企业税收法律制度的优化路径：基于可持续发展的思路》。我们对比一下这两个标题，就会发现后者明显对阅读者的理解更友好，也更符合大脑的阅读习惯和认知规律。

《全国人大常委会对全国人大法律修改权研究——围绕上海自贸区调整法律的决定》虽然已经有了副标题，但是读起来依旧很不顺畅。我们可以尝试将它改成《上海自贸区法律调整背景下全国人大常委会法律修改权的界限研究》。这样修改之后，研究对象、研究背景以及研究问题都一目了然，也没有必要非要强调全国人大的立法，因为讨论全国人大常委会对法律修改权的唯一指向就是全国人大，业内人都能看明白。作者可以在提出问题部分直接说明上海自贸区法律调整直接触发的就是全国人大常委会可能要对全国人大的立法进行修改，那么这个修改权是否存在，以及如果存在的话，其界限在哪里。

《以法学核心范畴理论构建关涉社会公益的法律体系》这个标题不仅在语言表达上不符合阅读习惯，还存在我们上文提及的报道性标题的错误。这个标题需要取消句子的独立性，重新用动宾或者偏正短语来表达，同时突出研究对象和研究问题。我们可以尝试将其修改成《法学核心范畴理论视域下社会公益法律体系的构建路径研究》，这样就会突出研究对象和研究重点。

总之，这类标题由于词语丰富、词组数量众多容易让读者看不清（有时候作者自己也看不清）研究对象到底是什么、研究背景是什么，容易把两个事物的主次关系弄混。精确语言的目的就是便于读者一眼就能看出研究对象和研究问题，增强可阅读性。如果一篇论文连标题都表述得不清晰，作者的思路也一定是不清晰的，读者也不太会有信心继续往下阅读。

2. 目录诊断

2.1 目录的写作要求

目录的功能在于写作者要按照一定的顺序向读者讲故事，只不过这个故事是关于自己研究的问题，即自己是怎样发现问题的以及是怎样解决问题的。简单来说，目录就是从"问题"到"结论"的路线图。根据论文类型、学科类型、习惯的不同，论文目录的写作也分为不同形式，下面我们分门别类地介绍一下。

2.1.1 最常见的目录写作形式

最常见的形式就是提出问题、分析问题和解决问题，这个写作模式可以被广泛应用于各种议论文的写作。有很多人认为像博士论文这样大体量的论文没办法用提出问题、分析问题和解决问题的思路，即仅用"三个章节"或者以"三段论"的形式呈现出来。这里存在一个认识误区，提出问题、分析问题和解决问题的撰写形式并不是指论文只有三章内容。论文可以有很多章节，只要能让读者清晰地看出有提出问题、分析问题和解决问题这三个组成部分即可，至于某个部分需要用更多的文字阐述也可以适当增加章节，这是没有问题的。还有人认为，如果论文写作都采用提出问题、分析问题和解决问题的目录写作形式会缺乏新意，这种观点也是错的。提出问题、分析问题和解决问题是一种底层思路，这是写作者向读者讲述"故事"的最好的逻辑方式。这不需要有新意，新意是体现在写作者讲述故事的内容上的。可以这样说，提出问题、分析问题和解决问题这种叙事结构是比较符合读者认知规律的，是最方便读者快速理解写作者研究内容的讲述方式。

2.1.2 研究步骤类的目录写作形式

调研报告或者实证研究类的论文为了突出操作步骤会将研究展开的流程作为目录进行写作，如：

> 文献梳理
> 实证研究
> 比较研究
> ……
> ……
> 模式构建

从这个结构来看，我们很容易发现写作者是以研究步骤结合研究方法的方式来撰写目录的，这种撰写方式也未尝不可，它能很清晰地向读者说明工作步骤。但是，这种工作步骤的叙事方式在底层上也必须符合提出问题、分析问题和解决问题的基本逻辑，否则这种叙事方式就只是介绍了工作步骤，但是工作步骤并不符合议论文解决问题的要求，那么这种介绍也就失去了跟读者交流的共同基础。总之，无论采用的是工作步骤方法还是上文提及的提出问题、分析问题和解决问

Ⅲ 输出诊断

题叙事方式，写作的目的都是向读者讲故事，要照顾读者认识一个新事物的规律和需求，底层都是要清晰地描述出写作者从"问题"走到"结论"的路线图。

2.1.3 一些学科的特定形式

有一些研究推进得较为细致、研究范式比较成熟的学科对论文目录已经形成了一套比较常规的表达方式，比如医学论文，它的模式几乎已经被固定：

> 摘要
> 引言
> 方法与材料
> 结果
> 讨论

这种目录的写作形式，对于有些读者来说可能比较陌生，但是医学人会感觉很亲切。一方面是因为医学人都这么写作，就连英文论文也是按照这个模式写的；另一方面说明医学研究推进得比较细致，形成了自己的研究范式。但是我们通过观察这种特定形式可以发现，它也只不过是在用一种医学人比较容易理解的方式讲述写作者是如何从"问题"走到"结论"的。摘要和引言主要就是提出问题，介绍问题产生的一些基本情况。方法与材料、结果是实验验证的部分，大致可以划归为分析问题部分。最后的讨论其实是问题的解决部分，以及本研究发现了哪些新的知识，这大致可以被理解成解决问题部分。只不过，医学研究强调实验，因此要把方法、材料和结果这些与实验有关的内容突出出来。

2. 目录诊断

从上述对于目录写作形式的介绍我们可以看出，一方面，目录写作代表着写作者向读者讲故事的叙事方式，一般都要遵循方便读者理解、尊重读者认识规律的原则展开。所以，基本的目录写作形式就是提出问题、分析问题和解决问题。但是实践中，目录写作的形式会有一些变化，比如按照工作步骤、突出实验环节的方式展开，但这些目录写作形式也要体现提出问题、分析问题和解决问题的本质。如果不能体现提出问题、分析问题和解决问题这个最为底层的叙事逻辑，那么，论文的目录写作就是失败的，是不便于读者理解的，论文也自然就失去了学术交流的功能。另一方面，目录写作与我们后文将要介绍的检视性阅读也有关系，本处强调的是写作者应当如何向读者讲故事，在检视性阅读部分我们强调的是读者怎么阅读一篇写作者写完的文章。但无论怎样，这两个部分都会聚焦文章的目录和写作结构。此外，需要强调的是，论文的目录不是只有提出问题、分析问题和解决问题这一个层次，它其实是一个结构框架，比如提出问题不仅限于一级标题①，还包括一级标题下面的二级标题、三级标题等。本书囿于写作的篇幅和例子的局限仅列举了一级标题，但其实还有多级标题可以呈现。所以，请本书的读者不要简单地、平面化地理解论文的目录，要认识到论文的目录是一个立体的框架。

---

① 一级标题是一、二、三、四；二级标题是（一）（二）（三）（四）；三级标题是1、2、3、4；四级标题是（1）（2）（3）（4）。

Ⅲ 输出诊断

2.2 常见错误

错误 14　目录写成说明文

错误示例

例 14.1

《董事忠实义务研究》

一、董事忠实义务概述

二、董事忠实义务的理论基础

三、董事自我交易禁止义务

四、董事篡夺公司机会禁止义务

五、董事竞业禁止义务

六、董事忠实义务的涤除机制

例 14.2

《民事执行检察监督制度研究》

一、民事执行检察监督制度的产生背景及意义

二、民事执行检察监督的基本原则

三、民事执行检察监督的范围及对象

四、民事执行检察监督的未来发展及对策

例 14.3

《论取得时效在我国的适用》

一、取得时效的概念及产生背景

二、取得时效适用的条件

三、取得时效的法律意义

四、取得时效在我国的未来走向

📋 示例解析

需要指出的是，在这类目录错误的示例中，错误的不仅是目录，它们的标题一定也是有问题的。这类目录的标题通常都没有问题意识，过大或者过难的情况也经常出现。标题有问题，目录就一定有问题；标题没问题，目录也可能有问题。在例 14.1——《董事忠实义务研究》中，目录中的组成部分分别是概述、理论基础、这个义务、那个义务……这些内容都可以在教科书中找到，不属于新知识生产，仅属于既有知识罗列，不符合论文写作的要求。在例 14.2——《民事执行检察监督制度研究》中，背景、意义、原则、范围等都是既有知识，此目录是典型的介绍知识点的说明文体例和结构，不属于议论文写作的范畴。在例 14.3——《论取得时效在我国的适用》中，目录中各部分介绍的产生背景、条件、意义和未来走向都是说明文的内容，不是议论文的内容，不涉及新知识生产，因此也不符合论文写作的要求。

🖱 错误订正

此类错误的修改不是直接修改目录就能解决的。将目录写成说明文结构的错误来源于"根儿"，即问题意识缺失。我们需要先解决标题的问题，标题要按照上文进行精准化提炼和表达，然后再围绕标题确定的研究对象、研究问题来设计文章的结构，即目录。我们以例 14.1《董事忠实义务研究》为示范，展示一下如何将一个说明文的"论文"结构调整成议论文。

Ⅲ 输出诊断

首先,我们要继续提炼《董事忠实义务研究》这个标题,直到它能体现出问题意识。比如改为《董事忠实义务的边界研究》。这样文章要解决的问题就不是董事忠实义务,而是董事忠实义务的边界,即范围问题。董事忠实义务就是一个法律名词和术语,有着明确的内涵和外延,它本身并没有问题。经过修改,问题意识就扑面而来了,表明作者在长期的观察和研究中发现董事忠实义务在实践中存在范围不清晰的情况,于是将其作为研究的主要问题。

重塑标题之后,我们的任务就是构建文章的目录或者大纲。目录是一个相对简洁的大纲,大纲的内容比目录还要更详细一些。我们按照提出问题、分析问题和解决问题的逻辑把大纲设计出来。

> 董事忠实义务的边界研究
> 一、董事忠实义务的边界模糊及引发的问题
> 二、董事忠实义务边界模糊的原因
> 三、重塑董事忠实义务边界的路径

综上,我们以例 14.1 为例简单介绍了如何调整目录和题目。把目录和标题放在一起的原因是,目录出问题时,标题也多半会出问题。事实上,只要是标题有错误(深层次就是没有构思好就匆匆开始写作,这会导致各方面都存在问题)[①],论文的其他方面也多多少少会有问题。针对这种存在于"根儿"上的问题,要调整就必须从"根儿"上下手。

---

① 这在输入部分会详细介绍。

2. 目录诊断

错误 15　没有按照议论文逻辑撰写目录

🔔 错误示例

例 15.1

《我国医疗保险法律制度研究》

一、医疗保险法律制度概述

二、我国医疗保险法律制度存在的问题

三、国外医疗保险法律制度的发展与借鉴

四、我国医疗保险法律制度的完善建议

例 15.2

《凶宅买卖的法律责任划分研究》

一、凶宅的界定

二、出卖人是否构成欺诈

三、出卖人的缔约过失责任

四、出卖人对标的物的瑕疵担保责任

五、居间人的责任辨析

六、损害赔偿范围的确定

七、凶宅买卖纠纷处理思路

例 15.3

《羁押必要性审查制度研究》

一、羁押必要性审查制度的含义及功能

二、羁押必要性审查制度的立法背景和现状

三、羁押必要性审查制度的立法评价

四、羁押必要性审查制度的实施困境

五、羁押必要性审查制度面临困境的原因

Ⅲ 输出诊断

六、完善我国羁押必要性审查制度的构想

例 15.4

《我国强制医疗程序适用问题研究》

一、强制医疗程序的概念与阐释

二、我国强制医疗程序的价值

三、我国强制医疗程序立法和司法实践现状

四、我国强制医疗程序的完善

✅ 示例解析

事实上，把目录写成说明文（上一种错误类型）也是没有按照议论文逻辑撰写目录的错误的一种。将这两种类型分开是因为前一种类型是彻底的说明文，作者头脑中压根儿就没有将文章写成议论文的"意识"。本处讨论的没有按照议论文逻辑撰写目录的错误是指作者可能有一点议论文写作的"意识"，我们能在目录中看出作者是想按照提出问题、分析问题和解决问题的形式去写作的，但是由于能力限制（也可能是由于之前准备工作没做好①）最终没能按照议论文逻辑成功地写出目录。

---

① 其实有些学生写作者是知道要写成议论文的，但是写作的时候发现手头的准备工作做得不到位，缺东少西又不爱补充，于是用手中已有的材料对付形成（或拼凑）一个目录。我在日常指导学生论文的实践中，还经常发现有的学生在写作初稿的过程中擅自修改了开题时调整好的目录，即最后初稿的写作目录与开题确定的写作目录不一样。一问才知道，学生开始写的时候才发现根本无法按照开题的预想完成初稿，因为手中的储备不够，于是这些学生本应该继续补充论文素材却选择了修改目录，还是在不跟导师商量的情况下。但是作为一名经验丰富的论文指导教师，经过我开题指导的目录已经是符合议论文要求的，因此一旦在写作中被写作者擅自调整，我一眼就能看出来。

2. 目录诊断

以例 15.1——《我国医疗保险法律制度研究》[①] 为例，作者组织了四方面内容，分别是医疗保险法律制度概述、存在的问题、发展与借鉴、完善建议。这个论文架构中概述、发展与借鉴都不是议论文的必备内容，如果我们需要这些内容可以将其整合进议论文的相关章节中（如分析问题或者解决问题部分），但不能直接把概述、发展与借鉴摆在这里，我们会在下文详细说明怎么修改这个目录。

例 15.2——《凶宅买卖的法律责任划分研究》就更有意思了，作者又细又碎地介绍了凶宅的界定；出卖人是否构成欺诈、缔约过失责任以及是否承担对标的物的瑕疵担保责任；居间人的责任辨析；损害赔偿范围的确定；凶宅买卖纠纷处理思路等七项内容。可以看出作者努力地想要解决一些问题，如责任划分、赔偿范围以及纠纷处理。但是，这些内容的主语都不一样，也就是说作者分别探讨了出卖人、居间人的责任和凶宅买卖纠纷处理等若干问题，但内容根本就不聚焦（没有一个核心主线）。所以，这篇目录暴露了作者混乱的思路。同样，我们稍后会演示如何在聚焦一个主题的基础上对这个目录进行修改。

例 15.3——《羁押必要性审查制度研究》的目录介绍了羁押必要性审查制度的含义及功能；立法背景和现状；立法评价；羁押必要性审查制度的实施困境、困境的原因以及完善构想。其中的含义、功能、立法背景和现状、立法评价都属于基础知识，没

[①] 这个标题也不符合要求，应该调整成《我国医疗保险法律制度存在的问题及对策研究》，这样才符合论文写作的要求。但是实践中，写作者经常这么含糊地表达标题，这是不对的，它不能体现议论文的特征。

Ⅲ 输出诊断

必要体现在论文中,更没必要体现在目录中。如果实在需要介绍一下,也要在不冲淡主题——羁押必要性审查制度的实施困境、困境的原因以及完善构想的情况下简单介绍,最好将其融进提出问题(羁押必要性审查制度的实施困境)、分析问题(困境的原因)和解决问题(完善构想)中,不用单独列举。在这里可能会有读者认为,自己的论文需要专门辟出一个部分介绍基本概念。这种想法是错误的,我们在介绍下一种错误类型时会继续解释。

例 15.4——《我国强制医疗程序适用问题研究》的目录中,作者介绍了强制医疗程序的概念与阐释、我国强制医疗程序的价值、我国强制医疗程序立法和司法实践现状、我国强制医疗程序的完善。这篇文章目录的问题是强制医疗程序的概念与阐释、价值等都不是议论文关心的问题,作者应当直接从强制医疗程序的问题切入,分析原因,提出解决方案。从目录中也能看出作者最终想要指出现状以及完善路径,但是从整体上来看,这个目录是不完整的且夹杂了太多不应被放入的内容。

错误订正

此类错误修正的思路就是尽量将目录调整成非常明确的提出问题、分析问题和解决问题的逻辑结构,或者像上文提及的那样虽然以工作步骤的形式、特定结构展开,但是要让内行人能看到这种结构之下的提出问题、分析问题和解决问题的脉络。以上探讨的前提是该篇论文有明确的问题意识,如果没有,在调整目录之前还需要先明确问题。例 15.1《我国医疗保险法律制度研究》可以调整成:

2. 目录诊断

> 一、我国医疗保险法律制度存在的缺陷
> 二、我国医疗保险法律制度存在缺陷的原因分析
> 三、我国医疗保险法律制度的完善建议

调整之后的目录不仅有明确的问题,还按照议论文的叙事逻辑展开。原文目录中的第三部分——国外医疗保险法律制度的发展与借鉴可以融入修改后的第三部分——我国医疗保险法律制度的完善建议,没有必要将其单独列为一个部分,整合进解决问题部分就可以了。需要注意的是,虽然我们已经将例 15.1 调整成议论文的表述方式,但是这个选题对于学生(甚至是青年学者)而言太大了,这是行业的资深研究者才能驾驭得了的选题。本书在此处,仅是呈现一个修改的思路,选题大的订正思路已经在上文详细论述过了,还希望读者在阅读本书的时候能将上下文结合不断比较,很多论文写作的问题都不能单纯归入一种错误,可能是很多种错误类型的杂糅。

例 15.2——《凶宅买卖的法律责任划分研究》首先要明确研究对象为法律责任,问题是法律责任划分不清楚,沿着这条主线可以将其调整成:

> 一、凶宅买卖的法律责任划分不清
> 二、凶宅买卖的法律责任划分不清的原因分析
> 三、凶宅买卖的法律责任重新划分思路

Ⅲ 输出诊断

原文中的出卖人、居间人的相关内容，都是法律责任划分存在问题的表现，不应当单独存在于一级标题中，可以放在二级标题中。由于我们并不了解这个选题的详细内容，只能尝试对一级标题进行调整，详细的二级、三级标题可能需要作者在一级标题之下自行调整。

例 15.3——《羁押必要性审查制度研究》没有问题意识，需要首先锁定羁押必要性审查制度的问题是什么，是目录中提及的立法缺陷还是实施困境，锁定一个问题然后再对目录进行聚焦式调整，同时删除不必要的背景、概念等介绍性的内容。我们可以尝试将例 15.3 调整成下面的状态，这样在形式上就符合议论文对目录（至少是一级标题）的要求了。我们以《羁押必要性审查制度的立法缺陷及完善》为题对目录进行调整得到以下内容：

> 一、羁押必要性审查制度的立法缺陷
> 二、羁押必要性审查制度立法缺陷的形成原因
> 三、我国羁押必要性审查制度的完善路径

例 15.4——《我国强制医疗程序适用问题研究》修改起来相对麻烦。首先，需要指出我国强制医疗程序适用存在的具体问题是什么，要写实，不能把"问题"两字摆在那里就不管了，这样体现不出问题意识。其次，原目录中的第三部分既涉及立法又涉及司法，需要聚焦或者进一步提炼。最后，需要将目录各个组成部分的关键字统一，并且删除多余的概念、价值等内容。我们以《我国强制医疗程序的缺陷及完善》为题对目录进行调整会得到

以下内容:

> 一、我国强制医疗程序存在的缺陷
> 二、我国强制医疗程序存在缺陷的原因
> 三、我国强制医疗程序的完善路径

这样就可以在一级标题层面上保证该目录的妥当性,当然,即便将目录调整成提出问题、分析问题和解决问题的形式,这个题目还是偏大,不建议学生写作者和青年写作者尝试。本书只是以此为例展示目录调整和修改的思路。

错误 16 无须保留所谓的理论基础部分

错误示例

例 16.1

《我国非法民间融资的刑法规制研究》

一、我国非法民间融资刑法规制概述

(一)我国非法民间融资的概念

(二)我国非法民间融资的理论基础

二、我国非法民间融资行为刑法规制存在的不足

三、我国非法民间融资行为刑法规制的完善

例 16.2

《羁押必要性审查制度研究》

一、羁押必要性审查制度的理论基础

Ⅲ 输出诊断

（一）羁押必要性审查制度的概念

（二）羁押必要性审查制度的历史发展

（三）羁押必要性审查制度的理论争论

二、羁押必要性审查制度的实施困境

三、羁押必要性审查制度面临困境的原因

四、完善我国羁押必要性审查制度的构想

✅ 示例解析

这类错误与上一类错误有相似的地方，都是指写作者将很多不需要的内容放入目录里了，即放入了与提出问题、分析问题和解决问题无关的内容，或者是应当融入提出问题、分析问题和解决问题内部的内容没有融入，却单独组成一个部分体现在一级标题里了。这类错误与上类错误不一样的地方是写作者将这些内容整合成一个理论基础，作为其研究的起点，生怕读者不了解自己研究对象的相关基本知识和信息。

比如例16.1中的我国非法民间融资刑法规制概述、例16.2中的羁押必要性审查制度的理论基础都是完全没有必要存在的。在毕业论文答辩中，我们经常能够看到这样的内容。当我们指出这部分内容没有必要存在的时候，学生写作者还非常委屈，认为这是理论基础。这种认识是错误的，因为学术论文是给同行看的，同行是知道这些基础知识的，不知道这些基础知识的人也不会对这篇论文感兴趣。所以，无论是何种形式的论文，只要是学术论文都没有必要交代这些最基础的、存在于教科书上的知识。一定要记住，论文是给同行（某种意义上是小同行，研究方向趋向一致或者相差不远的人）看的，没必要交代基础知识和信息。

错误订正

这一类型的错误非常好修改，如果论文的其余部分符合提出问题、分析问题和解决问题的结构要求，就可以直接将第一部分内容去掉。但实践中的情况可能更复杂一点，很多写作者将这一部分内容去掉了之后，字数就不太够了。① 写作者需要在其他部分增加相应的内容和论述，这对于他们而言是很困难的。这也是这类错误虽然被老师指出，但写作者也没有动力将其删除的原因。

错误17　内衣外穿——逻辑层次错乱

错误示例

例17.1

《我国医疗保险法律制度研究》

一、医疗保险法律制度概述

二、我国医疗保险法律制度存在的问题

三、国外医疗保险法律制度的发展与借鉴

四、我国医疗保险法律制度的完善建议

例17.2

《凶宅买卖的法律责任划分研究》

---

① 学位论文一般都有字数要求，以吉林大学法学院为例，硕士学位论文不低于3万字，博士学位论文不低于10万字。

Ⅲ 输出诊断

　　一、凶宅的界定
　　二、出卖人是否构成欺诈
　　三、出卖人的缔约过失责任
　　四、出卖人对标的物的瑕疵担保责任
　　五、居间人的责任辨析
　　六、损害赔偿范围的确定
　　七、凶宅买卖纠纷处理思路

示例解析

　　这两个示例我们在上文已提及且分析过,但也同样适用于本处这种错误类型,这就说明很多错误都是粘连在一起的,归根结底都是逻辑出了问题。在此处,我们借用这两个例子说明什么是内衣外穿型错误,也就是应当在二级或者三级标题中体现的内容却在一级标题中体现出来了。先看例17.1——《我国医疗保险法律制度研究》,第三个部分的"国外医疗保险法律制度的发展与借鉴"不能放在一级标题中,其所在的位置是分析问题部分,国外医疗保险法律制度的发展与借鉴并不能等同于分析问题。正确的做法是看作者写这部分内容——国外医疗保险法律制度的发展与借鉴想证明什么,这存在几种情况:第一种是作者想用这部分内容证明国内医疗保险法律制度存在的问题,那就需要将这部分整合进提出问题部分;第二种是作者想以此证明国内医疗保险法律制度存在问题的原因,那就需要将这部分整合进分析问题部分;第三种是作者想借鉴其他国家的做法以完善我国的制度,那就应当将其放在解决问题部分。总之,这部分内容不能单独存在于一级标题中,必须整合进相应的部分,至于具体放在哪个部分，要看作者想用这部分内容证明什么（或者为什么目标服务）。所以，这部分内容应该处于次一级标题（二级或者三级），作者把本应该放在二级或者三级标题的内容暴露在一级标题中，属于"内衣外穿"，也是逻辑混乱的一种表现。

例17.2就更是如此了，作者写作的核心关键字既然是——凶宅买卖的法律责任划分，那么所有的一级标题都应当围绕法律责任划分展开，至于是出卖人的责任（无论是什么责任）还是居间人的责任都应当放在责任划分的下一级标题中，不应该直接放在一级标题中。

错误订正

此类错误的订正与上文一致，甚至所有关于目录的错误都是一种修改思路——体现出提出问题、分析问题和解决问题的底层逻辑。具体的修改方法就是将相应的内容调整到下级标题中，使每个内容模块都能各得其所、位置不乱，位置不乱就代表着逻辑没错。

如例17.1，我们可以将第三部分国外医疗保险法律制度的发展与借鉴整合进解决问题部分：

《我国医疗保险法律制度的缺陷及完善》
一、我国医疗保险法律制度存在的问题
二、我国医疗保险法律制度存在问题的原因分析
三、我国医疗保险法律制度的完善
（一）主要发达国家医疗保险法律制度的启示
（二）完善我国医疗保险法律制度的路径

Ⅲ 输出诊断

同理，我们也可以将例17.2调整为：

> 《凶宅买卖的法律责任划分研究》
> 一、凶宅买卖的法律责任划分不清
> （一）出卖人责任定性的争议
> 1. 出卖人构成诈骗的理论主张
> 2. 出卖人构成侵权的理论主张
> （二）居间人责任定性的争议
> 1. 居间人承担连带担保责任的理论主张
> 2. 居间人构成共同侵权的理论主张
> 二、凶宅买卖的法律责任划分不清的原因分析
> 三、凶宅买卖的法律责任重新划分的思路

这样，就将出卖人、居间人的相关责任等作者暴露在一级标题中的内容调整至三级标题中，整个逻辑看起来也更顺畅一些。通过以上两个例子的修改可以看出，不能将不属于一级标题的内容放在一级标题，当然也不能将一级标题放在别的层次上。每个与主题相关的内容都有相应的位置，专业的写作者就要保证每一个内容模块都在准确位置上，从而确保逻辑顺畅。同时，在进行目录调整时，我们不能简单地认为将相关内容归类到第二级或者第三级标题就大功告成，还需要根据上级内容对新纳入的下一级内容进行润色和打磨。比如，在例17.1中，我们需要把国外医疗保险法律制度改成主要发达国家医疗保险法律制度，因为并不是所有国家的医疗保险法律制度都值得借鉴。同时，我们删去了医疗保险法律制度的发展，因为这部分与结论无关。在例17.2中，

2. 目录诊断

我们将作者原文中的出卖人是否构成欺诈、出卖人的缔约过失责任、出卖人对物的瑕疵担保责任进行整合，统一放在出卖人责任定性的争议这个二级标题之下，这样就使得原本分散的内容被"收纳"进相应的模块，使整个目录看起来更清爽。但是，作者要保证，这种收纳是符合理论逻辑的，而不是乱收纳的。

错误 18　跑题以及关键字不统一

错误示例

例 18.1

《自媒体隐私侵权的保护》

一、自媒体的基础理论

二、自媒体对隐私权的侵害

三、自媒体时代隐私权法律保护的现状

四、自媒体侵权的制度防范与法律完善

例 18.2

《自助游法律责任分配问题研究》

一、案件引发的问题

二、组织者的法律责任

三、参与者的法律责任与义务

四、完善自助游法律制度的建议

例 18.3

《政府官员隐私权限制问题研究》

一、政府官员隐私权的一般理论

Ⅲ 输出诊断

二、政府官员隐私权限制机制存在的问题

三、外国相关立法经验

四、完善政府官员隐私权限制制度的构想

📋 示例解析

　　这类文章最大的问题在于文章标题和目录的标题所涉及的关键字都不一样，感觉文章标题在说 A，提出问题部分的标题在说 B，分析问题部分的标题在说 C，解决问题部分的标题又在说 D。而正常的标题都应该围绕一个核心关键字（如 A）展开。例 18.1《自媒体隐私侵权的保护》这个标题的关键字是隐私侵权，目录中四个部分的核心关键字分别是自媒体、侵害、法律保护、制度防范与法律完善。这是一种典型的目录和标题（文章）不相符（跑题）的情况，同时关键字也不统一，这是思维混乱的一种表现。

　　例 18.2《自助游法律责任分配问题研究》这个标题中的核心关键字是责任分配，目录中的几个一级标题分别讨论了组织者的法律责任、参与者的法律责任与义务，最后一部分还讨论了自助游法律制度的完善。完全不搭边的四个部分被作者整合到了一个目录里，不仅跑题，而且跑得十分离谱。这种错误的出现，说明作者基本没有受过写作的逻辑训练，内在的结构一塌糊涂。

🖱 错误订正

　　在对错误进行调整之前，我们必须着重指出这类错误出现的原因可能是作者前期的准备工作做得不充分，最为根本和彻底的

2. 目录诊断

修改方式是继续（或重新）夯实自己的理论基础，增强对问题的思考。当然，作者也有可能是对论文写作的形式和逻辑要求不熟悉。但无论如何，只有在前期准备和积累环节没有问题的情况下，我们才可以在形式上帮助作者完成调整。

我们以例 18.1《自媒体隐私侵权的保护》作为范例展示修改过程。首先，这个标题就有问题，自媒体隐私侵权的保护表述不正确，侵权是不受保护的（保护的不是侵权），应该将标题改为自媒体侵权的法律规制，或者是自媒体侵权背景下当事人隐私权的保护。其次，我们以前者——《自媒体侵权的法律规制》为题，将目录设计成下面的形式：

> 一、自媒体侵权法律规制存在的问题
> 二、自媒体侵权法律规制问题的成因
> 三、自媒体侵权法律规制的完善路径

经过修改，至少这篇文章在目录层面做到文题相符，即不跑题，且从论文标题到目录中一级标题的核心关键字都是自媒体侵权法律规制，由一条线索贯穿着。

例 18.2 的修改也是一样的思路，《自助游法律责任分配问题研究》这个题目可以修改得更能体现问题意识，如《自助游法律责任分配的重新界定》，每个部分的一级标题可以表述为：

Ⅲ 输出诊断

> 一、自助游法律责任分配存在的问题
> 二、自助游法律责任分配问题的原因
> 三、自助游法律责任分配的新思路

这样，我们就在形式上将示例混乱的目录调整成比较规范的状态。需要注意的是，这种错误绝大多数是作者前期准备不足造成的。如果是这个原因，即使我们在形式上将目录调整成完美的状态，内容也是不充实或者有问题的。所以，本书的这种调整仅是形式上的，目的是向写作者展示一个规范的一级标题①应当如何撰写，无法在更深入的二级、三级标题上展示。但是无论哪一级标题，要求都是一样的，写作者可以比照相应的要求进行自我检测。

错误 19　提出问题部分——没提炼出问题并证明问题存在

 错误示例

例 19
《最密切联系原则的司法适用研究》
一、最密切联系原则司法适用存在的问题
（一）最密切联系原则的特征

---

① 不止是一级标题，二级、三级标题也是这样的撰写思路，都必须符合逻辑要求。

2. 目录诊断

（二）最密切联系原则的确定标准

（三）最密切联系原则的司法适用存在同案不同判

二、最密切联系原则司法适用存在问题的原因

三、最密切联系原则司法适用存在问题的解决路径

示例解析

为了解释例 19 这个例子的错误之处，我们先要回顾一下上文（本书的第一部分）提及的解决问题的过程和关于论文写作常见的解决问题的形式。首先，如图 1-3，解决问题的过程分为提出问题、分析问题和解决问题三个环节，且每个环节都单独构成一个论证。

其次，论文写作常见的解决问题形式有最完整的形式，即一篇论文中包含图中所有的三个环节①；还有最常见的形式，即包括提出问题和解决问题两个环节②；还有最简洁的形式，即提出问题部分、分析问题部分或者解决问题部分（任一部分）单独构成一篇论文的全部内容。③ 无论怎样，写作者都要在正文的提出问题部分明确问题是什么并证明这个问题存在。

在例 19 中，首先，作者仅指出最密切联系原则在司法适用中存在问题，但并没有明确给这个问题定性，即指出这是个什么问

---

① 这种情况要认识到，写作者同时解决了三个问题，即问题是什么、原因是什么以及解决方案是什么。
② 这种情况要认识到，写作者同时解决了两个问题，即问题是什么，解决方案是什么。
③ 这种情况要认识到，写作者在一篇文章中只解决一个问题，要么是问题是什么即问题的定性；要么是问题（定性）没问题，原因不明，所以写作者只解决原因问题；要么是定性、原因都没问题，写作者仅聚焦解决方案。

Ⅲ 输出诊断

题。其次，作者并没有证明这个问题是成立的（作者没有指出问题，当然也就无法证明）。如果觉得上文的解释难以理解，我们还是用日常生活中的例子来说明。假设某人胃疼，他来到医院，医生必须给他确诊，医生初步判断是浅表性胃炎，这就是提出问题。经过检查各种指标让医生确认患者的问题确实是浅表性胃炎，这就是证明问题。这就是一个提出问题的过程，作者必须像医生一样明确指出最密切联系原则到底存在什么问题。光指出存在什么问题（例子中的浅表性胃炎的初步提出）还不够，还要证明问题（例子中的浅表性胃炎的结论）是成立的。在医疗诊断中，医生要拿出各种证据来证明。同理，作者也要证明自己在论文中提炼的问题是成立的。

错误订正

这类错误修改的思路非常明确，作者要明确地指出问题的"名字"（如浅表性胃炎），然后提供充分的证据证明该"问题"（如浅表性胃炎的结论）是成立的。我们尝试将例19修改成如下的状态，请读者仔细观察前后的差别。

《最密切联系原则的司法可控性研究》
一、最密切联系原则司法适用存在不可控的问题
（一）司法不可控的表现①
（二）司法不可控的表现②
（三）司法不可控的表现③
二、最密切联系原则司法适用存在问题的原因
三、最密切联系原则司法适用存在问题的解决路径

从修改后的例 19 可以看出，首先，我们对标题进行了提炼，将"司法适用研究"修改成了"司法可控性研究"，这样就带出了研究问题和研究主题，这是我们在上文介绍标题撰写时提及的内容。其次，我们将下面的二级标题修改成能够证明该原则存在司法不可控的表现，这样用三个论据支撑不可控这个结论。最后，有一个修改点从表面上看不出来，但很重要，所以必须强调一下。二级标题中司法不可控的三个表现必须是能够证明一级标题"不可控"的充分条件，即能得出"不可控"这个结论（对问题的定性）是成立的。

总体上，论文提出问题的部分需要明确指出问题的"名称"和论据，论据通常就是二级标题，论据要能证明"名称"所指问题是存在且成立的。

错误 20　分析问题部分——理论框架不对，又大又空

错误示例

例 20
《最密切联系原则的司法可控性研究》
一、最密切联系原则司法适用存在不可控的问题
（一）司法不可控的表现①
（二）司法不可控的表现②
（三）司法不可控的表现③
二、最密切联系原则司法不可控的原因
（一）经济原因

Ⅲ 输出诊断

　　（二）社会原因

　　（三）文化原因

　　三、最密切联系原则司法适用存在问题的解决路径

示例解析

　　本处依然延续上文的例子，例 20 在分析问题部分最明显的错误是其所列举原因根本就不是真正的原因，原因分析部分的写作一般要遵循以下几点[①]：① 要写直接原因，不能上升到太高的层次；② 原因部分要有一个统一的结论；③ 每一条原因都是一条论据，要能证明原因部分的结论成立；④ 此处的原因分析，多半会与后文的解决问题——对应（后文也会涉及这个内容），我们逐条来分析。

　　首先，例 20 中的原因分析并不是直接原因，层次非常高。可以毫不夸张地说，任何一篇文章在分析原因的时候都能上升到经济、文化、社会的层面，这样的原因分析一方面又大又空，另一方面无法解决问题。读者可能会问，那什么样的原因是直接原因？比如本书在第一部分我们提及的张三构成故意杀人罪的例子，原因分析就要按照故意杀人罪的构成要件（四项）[②] 展开，不可以跑到张三的原生家庭和其所处的社会、文化背景等层面分析。但如果我们要研究的是张三故意杀人的心理状态问题，就可以分析他的原生家庭对其杀人行为的影响；如果我们要研究的是

---

① 绝大多数都是如此，尤其是学生写作和青年学者写作。
② 主体要件、主观方面、客观方面、客体要件。

2. 目录诊断

与张三同一时期的同类案件数量有明显增多的现象，就可以从当时的社会、文化层面分析。总之，原因并不是随意取材，而是要结合解决问题所处的层面来锁定范畴。实践中，就有很多学生作者在分析原因的时候喜欢上升到经济社会、文化历史等层面，这样对解决"具体"问题没有帮助。

其次，原因部分要有统一的结论。例20中仅列举了又大又空的经济、社会和文化三个原因，这显然是不成立的。但如果我们修改成比较具体的原因并将它们罗列上就能成立吗？也不见得。判断分析问题部分的二级标题提供的几条原因是否成立，取决于作者怎样定性原因部分的核心观点。例20没有提炼出原因的核心观点，只是罗列了几条不相关的信息。

最后，所列举的"原因"必须是关于"原因"统一的结论的论据，即分析问题的二级标题必须是论据，证明作者总结的原因的结论是成立的。例20中没有提炼统一的分析问题部分的"结论"，自然也没有办法判断原因是否能支撑这个不存在的"结论"。但是，这并不妨碍我们直接判断出作者目前罗列的这些原因（经济、社会、文化）是又大又空、不符合要求的。

错误订正

我们可以尝试将例20修改成如下的状态，然后解释一下修改的思路并观察修改前后的差异。

Ⅲ 输出诊断

> 《最密切联系原则的司法可控性研究》
> 一、最密切联系原则司法适用存在不可控的问题
> （一）司法不可控的表现①
> （二）司法不可控的表现②
> （三）司法不可控的表现③
> 二、依赖司法控制模式是导致该原则不可控的主要原因
> （一）司法控制模式意味着没有统一的立法标准
> （二）司法控制模式意味着由法官自由裁量
> （三）司法控制模式意味着个案审理
> 三、最密切联系原则司法适用存在问题的解决路径

  对比一下修改前后，我们首先提炼了该原则司法不可控的原因是我国过分采取了司法控制模式而非更有控制力的立法控制模式。在这里，我们将原因直接体现到了标题里，这种方式比较直观。也可以像我们上文指出的那样，将标题直接写成——最密切联系原则司法不可控的原因分析，即观点不体现在标题里，而是体现在正文里。总之，我们需要给原因部分提炼出一个核心观点（原因部分的结论），至于要不要体现在标题里由作者自行决定。但由于本书篇幅的局限（没有机会展示正文），所以笔者就将原因直接整合到标题里了。

  分析问题部分下面有三个二级标题，即"立法标准""自由裁量""个案审理"，这三个理由是构成司法控制模式的必备要件，是证明司法控制模式能导致最密切联系原则不可控的论据。

2. 目录诊断

总之,分析问题部分修改的思路与提出问题相同。首先,要给原因定性,这样既能让我们避免像示例那样写得又大又空,又能让我们规范二级标题的展开逻辑。其次,作者时刻要记得二级标题,即罗列的所谓"原因"应是论据,能够证明原因部分总的观点,在本文中司法控制模式是导致最密切联系原则不可控的原因。

错误 21　解决问题部分——与分析问题对应不上,又大又空

错误示例

例 21

《最密切联系原则的司法可控性研究》

一、最密切联系原则司法适用存在不可控的问题

(一)司法不可控的表现①

(二)司法不可控的表现②

(三)司法不可控的表现③

二、依赖司法控制模式是导致该原则不可控的主要原因

(一)司法控制模式意味着没有统一的立法标准

(二)司法控制模式意味着由法官自由裁量

(三)司法控制模式意味着个案审理

三、最密切联系原则司法适用存在问题的解决路径

(一)修改立法

(二)增强司法

(三)提高人民群众的觉悟

Ⅲ 输出诊断

📋 示例解析

例 21 中的解决问题部分存在的问题在于：① 没有明确指出解决问题部分统一的"结论"；② 三个二级标题不能支撑解决问题部分的"结论"；③ 与分析问题部分没有一一对应。

🖱 错误订正

我们可以尝试将例 21 修改成如下状态，然后解释一下修改的思路并观察修改前后的差异。

《最密切联系原则的司法可控性研究》

一、最密切联系原则司法适用存在不可控的问题

（一）司法不可控的表现①

（二）司法不可控的表现②

（三）司法不可控的表现③

二、依赖司法控制模式是导致该原则不可控的主要原因

（一）司法控制模式意味着没有统一的立法标准

（二）司法控制模式意味着由法官自由裁量

（三）司法控制模式意味着个案审理

三、改变控制模式是实现最密切联系原则司法可控性的解决方案

（一）通过立法明确规定控制法律适用标准

（二）将法官的自由裁量权限制在最小范畴

（三）实现最密切联系原则案件的类案同判

经过前后对比发现，在解决问题部分，我们提炼了统一的观点——改变控制模式①。同时，三个二级标题作为论据——证明控制模式修改的具体思路，最主要的是，解决问题部分与分析问题部分实现了一一对应。这在结构上是一个可以接受的、完整的目录体系。

综上所述，本书就将目录部分的主要错误类型分析完毕，笔者整理的错误类型和分享的例子比较有限，实践中可能会出现更多类型的错误。写作是可以在底层逻辑基础上形成多样性的，目录层次存在变体，不可能都是三部分，否则就太僵硬了。但无论怎样，在多样性之下，要遵循提出问题—分析问题—解决问题的底层逻辑，目录部分的错误都集中在逻辑不清晰、层次不鲜明、缺乏论证等方面。只要结合本书第一部分介绍的解决问题的过程和论文写作常见的解决问题的形式就能把握住目录的最基本要求，进而就可以举一反三地辨别出实践中出现的各种错误。

3. 关键字诊断

3.1 关键字的写作要求

写作之前，我们要问自己一个问题，关键字是用来干什么的？许多写作者从来没有思考过这个问题就匆匆动笔写下了自己文章的关键字。论文中的关键字是计算机词汇，目的是帮助人们在海量的学术信

---

① 即将司法控制模式调整成立法控制模式。

Ⅲ 输出诊断

息中快速且准确地寻找到自己需要的文献（论文、著作、报告等）。作为写作者的我们并不需要对关键字有太多的专业理解，我们只需要记住，在使用数据库检索文献的时候，我们使用最多的就是"关键字"检索法，这里的关键字对应的就是我们论文中的关键字。所以，我们现在知道论文中关键字最大的用处是什么了吧。别人在检索论文的时候，我们的关键字也能帮检索者快速地找到其所需的论文。

接下来我们要考虑一个问题，既然关键字是用来在茫茫"文"海中锁定文献的（也包括我们自己的论文），那么究竟是什么样的人会检索我们的论文？他们会使用什么样的关键字检索我们的论文？检索我们论文的人一般都是与我们同一个专业的，甚至都是同一个小学科的，法学的人一般不会检索经济学论文（论文哦，专业性很强的，不是科普的经济学网络文章），甚至在法学学科内部，研究宪法的人也一般不会检索国际法领域的文章。所以，检索我们论文的人在小学科方面是与我们相同的，有时甚至研究方向都是相同的。弄明白这一点很重要，因为我们的关键字是写给这些人的，如果这些人用不上这些关键字，我们就白写了。满足这个需求的关键字只有一个特征——具有学科属性，或者直白点说关键字就是我们所属的这个小学科的术语。也许会有很多读者心存疑虑，为什么一定是学科的术语呢？普通词汇不行吗？不行。试想一下，我们在检索一篇文章的时候会用什么词汇？不会是普通的一般词汇，比如"一带一路"、背景、视角等，这些都没有学科标识。我们使用的词汇一定是博弈、通货膨胀、权利、法治、比例原则等学科术语……这个问题我们在下文还会继续用示例说明。

此外，关键字还可以用来在论文评审的时候匹配专家，为了能够让论文在外审、盲审中得到正确的评价，系统都要给论文匹配研究方向相同的专家，匹配的依据是什么呢？其实很大程度上靠关键字。进入系统的专家需要填写自己的几个研究方向，同样，我们的论文也有研究方向和关键字。经过系统匹配，就能保证我们的论文不会落入其他研究领域专家的手里。

关键字的撰写需要注意以下几个方面的问题：

1. 相关性：关键字必须与论文内容紧密相关，能够准确反映文章的主旨和研究重点，避免使用与主题无关或过于宽泛的词汇。

2. 具体性：关键字应具有一定的具体性和细分度，避免使用过于笼统或抽象的词汇，以确保文章能够在众多相关文章中脱颖而出。

3. 专业术语：如果论文涉及特定的专业技术或方法，应在关键字中展示出这些技术的专业术语，以提高研究者搜索论文的精准率。

4. 格式规范：遵循目标期刊对关键字的格式要求，包括大小写、标点符号的使用以及关键字之间的分隔方式等。

5. 数量控制：关键字的数量通常为3—8个，具体数量应根据期刊的要求进行调整。

6. 避免缩写：一般来说，缩略语不是理想的关键字，因为缩略语或首字母缩写在不同学术领域可能表示不同术语。

一个小提示，在确定关键字之前，可以通过搜索引擎测试其有效性，查看检索到的文献是否与自己的研究领域相关。

3.2　常见错误

错误22　关键字没有学科属性

错误示例

例22　《"一带一路"背景下我国视角国际投资规则的创新研究》
关键字："一带一路"；我国视角；国际投资规则；创新研究

Ⅲ 输出诊断

示例解析

作者一共列举了四个关键字,分别是:"一带一路"、我国视角、国际投资规则、创新研究。其中"一带一路"、我国视角和创新研究没有任何意义,一方面,这些所谓的"关键字"并不会在检索过程中发挥任何作用,试想一下,谁会在找文章的时候输入这几个词?另一方面,这几个词也不会对所查找论文的分类、定性有任何帮助。这几个词本身不具有任何学科属性,在计算机检索方面不具有任何意义。当我们在文献数据库检索栏敲下"一带一路"的时候,系统自动会把所有学科的带有"一带一路"字样的论文都推送过来,我们根本没有办法锁定想要的文献。

错误订正

在例22呈现的四个关键字中,只有国际投资规则是具有学科属性的,所以这个关键字可以保留,其余三个可以用学科术语或与文章内容有直接关联的具体词语代替,比如西方投资范式、国际投资硬法规范、国际投资软法规范、国际投资协议等,这些词汇可以帮助检索人进一步锁定这篇文章的具体内容。

错误23　关键字排序不对

错误示例

例23.1　《血液肿瘤基因组治疗方案反思与重构》
关键字:血液;肿瘤;基因组;基因排序;靶向治疗
例23.2　《环境公益诉讼的比较研究》

3. 关键字诊断

关键字：国际环境公约、气候变化、环境法、公益诉讼

示例解析

例 23.1 的五个关键字都与作者研究的主题相关且为学科术语，按理说将这些词汇放进关键字里是没有太大问题的，但是作者此时还需要考虑排序问题。虽然对关键字没有排序的硬性要求，但是在实践中，最为重要的、主导该篇论文方向的关键字应当排在第一位，其余关键字按重要程度依次往后排。血液、肿瘤、基因组、基因排序、靶向治疗这几个关键字哪一个最能体现作者的研究方向就应当排在最前面。尤其在医学分科特别细的情况下，甚至有时候能划分出四级和五级学科，血液、肿瘤都是各自独立的领域，血液、肿瘤涉及小学科交叉，那么哪一个关键字放在第一位、哪一个排在后面是值得思考的。特别是涉及系统匹配专家对论文进行审阅的时候，关键字往往能决定审阅我们论文的专家是不是跟我们一样同属于一个研究领域。比如血液放在第一位，系统默认这篇论文是偏血液的，匹配的专家也是研究血液的；如果肿瘤放在第一位，系统默认这篇论文是偏肿瘤的，匹配的专家也是研究肿瘤的。

例 23.2 中的几个关键字存在排序的错误。此例是真实发生的事情，这位学生作者是环境法专业的，在提交学位论文进行外审的时候，有国际法专家参与评审且该专家的评审意见与其他环境法专家的意见差别很大。究其原因，也是这位学生作者将国际环境公约列入关键字导致这篇文章的学科属性混淆。这类关键字最好是只锁定一个学科的关键字，如果实在需要跨学科，就要突出自己主要学科的特征，将这个关键字牢牢地放在最关键的位置上。

Ⅲ 输出诊断

🖱️ 错误订正

例23.1调整的思路就是与作者对话,让其勾勒出这篇文章最主要的学科特征、最主要的研究内容,然后重新确定这几个关键字的排序。例23.2的调整思路是明确论文的学科定位,不要让国际环境公约这种混淆学科属性的"专业词汇"排在最前面,甚至可以将其去掉,否则在送审的时候就有可能送到国际法专家的手里。此外,作者还要在几个关键字中进行权衡和判断,哪一个更能体现论文的主要观点和思路、最能体现论文的特色,就把哪一个放在最前面。经过跟作者沟通,例23.2的关键字最终调整为:环境公益诉讼;环境法;公益诉讼主体,去掉了国际法相关内容。

错误24 关键字不准确

🔔 错误示例

例24 《转移定价的国际税法规制》

关键字:转移定价;国际税法;BEPS公约;会计账簿;税收抵扣

📝 示例解析

例24五个关键字中的"会计账簿"虽然也会在论文中涉及,但不属于国际税法的专业词汇,属于会计专业的专业术语,这个关键字与论文所属研究领域不太相关,因此属于撰写不准确的情况。BEPS公约是《实施税收协定相关措施以防止税基侵蚀和利润转移（BEPS）的多边公约》的简称，严格意义上来说不标准，关键字不建议使用缩写方式。

> **错误订正**

修改的思路是将会计账簿去掉，将缩写用专业术语替代，比如税基侵蚀和利润转移等，再将这些术语按照上文提示的权重重新排序。最后，经过与作者商议将，例24调整成：国际税法；转移定价；税基侵蚀；利润转移；税收抵扣。

关键字的体量较小，一般是3—8个，有的投稿论文或者项目申请书明确规定关键字不能超过3个。关键字之间用特定的符号隔开（比如分号、顿号，还有用空格的），对于这些形式上的要求写作者也必须遵守。总体而言，关键字的问题在实践中不算太多，错误大多是写作者没有意识到关键字的功能和要求所致，他们往往在无意识的状态下撰写关键字，忽略了学术研究对关键字有着相当规范的要求。

4. 摘要诊断

4.1 摘要的写作要求

论文摘要是以提供论文内容梗概为目的，不加评论和补充解释，简明、确切地记述论文重要内容的一段文字。简而言之，摘要就是反映论文主要内容的。很多文体都有摘要，甚至现在流行的网络文章都有摘要，但是不同的文体摘要反映的内容是不同的。论文写作是针对

Ⅲ 输出诊断

一个复杂问题提供论证充分的结论的过程，最为主要的内容就是提出问题、分析问题和解决问题。整篇论文都要围绕这三大模块展开，那么反映论文主要内容的摘要也要围绕这三大模块展开，但是要高度抽象，在规定的字数之内，向读者说明论文提出了什么问题？是怎么分析的？结论是什么？

明确了论文摘要的写作内容，接下来就要研究怎样写。一般投稿论文的摘要都会被限制在 300 字之内，更有期刊要求控制在 200 字左右。硕士论文和博士论文摘要的字数可以多一些，但总体的撰写思路都是一样的。我们先以 200 字之内的摘要撰写为例，这类摘要基本上三句话就可以了：第一句要指出问题是什么；第二句要指出导致问题的原因是什么（分析问题）；第三句指出解决方案是什么。这三句话看起来很简单，但是实际操作起来很难。首先，写作者需要用一句话将提出问题、分析问题和解决问题概括出来，这是非常困难的，不仅考察写作者的概括能力，还考察其对语言的驾驭能力。一般情况下，学生写作者和青年写作者都表述得不准确。其次，写作者有时会用描述性语言（不是断言）进行说明而不是论证。最后，还有一些写作者将摘要写成了内容简介或者简短版的引言，这些都是不对的。

4.2 常见错误

错误 25 摘要没写实

错误示例

例 25 《再论亚洲世纪的内涵》

摘要：以某国为代表的 X 国盟友对亚洲世纪的理解引发了一定

4. 摘要诊断

的问题……（提出问题句）本文通过厘清亚洲世纪的内涵进而指出亚洲世纪的实现方式……（分析问题句）亚洲各方要共同努力寻找解决问题的方案（解决问题句）。

✅ 示例解析

没写实的意思是指这段文字中包含摘要要求的每一句话，从表面上看是不缺成分的，但其实这里面什么具体的信息都没提供，即在提出问题句中没有具体指出问题是什么；在分析问题句中没有指出原因是什么；在解决问题句中没有指出解决方案是什么。

先来看提出问题句——以某国为代表的 X 国盟友对亚洲世纪的理解引发了一定的问题……这就属于表达不到位的情况，仅说引发了一定的问题，但问题到底是什么没有揭示。这是摘要撰写最容易出现的错误，这位作者停留在问题的"表皮"上，没能深入到"内核"，因此读者无法理解他所谓的"问题"是什么。

我们再看一下分析问题句——通过厘清亚洲世纪的内涵进而指出亚洲世纪的实现方式……这句明显是在向读者描述自己的写作思路，但是摘要写作需要的是"干货"，作者需要描述的不是思路而是自己对这个问题最为核心的看法和观点是什么，需要明确交代引起上述问题的原因是什么。

我们再来看一下解决问题句——亚洲各方要共同努力寻找解决问题的方案。这是一句口号式的结论，这也是写作者在摘要部分经常犯的错误。一方面，没有揭示解决问题的"内核"，还在表面上晃荡；另一方面，这种口号式的表达是很空洞的，容易给读者留下假大空的印象。

Ⅲ 输出诊断

错误订正

这种错误的修改思路就是将每一句的具体内容都明确写出来，避免停留在表面上。例如提出问题句——以某国为代表的X国盟友对亚洲世纪的理解引发了一定的问题……要修改成——以某国为首的X国盟友对亚洲世纪的内涵和实现方式的限制性理解对国际舆论产生了极大的误导，对中国非常不公平。这样明确指出问题所在，读者能获取的信息就非常充分。我们把分析问题句——本文通过厘清亚洲世纪的内涵进而指出亚洲世纪的实现方式……修改成——将亚洲世纪的内涵局限在经济层面而忽略政治和安全层面，为X国插手亚洲事务站台而强迫中国屈从X国政策，进而帮助X国打压中国是导致上述问题的根本原因。这样就可以明确指出问题的原因是什么，既避免了空谈又给予读者很多信息，很写实。最后，我们把解决问题句——亚洲各方要共同努力寻找解决问题的方案……修改成——全面理解亚洲世纪的内涵，给予中国公正的对待而非打压中国发展空间是对这个问题最好的解决方案。这样避免了口号式的结论，提出了具体的解决方案，并且是能够落地的解决方案，不是空谈。

我们将完整的、修改后的摘要整合一下，相较于修改之前，这份修改之后的摘要就工整很多，信息传递充分，没有废话，言简意赅，三个层次非常分明。

4. 摘要诊断

> 摘要：以某国为首的 X 国盟友对亚洲世纪的内涵和实现方式的限制性理解对国际舆论产生了极大的误导，对中国非常不公平。将亚洲世纪的内涵局限在经济层面而忽略政治和安全层面，为 X 国插手亚洲事务站台而强迫中国屈从 X 国政策，进而帮助 X 国打压中国是导致上述问题的根本原因。全面理解亚洲世纪的内涵，给予中国公正的对待而非打压中国发展空间是对这个问题最好的解决方案。

错误 26　摘要写成内容简介

错误示例

例 26　《论我国判决承认与执行制度的自主构建》

摘要：

第一部分：文章系统地介绍了在 XXX 背景之下，中国对判决承认与执行制度的建设产生了巨大的需求，与这种需求相对应的是，现实中……

第二部分：文章深入地分析了中国判决承认与执行制度现状产生的原因，中国的判决承认与执行制度产生于 20 世纪 80 年代，受到计划经济和改革开放政策的双重影响……

第三部分：文章比较世界上其他国家判决承认与执行制度的规定，分析了当今国际趋势和反思了海牙国际私法会议在该项目上……

第四部分：中国应当加快判决承认与执行制度的建构，并在制度建设的基础上促进国际民商事判决的流动，进而为全球化……

Ⅲ 输出诊断

✅ 示例解析

　　这种写法的错误在于将论文的框架直接简化描述形成了摘要。一方面,论文的目录或者写作框架都是为问题的提出、分析和解决服务的。作者放着底层逻辑不表达,转而专注于描述框架,这就是舍本逐末。另一方面,作者的写作框架并不过关,不符合上文关于目录的要求,那么直接介绍目录或框架就更不能达到揭示文章内容的目的了。再次强调,议论文的文章内容是围绕"问题"产生的,作者要在摘要中明确指出提出了什么问题、怎么分析的、结论是什么,远非描述表面内容那么简单。

🖱 错误订正

　　修改的思路还是要按照提出了什么问题、问题产生的原因是什么以及解决方案是什么来进行撰写。我们尝试对例26中的摘要进行调整,要注意的是,这只是其中一种调整方式,目的是让读者看到摘要撰写从形式到内容应当遵循什么样的思路,而不是唯一固定的调整方法。

> 摘要:随着经济全球化的发展,中国的判决承认与执行制度明显显现出落后于国际发展趋势的特征,具体表现在一方面……另一方面……(提出问题句)国内立法技术粗糙,缺乏整体性;双边条约版本落后,与国内法不契合;多边国际条约推进受到逆全球化趋势影响是造成上述问题的根本原因(分析问题句)。改变对国际条约的过度依赖,调整双边条约版本,改进国内立法形成中国判决承认与执行的自主制度体系是对上述问题的破解之道(解决问题句)。

4. 摘要诊断

错误 27　摘要思路混乱

错误示例

例 27　《数据权益的民法保护》

摘要：对数据权益进行保护，民法具有公法所不能替代的独特功能。数据权益本身是一种民事权益类型，《民法典》宣示了数据权益作为民事权益的属性。民法对数据权益的确权，为其他法律对其提供保护的前提和基础。民事权益的救济也可以广泛地适用于数据权益的保护。对于数据权益，知识产权法、《个人信息保护法》《反不正当竞争法》均不能完全解决数据权益保护问题。数据权益具有综合性特点，是各项权益的集合，它包含财产因素、人格因素、知识产权等。《民法典》第 127 条规定属于引致条款。未来有必要通过制定单行法等方式，对数据权益的私法保护进行明确规定。数据的私法保护，需要注重效率性、安全性、透明性、预防性。

示例解析

这篇摘要信息量很大，内部的逻辑链条不是很清晰①，我们按照上文提及的摘要写作的三句话模式——提出问题句、分析问题句、解决问题句进行撰写，重新捋顺这些信息之间的关系。

---

① 我们可以看到，在这一段简短的文字中，每一句话的主语都在变化，这段文字至少变换了 6 个不同的主语，这些不同的主语分布在 8 句话里，读者读起来多半是费解的。

Ⅲ 输出诊断

📝 错误订正

通过阅读全文,我们发现这篇文章想要解决的核心问题是现有法律对数据权益的保护不足,应当将数据权益的保护拉到民法层面上。具体做法是民法应当采用单独规定的方式对数据权益进行保护。以上是从文章内容角度提炼出来的文章要解决的问题。围绕问题,我们对上文例27中的摘要进行修改,给读者们提供一个修改的范例和思路。这并不意味着这种修改一定是最优的,但是这种修改思路和原则却是摘要撰写必须遵循的。同时,我们要意识到,摘要的撰写和修改离不开对文章核心内容、核心问题的提炼和总结。

> 摘要:知识产权法、《个人信息保护法》《反不正当竞争法》等现有法律对数据权益的保护存在不足,没有将其纳入民法范畴进行保护是数据权益保护面临的重要问题(提出问题句)。这不仅因为数据权益本身就是民事权益的一种,这一点已经被《民法典》所宣示,还因为民法对数据权益的确权是所有法律对其提供保护的前提和基础,也是数据交易展开的前提(分析问题句)。未来应当对数据权益采取单独的民法保护而不能局限于《民法典》第127条引致条款的规定,包括但不限于完善针对数据的侵权规则、完善基于合同约定流转数据相关财产性权利的机制以及完善数据中的人格权益保护规则等措施(解决问题句)。

4. 摘要诊断

错误 28　摘要没扣住核心关键字

错误示例

例 28　《我国间接管辖权规则体系的自主构建——以与〈海牙判决公约〉的兼容为视角》

摘要：面对外国判决承认执行中的间接管辖权问题，国内研究要么集中于微观层面，未意识到体系研究的重要性；要么规则体系的构建思路完全依附于海牙，缺乏自主视角。从体系性角度出发，以国内法规范和双边条约为载体的我国现有间接管辖权规则仍在实效性、衔接度方面存在不足。我国以往追随的海牙体系在多边主义陷入困境的背景下受到消极影响，表现在缔约利益分歧、缔约情况欠佳、缔约内容约束力低等方面，全盘接受并非正确态度。面对国内体系存在缺陷、国际体系难以追随的现状，我国应当在兼容《海牙判决公约》等海牙判决项目成果的基础上，通过司法解释和指导备忘录等载体完善现有规则，只有这样才能实现宏观视角下我国间接管辖权规则体系的自主构建，顺畅外国判决在我国的承认与执行。

示例解析

从例 28 的表述来看，作者很努力地想按照提出问题句、分析问题句和解决问题句的模式撰写摘要，但是完全没有扣住主题，导致这篇摘要写跑题了。我们先看一下作者的标题——我国间接管辖权规则体系的自主构建，还有个副标题——以与《海牙判决公约》的兼容为视角。很明显，我们能看出作者要解决的我国间接管辖权规则体系的问题是"不自主"；解决方案是"要自主"，而自主与否与《海牙判决公约》有很大的关系。在确定了作者问

Ⅲ 输出诊断

题的基础上，我们应该明白，提出问题句应当指出我国间接管辖权规则体系存在不自主的问题；分析问题句应当指出存在不自主问题的原因是什么；解决问题句应当指出如何解决这种不自主的问题。

反观例 28，作者在提出问题句指出的问题是国内学术研究关于间接管辖权的研究现状，虽然在研究现状中指出了与海牙有关，但是并没有直接扣题。在分析问题句中，作者指出了国内立法和双边条约都存在问题，我国以往追随的海牙体系遭遇多边主义陷入困境，这个跟自主的体系也没有完全扣上。最后的解决问题句中，作者指出我国应当在兼容《海牙判决公约》等海牙判决项目成果的基础上，实现宏观视角下我国间接管辖权规则体系的自主构建。这一句算是扣题，核心关键字变成了自主构建。综合来看，作者在提出问题句、分析问题句都没有扣住"体系的自主构建"，一会儿与体系有关，一会儿与自主有关，这就是逻辑不清晰、重点不突出。

错误订正

修改的思路还是围绕论文想要解决的我国间接管辖权规则体系构建中的问题——不自主，再指出不自主的原因以及解决不自主的方案——放弃对海牙规则的依赖，转变立场，立足自身规则体系建设，兼容海牙规则。这条主线明确之后，我们先将提出问题句修改成——传统上，我国在间接管辖权规则体系的构建方面采取的依托国际条约谈判（海牙规则）重塑国内体系的思路在逆全球化趋势中陷入僵局。这样，我们就将问题——我国间接管辖权规则体系依赖国际条约的这条路走不通了——明确地指出来了。接下来，我们将分析问题句修改成——一方面，海牙规则的谈判因成员方利益分歧过大陷入停滞，自 2019 年后没有取得突破

4. 摘要诊断

性进展；另一方面，多边主义困境导致各国不愿意再对国际条约寄予厚望，转而发展区域和国内法规则体系。这样，我们就将分析问题句完成，指出了依赖国际条约这条路走不通的两个原因。最后，我们将解决问题句修改成——未来，我国应当转变传统上立足国际条约反塑国内立法的思路，将主要注意力集中于国内规则体系的构建并适当兼容海牙公约，逐步构建起我国间接管辖权规则的自主体系。

我们将这个摘要和标题重新整合在一起，再检查一下核心关键字是否匹配，即摘要三句话的核心内容是否都扣住了标题中的规则体系的自主构建。

> 摘要：传统上，我国在间接管辖权规则体系的构建方面采取的依托国际条约谈判（海牙规则）重塑国内规则体系的思路在逆全球化趋势中陷入僵局（提出问题句，指出依托国际条约这种不自主的构建思路遇到了问题）。一方面，海牙规则的谈判因成员方利益分歧过大陷入停滞，自2019年后没有取得突破性进展；另一方面，多边主义困境导致各国不愿意再对国际条约寄予厚望，转而发展区域和国内法规则体系（分析问题句，指出依托国际条约这种不自主的构建思路遇到问题的原因）。未来，我国应当转变传统上立足国际条约反塑国内立法的思路，将主要注意力集中于国内规则体系的构建并适当兼容海牙公约，逐步构建起我国间接管辖权规则的自主体系（解决问题句，指出未来要自主构建同时要兼容海牙公约）。

Ⅲ 输出诊断

至此,我们就将摘要撰写常见的错误介绍完毕,实践中,除了上文介绍的错误类型,摘要撰写还会遇到很多小问题,比如多成分和少成分、不均衡、字数控制不到位、叙事人称错误等。**多成分**是指写作者在撰写摘要的时候将不属于提出问题句、分析问题句、解决问题句的成分写入。比如有些写作者在摘要中写道:通过比较分析国内和国际之间的差别、深入分析现象背后的成因……这严格意义上属于思路句,应当写在引言部分,不应当写在摘要部分。**少成分**是指写作者在撰写摘要的时候漏掉了必须写的提出问题句、分析问题句或解决问题句,漏掉哪一句都有可能。这种情况很好判断,只要写作者用我们上文介绍的三个句式测试,就能判断自己是否丢掉必备的句子或成分,以及丢掉的是哪一个。**不均衡**指的是写作者在写作提出问题句、分析问题句和解决问题句的时候体量失衡,有一句特别长(短),其他句子很短(长),产生了不是头重脚轻就是脚重头轻的情况。撰写摘要的时候,要尽量保证三句话的体量差不多,结构、句式、字数都差不多。**叙事人称**上的问题是指写作者在撰写摘要的时候使用了本文通过、笔者认为等字样,这种写法是不被接受的。摘要的撰写尽量避免第一人称或者第二人称,最好以上帝视角客观中立的采用第三人称去叙述。以上这些都是小问题,请读者在实践中不断地观察和体会。

5. 引言诊断

5.1 引言的写作要求

5.1.1 为什么要有引言

论文是必须有引言的,引言有两个功能:一是用简短的语言呈现文章的全貌,给读者一个整体的印象;二是读者开始阅读提出问题、分析问题和解决问题内容之前的引导段,具有引导功能。

我们用手机里的导航软件来解释一下第一个功能。当我们在导航软件中输入一个目的地的名称,它会给我们呈现出整个路线图;当我们开始导航的时候,软件也会时刻向我们汇报目前所在的位置和整个路线图的关系,做到让我们既有微观路况又有宏观视野。那么,回到论文写作这个话题,引言的存在就相当于路线图,是一个整体的、宏观的描述,让读者有一个完整的图景,并在这种完整的图景指导下开始"分论"部分①的阅读。这样的阅读体验对读者来说是比较友好的,也会吸引读者阅读下去。

我们用高速公路的匝道功能来解释一下第二个功能。每次上高速公路都有一段匝道,匝道一端与普通道路连接,另一端与正式的高速公路连接,它是一个过渡段,让司机从一个"路况"过渡到另一个"路况"。写论文也是如此,引言一方面与标题等抽象宏观的内容连接;另一方面与提出问题、分析问题和解决问题等具体微观的内容连接,是一个引导段,让读者从一个"阅读模块"过渡到另一个"阅读模块",起到既能区分不同阅读模块又有助力各模块无缝衔接的功能。

---

① 即提出问题、分析问题和解决问题部分。

Ⅲ 输出诊断

5.1.2 引言如何写作

首先,引言是由几句话构成的,内容涵盖了上文所提及的,也是论文必须交代的内容,如问题、问题产生的背景、学界对问题的研究状态、进展、研究方法、研究思路、研究意义等。其次,引言的每一个部分都应尽量用一句话概括出来,而不是长篇大论,要尽量做到简洁但达意,这就要求写作者有很强的抽象概括能力,因为要对组成论文的每一个部分进行高度精准的表达。最后,我们提供一个引言写作的范式供大家参考。

(1)解释句。解释句是用来解释标题的,当写作者在标题中使用了某个不太具有学科标识的词汇;或者词汇之间的组合不太容易被本学科的人直观地理解;或者写作者认为有必要进一步澄清自己标题中的内容,那么我们需要在引言的第一句话就指出标题更为具体的含义,让本学科的人能够快速理解论文的问题和主题。以《最密切联系原则的司法可控性》为例,该标题中的研究对象是最密切联系原则,研究问题是最密切联系原则在司法适用中存在不规范的情况,而这是最密切联系原则的弹性导致的,研究的结论(主题)是最密切联系原则应当实现司法规范性,也即实现对最密切联系原则的弹性进行控制。这里面有一个词汇"可控性"是作者自己提炼的,并不具有学科特征,所以有必要利用解释句对这个词汇进行界定,同时对整个标题进行拓展性解释。

解释句:最密切联系原则的司法可控性是指针对最密切联系原则灵活性引发的……而采取的……最终要达到……

解释句要言简意赅,并且将所有需要解释的词汇覆盖住,同时注意完整传达标题的意思。解释句的目的就是让读者在对标题的初步了解的基础上,能更明晰写作者的研究对象、研究问题以及研究主题

(结论)。这句话不是必须写的,具体情况由写作者结合论文的标题、读者的情况自行确定。对于一个同行都十分了解的问题和在此基础上形成的不存在理解困难的标题,写作者选择不写解释句也是可以的。

(2)背景句(或研究对象句)。该句是用来阐述"问题"产生的环境和土壤的,背景句的要求是直接切入到"研究对象"这个层面,因此有时候也被称为研究对象句。背景句的功能就是要交代问题产生的、较为宏观的时代或者社会背景,并且要交代研究对象,同时要保证与下一句——问题句无缝衔接。背景句应避免切入层面太高失去了对研究对象的描述功能以及对问题的导出功能。以《最密切联系原则的司法可控性》为例,该标题中的研究对象是最密切联系原则,研究问题是最密切联系原则在司法适用中存在不规范的情况,而这是最密切联系原则的弹性导致的;研究的结论(主题)是最密切联系原则应当实现司法规范性,也即对最密切联系原则的弹性进行控制。背景句就是要交代该问题发生的大背景以及要带出最密切联系原则这个研究对象。

背景句:最密切联系原则从 20 世纪 50 年代开始被世界各国立法纷纷采纳,我国也将该原则作为重要的法律原则。或者写成:从 20 世纪 50 年代开始,各国国际私法立法就纷纷将最密切联系原则作为首要的法律原则,我国也不例外。

从这个背景句中,我们可以发现,该句已经明确包含了大的时代背景——20 世纪各国国际私法立法潮,这是一个国际私法的时间节点,专业内的人是能够理解的,在此不做过多解释。同时,该句也包含该篇文章的研究对象——最密切联系原则,这就是一个比较成功的背景句。至于表述上,议论文的写作对于语言的要求是准确,引言这部分则要求精练,尽量用一句话概括出来,不必担心写得过于朴实缺

Ⅲ 输出诊断

乏华丽的辞藻,这不是议论文写作必需的,只要文笔清晰流畅就可以。当然如果在清晰流畅的基础上,写作者的文字功底深厚,则是更好的一件事情。但是不强求,写作者一定要将语言调试到议论文写作的标准上。

背景句要完成对下一句——"问题句"的铺垫。切记,背景句一定要包含研究对象。确切地说,背景句是"问题"的背景句,而"问题"又是研究对象的问题,所以背景句是一定要交代到研究对象这个层次的,也只有交代到研究对象层次的背景句才是准确的,否则无法引出下一句"问题句"。日常写作中,背景句总是存在切入层面过高的问题,比如很多文章的开头都是"随着'一带一路'倡议的实施……""随着全球化程度的日益加深……""随着十八大的召开……"严格意义上这种背景句太过宏观,放在很多文章开头都可以,没有具体的指向性,没有交代到研究对象的层面,因此根本没有存在的价值,更无法引导出下文的"问题"。

(3)问题句。这句话的功能是引出全文的问题,十分关键,要交代出研究对象存在什么问题。所以这一句与上一句背景句是紧密相连的。还是以《最密切联系原则的司法可控性》为例,该篇文章的研究问题是最密切联系原则在司法适用中存在混乱、不规范的情况。

问题句:该原则最大的优点在于能够实现法律适用的灵活性,最大的缺点在于法律适用太过灵活,进而引发了司法适用的诸多问题。

(4)文献综述句。文献综述句是在交代完问题之后,写作者应当继续交代学界对于这个问题研究到了什么程度。文献综述句非常重要,它一方面向读者传递写作者是否有足够的阅读量和知识储备去研究这个问题;另一方面能表明接下来主题句(也就是写作者要做的事情)的创新性。所以文献综述句要实现上述两个功能。以《最密切联系原则的司法可控性》为例,该篇文章的文献综述句要交代出目前学界对最密切联系原则司法适用中存在的问题研究到什么程度(以及不足),同时要注意使文献综述句和后面的主题句形成对比,凸显我们要做的研究的创新性。

文献综述句：目前学界对最密切联系原则的研究多集中于……

文献综述句的写作难度非常大,写作者不仅要将自己阅读的成百上千篇文献用一句话高度概括出来,同时还要锁定文献综述句叙事的角度——揭示现有研究的局限性。只有这样才能完成文献综述句的使命和功能——① 展现写作者的研究功底；② 阐述学界研究的局限(为证明写作者的研究具有创新性和价值埋下伏笔)。

(5)主题句。这一句是指在上文已经交代了问题产生的背景、研究对象、研究问题以及学界对问题研究的局限性之后,要揭示写作者自己要做的事情,因此我们把这句称为主题句。主题句要能够揭示写作者的研究与以往研究的不同,要尽可能地凸显出创新性。我们以《最密切联系原则的司法可控性》为例,这篇文章的主题句要交代出作者要研究的内容——司法可控性,同时强调创新性。

主题句：而本研究与以往研究不同,主要集中于……(这部分对应研究内容,也考验写作者能不能对研究内容进行高度概括)

从例子中可以看出,主题句就是在文献综述句基础之上阐述自己的观点和结论的部分,要努力地将自己的内容和观点表述清楚,同时要尽可能地彰显自己的创新性。

(6)研究思路句。研究思路是写作者揭示的自己解决问题的过程。写作者可以把这个过程理解成从"问题"到"结论"的路线图。诚如上文所提及的导航的例子,从出发地到目的地会有一个路线图。同样,研究思路也是如此。写作者需要告诉读者自己是怎样从"问题"走到

Ⅲ 输出诊断

"结论"的。研究思路怎么写呢？它要求写作者基于写作的规律向读者阐述清楚"用的是什么样的方法""完成什么样的任务""设置什么内容""达成什么目标"，从而完成从"问题"到"结论"的路线图。当然，这四个要素不是固定的，只是一篇论文写作过程中通常会涉及的内容。写作者可以根据自身研究的情况尽可能地描述这幅路线图和它所包含的信息。我们依旧以《最密切联系原则的司法可控性》为例，看看研究思路句应该怎样撰写。

研究思路句：本文通过比较研究方法，深入分析欧美最密切联系原则司法控制模式的异同，结合我国司法实际情况，采取……等措施，最终确定我国最密切联系原则司法控制模式。

（7）研究意义句。通常研究意义句是引言的结尾，标志着引言的结束。研究意义句通常包含两个方面，写作者需要指出该项研究在理论和在实践方面的意义。写作者可以结合自身写作的实际情况对这两方面进行总结。我们还是以《最密切联系原则的司法可控性》为例，展示一下研究意义句的写法。

研究意义句：这将在理论上澄清关于最密切联系原则司法控制模式的认识误区；也将解决实践中最密切联系原则如何规范化适用的长期困惑。

这样，我们就完成了引言的撰写，我们可以将这份引言组合起来，看一下整体效果。

> 《最密切联系原则的司法可控性》的引言：
> 最密切联系原则的司法可控性是指针对最密切联系原则灵活性引发的……而采取的……最终要达到……**（解释句）**。最密切联系原则从20世纪50年代开始被世

5. 引言诊断

界各国立法纷纷采纳，我国也将该原则作为重要的法律原则（背景句）。该原则最大的优点在于能够实现法律适用的灵活性，最大的缺点在于法律适用太过灵活，进而引发了司法适用的诸多问题（问题句）。目前学界对最密切联系原则的研究多集中于……（文献综述句）。而本研究与以往研究不同，主要集中于……（主题句）。本文通过比较研究方法，深入分析欧美最密切联系原则司法控制模式的异同，结合我国司法实际情况，采取……等措施，最终确定我国最密切联系原则司法控制模式（研究思路句）。这将在理论上澄清关于最密切联系原则司法控制模式的认识误区；也将解决实践中最密切联系原则如何规范化适用的长期困惑（研究意义句）。

5.2 常见错误

错误 29　不了解引言如何写作

错误示例

例 29

《"一带一路"倡议下中国视角的国际投资规则范式创新研究》

"一带一路"倡议下的国际投资规则需求具有重要的独特性，现有的西方国际投资规则范式具有重大的局限性，无法满足"一带一路"倡议下中国视角的国际投资规则需求：（1）共建"一带一路"

131

Ⅲ 输出诊断

国家多是政治不稳定、社会不稳定的发展中国家,面临发展和引资困境。西方国际投资规则范式片面强调自由市场和法治,无法有效解决广大发展中国家的发展和引资困境。(2)中国"一带一路"投资协定大多不能充分保护我国海外投资,不能充分满足广大发展中国家的发展需求,不能充分体现全球治理的中国理念和中国方案。(3)"一带一路"倡议是中国引领国际投资规则范式创新、提升制度性话语权的重要契机和平台。西方国际投资规则范式片面强调自由市场意识形态和解决方案,目前面临诸多危机和挑战。中国应以"一带一路"倡议为契机和平台,挖掘引资发展的中国经验和中国智慧,落实全球治理的中国理念和中国方案,以中国特色的"投资与发展合作"模式为核心,打造国际投资规则创新的中国范式,掌握国际投资规则制定和全球投资治理话语权,既充分保护海外投资,又充分满足广大发展中国家的发展需求。

本文立足"一带一路"倡议和中国视角的独特性,探讨能够有效解决广大发展中国家的发展和引资困境,充分体现引资发展的中国经验和中国智慧,充分满足外国投资保护和东道国发展的现实需求,充分体现开放包容、互利共赢、人类命运共同体等全球治理的中国理念和中国方案的国际投资规则范式创新。

✓ 示例解析

这篇引言的问题表现在:

第一,字数太多。这部分其实还有一个图表,加起来一共962字,去掉图表之后还有600多字。一篇发表的论文顶多1万多字,这个引言过于冗长,不仅占字数还造成导入正文缓慢。

第二,句子和句子之间粘连得厉害,互相嵌套。比如,研究背景句和一般问题句粘连;一般问题句和具体问题句粘连;具体

5. 引言诊断

问题句和研究思路句、研究意义句粘连。整个段落大家虽然能够看懂，但是十分不清爽，句子和句子之间的界限非常不清晰，这也从侧面说明，每个句子写得都不到位。

第三，很多句子不仅字数多、叙述复杂，而且重复出现。比如，一般问题句其实就是强调西方国际投资规则范式不行，出现了多次，还举了三个原因。此外研究思路句出现至少2次；研究意义句也模模糊糊地出现了2次。相同功能的句子出现多次就会导致内容重复，思路不清。同时应注意每个功能模块要控制在一句话范围内，不要过于烦琐。

第四，缺失了很多关键的句子。我们之前介绍过，引言的写作大概包含5—8句话，其中包括研究背景句、问题句、文献综述句、主题句、研究思路句、研究意义句等。我们对照一下就能发现，作者将很重要的文献综述句给忘掉了，也没有研究方法句，但是其他不重要的句子却出现重复、粘连和嵌套的情况。

第五，句子的叙述方式不精准、跑偏，没有强调该强调的内容。作者在每个句子的设计和描述上都不够精准，致使句子没有为中心思想服务，没有发挥应有的强调功能。我们以这句话为例：

现有的西方国际投资规则范式具有重大的局限性，无法满足"一带一路"倡议下中国视角的国际投资规则需求：（1）共建"一带一路"国家多是政治不稳定、社会不稳定的发展中国家，面临发展和引资困境。西方国际投资规则范式片面强调自由市场和法治，无法有效解决广大发展中国家的发展和引资困境。（2）中国"一带一路"投资协定大多不能充分保护我国海外投资，不能充分满足广大发展中国家的发展需求，不能充分体现全球治理的中国理念和中国方案。（3）"一带一路"倡议是中国引领国际投资规则范式创新、提升制度性话语权的重要契机和

Ⅲ 输出诊断

平台。

这是典型的一个断言带三个解释的句子，断言是"现有西方国际投资规则方式有缺陷，不能满足中国'一带一路'建设的需要"。接下来三个句子（1）（2）（3）要为这个断言服务，要紧扣断言的核心——西方投资规则不能满足中国需要，那么表述方式就要强调出这一点。但是句子（1）——共建"一带一路"国家多是政治不稳定、社会不稳定的发展中国家，面临发展和引资困境。西方国际投资规则范式片面强调自由市场和法治，无法有效解决广大发展中国家的发展和引资困境——是一句非常平淡的描述，不是一个扣题的、能强烈表达作者观点（主题）的句子，可以改成：（1）西方国际投资规则范式满足的是发达国家的"自由市场和法治"需求，无法满足"一带一路"沿线发展中国家的发展和引资需求。同样句子（3）——"一带一路"倡议是中国引领国际投资规则范式创新、提升制度性话语权的重要契机和平台。可以改成：（3）西方国际投资规则范式面临诸多挑战，我国应在"一带一路"倡议下挖掘中国经验和智慧，实现国际投资规则范式创新，为国际投资规则全球治理贡献力量。修改之后，我们会发现下面支撑句的主语与主句的主语都保持一致，都站在了同一阵线，最大限度地支撑了主句要表达的意思，发挥了支撑句的功能。而作者原来撰写的句子主语都过于游离，没有聚焦在主句要表达的核心意思上，因此也就发挥不了最大的支撑功能。这样的句子，虽然作者自己能看懂，但是也要琢磨一下，它是否能让读者清晰地知道作者要干什么。这种还需要读者自己动脑加工的句子，会让人丧失阅读兴趣。

第六，这段文字还有一个问题，不知道读者朋友有没有发现——作者在这段文字中将规则范式创新和规则创新混用了，这

5. 引言诊断

是典型的偷换概念。这也是为什么后来我逼着作者必须在这两个词汇中作出选择，不能总是这么混着用。

第七，这里还有一个重要的问题是中国视角有点弱化了。作者把主要精力放在西方范式的缺陷上，但是如果从中国角度展开，以中国为主语可能就会增强中国视角的"浓度"。总之，语言是有力量的，不同的词汇、不同的结构安排都会产生不同的效果。我们能够看出作者在整段文字的前半段说的都是西方如何如何，如果转换一个角度，先说"我国"如何如何，再把西方的做法放在支撑句，为我国视角服务的目的就会更突出。还有就是"中国"和"我国"这两个表述是不一样的，"中国"比较中立，"我国"是有立场的。从这个用词的角度，我们也能看到作者虽然研究"中国视角"，但其实还是以第三人的角度来看待问题的，没有完全从我国的角度切入（第一人称）。

第八，还有一个特别重要的问题，当我们从整体上看这个引言的时候，会发现作者把很重要的一部分笔墨放在西方既有的投资规则如何如何不行上。可是不要忘了作者研究的主题是国际投资规则创新，也就是说，作者应该把主要精力放在规则创新上。西方主导的规则不行只是作者要研究的规则创新的背景，不应该占有这么大的比重。

错误订正

我们试着修改一下引言部分，让读者有一个对比，这种修改可能只是一种尝试，不见得是最优的。文章不厌百回修，读者也可以自己尝试修改，即便在同一规范之下，每个人的写作风格和感悟都是不一样的。此外，在我的劝说下，该文的作者把"范式"去掉了。

Ⅲ 输出诊断

《"一带一路"倡议下中国视角的国际投资规则创新研究》的引言：

国际投资规则对于"一带一路"倡议下的国际投资活动具有非常重要的意义（研究背景句），现有的西方国际投资规则因片面强调自由市场意识形态和解决方案而具有重大的局限性，无法满足"一带一路"倡议下对于国际投资规则创新需求（问题句）①。目前，对于国际投资规则创新的研究主要集中在……缺乏中国视角，也没有照顾到共建"一带一路"国家的特殊性（文献综述句）。而本研究则立足中国视角，结合"一带一路"倡议探讨能够有效解决广大发展中国家的发展和引资困境，充分体现引资发展的中国经验和中国智慧，充分满足外国投资保护和东道国发展的现实需求，充分体现开放包容、互利共赢、人类命运共同体等全球治理的中国理念和中国方案的国际投资规则创新（主题句和研究思路句，不仅点题还要衔接后面正文的内容）。这将解决理论上关于……也将解决实践中……长期困惑（研究意义句，还能承上启下）。

请读者看看这回我们至少做到：① 将研究重点放在本文的主

---

① 读者可能会发现，这里的修改和前文对（1）的修改建议不一致。确实，前文仅是针对原文中（1）写作不扣题这一问题的修改，只针对（1）。而这里实际上把示例中作者的（1）（2）（3）的问题全部整合修改调整。读者的修改也会有这样的过程——针对单独问题的修改最后还要考虑整体性修改再做调整。

题——规则创新上；② 句子之间的关系比较清晰和明朗；③ 结构很清晰，句子的功能也都相对独立和丰满；④ 把该放在背景的内容弱化（西方范式局限性），把该突出的内容强化（规则创新）；⑤ 在表达上还是能扣住主题，没有跑偏和游离的现象出现；⑥ 总体字数为 400 字，没有占用过多文章篇幅。

错误 30　引言写作没到位

错误示例

例 30

《我国间接管辖权规则体系的自主构建——以与〈海牙判决公约〉的兼容为视角》

间接管辖权是外国判决获得承认与执行的前提条件，许多国家已经结合国际、国内情况，围绕间接管辖权构建了相应的**自主规则体系**（背景句）。而在我国，间接管辖权**规则体系构建**一直是一个棘手的问题，一方面，以《民事诉讼法》为代表的国内法规范和双边条约规则实效性低、衔接不足，未能构建起完善体系；另一方面，多边层面的僵局也使得我国原本追随海牙体系的期待落空（问题句）。以往针对我国间接管辖权规则的研究多集中于微观层面，**未意识到体系构建**的重要性；部分研究虽关注到规则的体系性，但多依附于海牙规则，未能认识到新形势下随着我国实力变化而逐渐生成的**体系构建自主动力**（文献综述句）。而本文认为面对国内体系存在缺陷、国际体系难以追随的现状，针对间接管辖权规则的研究不但应当从宏观层面的体系构建角度切入；而且在海牙体系陷入僵局、追随海牙体系的原

Ⅲ 输出诊断

有路径不再可行的背景下,**自主构建我国的间接管辖权规则体系**并实现对海牙规则的兼容才是应当采取的现实选择(主题句)。我国既要在**宏观层面**重视间接管辖权规则的**体系构建**,并转变对以《海牙判决公约》为代表的海牙体系的态度,从全面追随到合理兼容,以实现相应体系的自主构建;又要在吸收海牙经验的基础上,在**微观层面完善国内法规范、更新双边条约**(研究思路句)。这将在理论上澄清我国间接管辖权规则的审查标准、管辖权基础等**具体内容**,也能在实际上协调国内法规范和双边条约,并实现对《海牙判决公约》的兼容,最终完成间接管辖权规则**体系的自主构建**,进而增强外国判决在我国承认与执行的可操作性、可预测性,保护国家和当事人的双重利益(研究意义句)。

✅ 示例解析

这是一篇我指导的学生投稿论文,经历了数次修改,学生也明白引言撰写的思路,但是在落笔的时候还是有偏差,导致这个引言部分虽然在形式上具备了引言所需要的几个必要组成部分,但是实际上内容却是乱的,内部逻辑混乱。这也是因为学生对于自己要解决的问题认识不清或者虽然认识清了但没有能力由始至终地落实在笔端。

第一,在具体分析例30中引言的问题之前,我们先聚焦作者的标题——《我国间接管辖权规则体系的自主构建》,从这个标题我们能看出,作者(也就是我的这名学生)想要解决的是自主构建的问题,即我国间接管辖权规则体系的构建现在不是自主构建的思路,而是依附于《海牙判决公约》这个国际条约的体系,这样存在很大问题。因此,作者提出了要自主构建的观点,改变

5. 引言诊断

对《海牙判决公约》的依赖状态。

第二,我们再对例 30 中的关键字进行加黑处理,看一下作者有没有将引言中的主要内容把握和处理到位并与标题中所要表达的"自主构建"对应上。从笔者加黑的文字可以看到,作者在背景句中的关键字是——自主规则体系;在问题句中的关键字是——规则体系构建(没有自主);在文献综述句中的核心关键字有两个——体系构建和体系构建自主动力①;在主题句中的关键字是——自主构建我国的间接管辖权规则体系;在研究思路句中的关键字分成两组——宏观层面上的体系构建和自主体系构建,微观层面上的完善国内法和双边条约(也算是体系构建);在研究意义句中的关键字有两组——理论上对具体内容的澄清和实践上的规则体系自主构建。

通过对引言中各个句子加黑文字的提炼我们可以看出,作者的核心关键字一直在变换,始终存在两条线索,其一是规则体系的构建;其二是规则体系的自主构建。规则体系的构建包含国内法、双边条约;自主构建主要是指改变对海牙规则体系的依附状态。注意!分析到这里我们就能看到作者的问题。作者在论文的标题中明确要解决的问题是——自主构建,在这个标题之下应当聚焦我国间接管辖权规则体系的构建思路——改变以往依附海牙规则体系的思路,转变为自主构建兼容海牙规则的思路。但是作者在引言中有点"贪心",将注意力分散在两个主题上,一方面是构建,一方面是自主构建,而这两个部分在这个论文标题——《我国间接管辖权规则体系的自主构建》之下并不能兼容,前者

---

① 体系构建自主动力也算是自主构建的另类表达。

Ⅲ 输出诊断

聚焦的是内容构建，解决的是我国间接管辖权规则体系的内容都应该是什么，哪些不合理的内容应该修改，哪些缺少的内容应该增加等；后者解决的问题是我们不能再依附海牙规则体系，应当立足自身建设并兼容海牙规则，而不是以海牙规则体系为主。这是两条不同的论文撰写思路，可以写两篇论文，虽然内容上可能会有重叠和交叉，但不影响这是两篇论文的思路，它们并不能被整合到一篇论文里。

错误订正

修改的思路是显而易见的，引言撰写的主要错误就两个，一类是上文提及的不知道引言怎么写导致的写作错误；一类是此处提及的虽然知道引言怎么写但是因自身思路没有梳理好导致的写作错误。解决第一类错误的方法就是掌握引言的写法；解决第二类错误的方法是梳理好思路使自己能写出符合引言要求的文字。对于例30中的写作者而言，需要坚定地捍卫自己在标题中提及的以及自己在文中要解决的问题——我国间接管辖权规则体系的构建思路问题（不能依附海牙规则体系，要自主构建），并将这个初心一以贯之地体现在引言的写作中。在这样的指导思想下，我们试着将例30中的引言调整到"表里如一""文题相符"的状态。同样，我会将修改过的版本中每一句话的关键字加黑，请读者体会修改前后关键字的变化以及这种变化带来的"文题相符"和"表里如一"。同时，更要感受论文写作对语言文字严谨性的要求，以及语言文字严谨性的背后其实是对大脑逻辑能力和思考缜密度的要求。

5. 引言诊断

《我国间接管辖权规则体系的自主构建——以与〈海牙判决公约〉的兼容为视角》的引言：

在全球经济交往深度发展的今天，一国间接管辖权规则体系是判断该国是否具备支撑全球经济交往能力的指标之一（背景句）。长期以来，我国间接管辖权规则体系的建构一直跟随海牙公约的多边主义路径，然而，随着海牙多边主义陷入困境，欧美等国的区域、单边主义抬头，**中国追随海牙公约多边主义路径建设自身法律体系的思路**遇到挑战，国内的相关研究也陷入停滞（问题句）。目前学界对我国间接管辖权规则体系建构思路的思考呈现出两方面的局限性：① 在海牙公约代表的多边主义遭遇困境的情况下仍执着于在制度层面上跟海牙公约接轨；② 在国际协调层面上试图通过海牙公约"统一化"的方式实现对所有国家的同等对待（文献综述句）。而本研究则正视以海牙公约为代表的多边主义陷入困境的事实，主张**摆脱对海牙公约的跟随思路**，同时关注不同国家、地区对中国间接管辖权规则体系建构的不同需求（主题句）。本文试图通过比较的研究方法揭示海牙公约的多边主义在间接管辖权规则体系构建上的疲态以及欧美等国在该事项上呈现出来的多元化态势，认为中国目前主要依靠海牙公约多边主义路径的**思路需要作出调整**。未来的中国需要立足本国国情，在完善国内法各项基本制度、优化双边条约版本的同时，兼容海牙规则体系构建起自主的间接管辖权规则体系（研究思路

Ⅲ 输出诊断

> 句）。这不仅将在理论上实现我国间接管辖权规则体系**建构思路**的转型，摆脱对海牙多边主义的跟随状态，还能在实践中真正建构起以中国为中心的、满足中国需求和维护国家利益的自主间接管辖权规则体系（研究意义句）。

从上文例30修改版的加黑文字我们可以看出，整个引言各个句子中的关键字由修改前的分散、不统一（一会儿是规则体系构建，一会儿是自主构建）转变为唯一的主题——自主构建。修改后的引言从规则体系的重要性入手（背景句），直接指出了——中国追随海牙公约多边主义路径建设自身法律体系的思路遇到挑战（问题句）。这里的核心关键字是建设思路问题，而不是建设问题，多了"思路"二字就能跟标题很好地契合。我们接下来看文献综述句。修改后的引言牢牢地将核心关键字锁定在"建构思路"上，没有像修改前的版本那样偏移到"建构"上。在主题句中，我们能看到修改后的版本强调改变建构思路——摆脱对海牙公约的跟随思路，这个标题依旧是紧扣主题的。研究思路句和研究意义句也都扣住了建设思路，最后推出结论——自主构建。这样，我们就在引言部分层层递进，沿着一国的间接管辖权体系很重要——我国的建设思路有问题——摆脱依靠海牙体系建设的思路——自主构建的论述主线。逻辑线条明晰、顺畅并与标题环环相扣。

6. 正文诊断

6.1 正文的写作要求

论文在正文写作部分需要实现夹叙夹议,既要照顾到段落和段落之间的关系,保证叙事(叙述)的连贯性,还要保证在每一个观点阐述(议论)的部分做到充分论证。正文的写作有两种主要的方法需要掌握,其一是帮助控制段落和段落之间关系的"段落写作法",这种写作法能够保证在一个叙事单元中,段落是顺畅完整且前后衔接紧密的。其二是 IBAC 的写作结构[①],这种写作方法能保证每一个观点的阐述都有非常扎实的论证结构支撑。我们分别来介绍这两种写作方法,然后再进入写作错误类型的分析中。

6.1.1 段落写作法

段落写作法[②]是日本学者仓岛保美提出来的,我个人认为其对于理解夹叙夹议中的"叙"非常有帮助。段落写作法是指在这个由多个自然段组成的、为了表达同一主题的段落群里,应当首先将段落之间的关系按照总分进行区分;然后再处理每个自然段内部的句子安排;其中第一句叫作概要句,用来统领所在自然段;概要句之后是补充信息句(或者叫强化补充信息句,可以是多句);此外,还要有一句(可以视情况写在第一句、最后一句或其他句)来衔接前后段落之间的关系(承上启下句或结束句)。段落写作法还强调要统一段落表达

[①] 具体含义参见后文。
[②] 〔日〕仓岛保美:《写作的逻辑:从清晰表达到高效沟通》,甘菁菁、柳慕云译,人民邮电出版社 2021 年版。

Ⅲ 输出诊断

和注意按照从读者的"未知"到"已知"的顺序写作。我们用仓岛保美在书中的一个例子呈现一下这个段落写作法的全貌（图2-1至图2-5）。

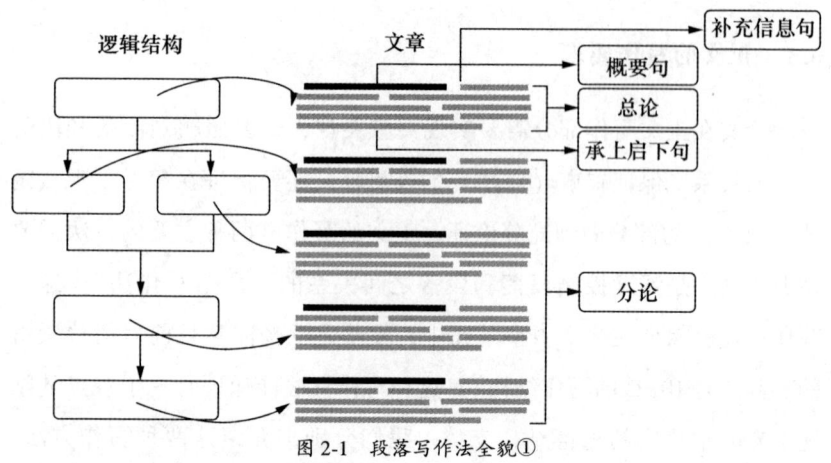

图2-1 段落写作法全貌①

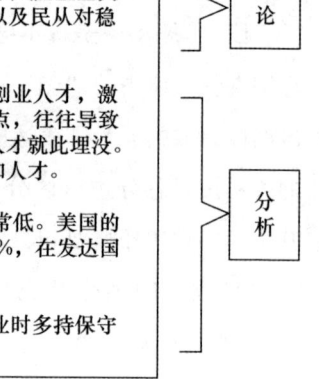

图2-2 段落写作法之总论分论②

---

① 〔日〕仓岛保美：《写作的逻辑：从清晰表达到高效沟通》，甘菁菁、柳慕云译，人民邮电出版社2021年版，第21页。
② 同上书，第43页。

6. 正文诊断

> 　　建立企业内部风险制度是为了在企业内培养创业人才，激活企业架构。大型企业"维持现状也能盈利"的特点，往往导致企业结构僵化，很多崭新的创意或具有创业天赋的人才就此埋没。这项制度的目的，就是发掘企业内部被埋没的创意和人才。
> 　　但是，除企业内创业外，日本的创业率在发达国家中垫底。美国的创业率为13%，欧洲各国多为4%~8%，而日本只有1%，在发达国家中垫底（见下图，图省略）。
> 　　日本创业率低的主要原因是，投资公司投资风险企业时多持保守态度。日本国内对风险企业的投资总额为734亿日元(2012年)，公为美国的1/40。风险企业一旦找不到投资就会破产。这种情况，又会让投资公司对投资风险企业的态度更加保守。创业者找不到投资，就不得不用自己的资金创业。这既增加了企业风险，也不利于企业氛围的形成（下文省略）。

图 2-3　段落写作法之概要句①

> 　　建立企业内部风险制度是为了在企业内培养创业人才，激活企业架构。==大型企业"维持现状也能盈利"的特点往往导致企业结构僵化，很多崭新创意或具有创新天赋的人才就此埋没。这项制度的目的，就是为了发掘企业内部被埋没的创意和人才。==
> 　　但是，除企业内企业外，当前日本的创业率非常低。==美国的创业率为13%，欧洲各国多为4%~8%，而日本只有1%，在发达国家中垫底（见下图，图省略）。==
> 　　日本创业率低的主要原因是，投资公司投资风险企业时多持保守态度。==日本国内对风险企业的投资总额为734亿日元(2012年)，公为美国的1/40。风险企业一旦找不到投资就会破产。这种情况，又会让投资公司对投资风险企业的态度更加保守。创业者找不到投资，就不得不用自己的资金创业。这既增加了企业风险，也不利于企业氛围的形成（下文省略）。==

图 2-4　段落写作法之补充信息句②

---

① 〔日〕仓岛保美：《写作的逻辑：从清晰表达到高效沟通》，甘菁菁、柳慕云译，人民邮电出版社2021年版，第101页。
② 同上书，第121页。

Ⅲ 输出诊断

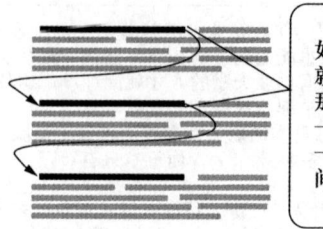

图2-5 段落写作法之段落衔接句①

段落写作法是一种很好用又很简单的写作方法,能够帮助写作者快速捋清思路。但是当我们翻看仓岛保美的《写作的逻辑》一书时会发现,这是一本围绕日常写作或者工作报告写作展开的写作类指导书籍。这类写作通常不如学术写作那么严谨,学术写作是需要更多地使用严谨论证的,也就是说在段落写作中要强化论证的环节。虽然仓岛保美也强调在概要句之后要补充强化信息,但是这些信息以什么结构呈现、与概要句是什么关系也需要研究。所以,笔者认为,仓岛保美的段落写作法比较适合"叙",如果"议"的话,恐怕就需要用到另外一种写作结构,从而将段落写作法中相对薄弱的论证环节凸显出来。也建议写作者将这两种写作法结合起来,从而使自己的文字能够更好地被读者理解。

6.1.2 IBAC写作结构

虽然之前写作者已经制作了论证框架,实现了对论文思路的限定,但是在实际的写作过程中,写作者的正文写作还是会出现偏移和游离的现象,尽管他们在论证框架的层面是清晰的。这是因为,论证框架

---

① 〔日〕仓岛保美:《写作的逻辑:从清晰表达到高效沟通》,甘菁菁、柳慕云译,人民邮电出版社2021年版,第123页。

仍是条块性质的，层次较高，属于宏观层面。它们只能保证写作者在大的、高的层次上不偏离主旨和写作初衷，但是在微观的、小的细节层面其实是无法指导写作者的。论文写作的正文部分是由很多观点构成的，论文结论是一个观点体系，这些细小的观点共同构成了论文的最终结论。从逻辑的角度来看，论文有着更小的论证单元，而这是论证框架解决不了的部分。所以在正文写作中，写作者依旧需要一种保证论证框架具体落实到微观层面的有效写作结构——IBAC框架，从而实现对微观、细节层面的写作进行把握和控制，争取完成一篇从宏观到微观、从目录到正文都逻辑严谨、内容清晰的论文。本部分先来看一下IBAC的框架是什么，然后再用一段文字来展示一下IBAC写作的过程。

IBAC是指在最小的论证单元中帮助写作者捋清思路，完整表达论证要素并按照读者最容易理解的方式呈现写作内容的一种指导性写作结构。其中I（Issue）代表问题；B（Base）代表基础，也就是大前提、未表达前提等；A（Analysis）是指分析，也可以指代小前提；C（Conclusion）代表结论。从对IBAC的结构分析来看，它是符合上文强调的论证结构的。我们将论证结构和IBAC结合在一起用图2-6呈现一下。

在图2-6中，I对应的就是问题的部分，只不过相对于全文要研究的问题，此处的问题（也就是I）是一个需要论证的小事项、小问题，不是全文要解决的整体性问题（但I是整体性问题的一个部分）。此处的结论（也就是C）也是针对一个小问题形成的观点，或者是分结论、小结论。此处的"前提——结论"的过程是推理过程（也就是A），但是A之所以能够成立并且顺利推出C是由未表达前提（也就是B）

Ⅲ 输出诊断

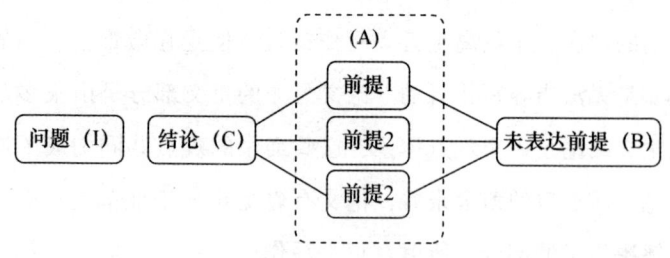

图 2-6 IBAC 写作结构与论证

决定的。IBAC 写作结构就是要保证写作者在撰写最小的论证结构的时候有参照范式和写作依据,并且纠正写作者的发散性写作习惯,帮助写作者在论证、结构和语言上实现规范写作。

我们以一个非常直观的例子来说明这种写作结构。还以张三构成故意杀人罪为例,故意杀人罪的主体要求年满十四周岁。我们要证明张三符合故意杀人罪的主体要求,利用 IBAC 的结构我们怎么写呢?

I 句:张三是否符合故意杀人罪的主体要求。

B 句:根据《刑法》第 17 条第 2 款的规定,已满十四周岁不满十六周岁的人应当对故意杀人罪负刑事责任。[1]

A 句:本案中,身份证显示张三出生于 1998 年 3 月,已经年满 22 周岁。

C 句:因此,张三符合故意杀人罪的主体要求。

---

[1] 该句在我们法学界又被称为 Rule 句,主要是为了明确法律是怎么规定的,法律规定其实就是这个论证的大前提。

6. 正文诊断

6.1.3 段落写作法+IBAC 写作结构的写作实例

我们用上述法学的案例来呈现一下段落写作法和 IBAC 结合在一起是怎样帮助写者清晰表达的。先看案例和论证框架：

张三是否构成故意杀人罪①，学法律的人尤其律师通常是从犯罪构成的"四要件"来进行分析的。根据《刑法》，故意杀人罪有四个构成要件（如表 1-1 所示）：

假设，案件中的张三出生于 1998 年 3 月，与同村的李四是邻居，两人长期因为自家耕地的边界发生纠纷。2021 年 3 月，张三认为李四再次侵占了自家的耕地，于是与李四发生口角，在激愤中抄起放在田间的镐头，朝李四头部砸了过去，李四头部顿时鲜血直流，当场毙命。我们的任务是证明张三构成故意杀人罪并形成一段文字来表达我们的观点。首先我们要制作论证框架（表 2-2），这涉及分析论证和评论论证，此处就不具体展开了。

---

① 张三是否构成故意杀人罪这个"问题"比较简单，严格意义上不是论文写作中的"问题"，因为这个问题不是人类的困扰，它的解决是有既定路径的，即按照法律规定，分别找到四个要件对应的证据，完成论证就可以了。根据布鲁姆的认知金字塔理论，这个案件考查的其实仅仅是"应用"层面。论文写作不会针对这种问题展开，论文写作中的问题要具有理论上的难度，是现在的理论和实践都没有解决路径、需要通过写作者的研究进行探索的"问题"，这也回应了下文提及的"问题"是一个 problem 而不是 question。我们在这里使用这个简单的 question，只是出于叙述的方便，向写作者展示什么是分析，请写作者将注意力集中在对这个问题的分析思路上，而不要过多地研究这个案例本身，本书只是因为这个案例清晰好懂可以作为写作展示才使用的。

Ⅲ 输出诊断

表 2-2 张三构成故意杀人罪的论证框架

问题	结论	分结论（分问题）	前提（证据）	未表达前提（构成要件）
张三是否构成故意杀人罪	张三构成故意杀人罪	1. 年满14周岁 2. 张三符合故意杀人罪一般主体要件	1. 张三身份证表明其出生于1998年3月1日	主体要件：达到一般主体的刑事责任年龄，具备刑事责任能力
		1. 农民出身的张三明知道镐头砸头会有生命危险，且追求这种危险结果的发生 2. 张三主观上具有直接故意	1. 使用镐头作为工具 2. 向李四头部猛砸过去	主观要件：直接故意是指明知自己的行为会发生他人死亡的危害结果，并且希望这种结果的发生
		1. 张三实施了杀害李四的行为	1. 张三向李四头部实施了打砸的行为 2. 李四当场死亡及尸检报告 3. 镐头上有李四的血迹	客观要件：实施了剥夺他人生命的行为，行为人的危害行为与被害人死亡的结果之间必须具有因果关系
		1. 李四已经死亡 2. 李四的生命权被侵害	1. 李四的尸检报告 2. 现场勘察报告	客体要件：故意杀人罪侵犯的客体是他人的生命权

> 文字转换：
>
> 从刑法学的角度，证明张三构成故意杀人罪需要满足四个构成要件，分别是主体、主观方面、客观方面和

客体。《刑法》规定故意杀人罪的一般主体需要年满14周岁,在主观上有直接故意并在客观上实施了故意杀人行为,造成被害人死亡的危害结果。本案中,张三需要同时满足上述四个条件才能被认定为构成故意杀人罪。(总论)

1. 张三是否符合故意杀人罪主体要件的要求(I)(概要句)

根据《刑法》规定,故意杀人罪的主体需要年满14周岁,年满12周岁不满14周岁的,情节特别恶劣且经过最高检核准追诉的应当负刑事责任(B)。本案中,张三的身份证信息显示张三出生于1998年3月1日,年满23周岁,达到刑法故意杀人罪刑事责任年龄的要求(A)。因此,张三符合故意杀人罪的主体要求(C)(补充信息句)。(分论)

2. 张三是否符合故意杀人罪主观方面要件的要求(I)(概要句)

根据《刑法》规定,故意杀人罪的主观方面要求直接故意,即明知自己的行为会产生危害结果并追求这种结果的发生(B)。本案中,农民出身的张三明知道镐头砸头会有生命危险,依旧使用其作为作案工具朝李四要害部位——头部猛砸,足以证明其主观上是追求危害结果的发生,追求杀死李四的结果(A)。因此,张三符合故意杀人罪主观方面要件的要求,具有直接故意(C)(补充信息句)。(分论)

Ⅲ 输出诊断

> 3. 张三是否符合故意杀人罪客观方面要件的要求(I)(概要句)
>
> 根据《刑法》规定,故意杀人罪的客观方面要求实施了故意杀人行为,即必须有剥夺他人生命的行为(B)。本案中,张三使用镐头先后朝李四头部猛击数下,直接导致李四鲜血直流且倒地(A)。因此,张三符合故意杀人罪客观方面要件的要求,实施了故意杀人行为(C)(补充信息句)。(分论)
>
> 4. 张三是否符合故意杀人罪客体要件的要求(I)(概要句)
>
> 根据《刑法》规定,故意杀人罪必须剥夺了他人的生命,侵犯了他人的生命权(B)。本案中,李四的尸检报告证明李四已经死亡,且死亡是由张三用镐头猛击其头部所致(A)。因此,张三符合故意杀人罪客体要件的要求(C)(补充信息句)。(分论)
>
> 综上,张三已经符合我国《刑法》关于故意杀人罪的所有要件,构成故意杀人罪。(结论句)

如果还是觉得上述文字的结构关系不够明了,我们用图2-7来把这段文字的段落写作法和IBAC写作结构呈现出来。

6. 正文诊断

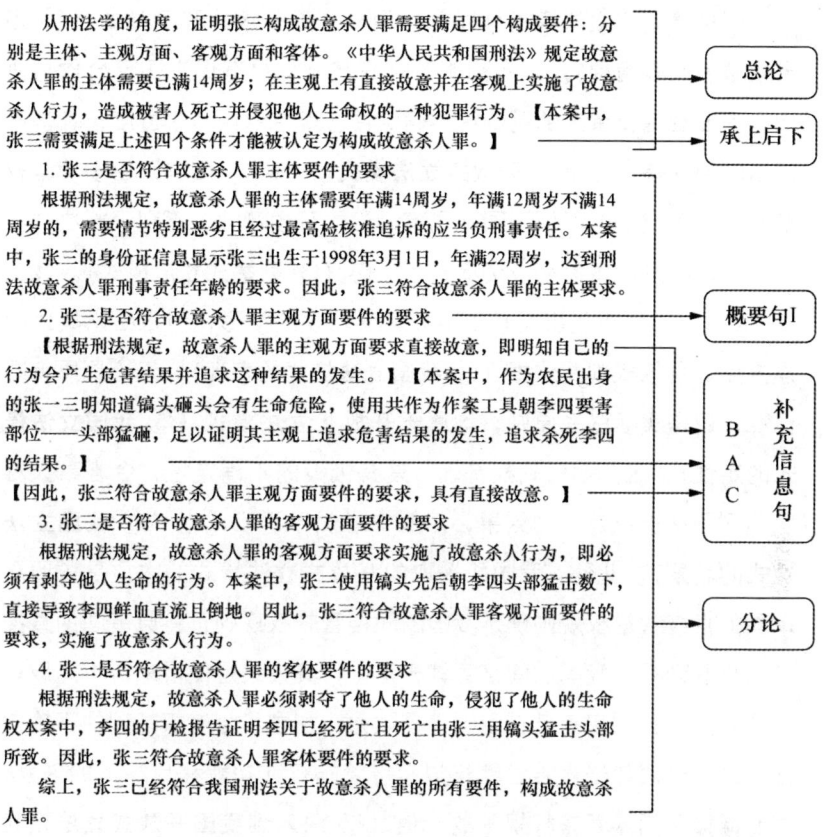

图 2-7 段落写作法和 IBAC 写作结构结合

6.2 常见错误

错误31　段落写作法的错误

错误示例

例 31

《开放式立法模式确定性欠缺》

Ⅲ 输出诊断

间接管辖权立法模式可以分为两种,即开放式和列举式(① **指出立法模式有两种**)。前者列明管辖权基础,具有促进国际合作与协调、保证管辖权审查的明确性与确定性、避免承认基于过度管辖基础作出的判决等优点(② **开放式立法模式**);相反,后者则由于管辖权基础的不确定性,降低了国际民事诉讼的可预测性,不利于判决的自由流通,给跨境贸易和投资造成了阻碍(③ **列举式立法模式**)。我国《民事诉讼法》虽列出了几项不具有管辖权的情形,但未给出具体的连接点等管辖权判断依据(④ **我国立法模式的表现**)。无论是原审国标准,还是实际联系原则,均属于开放式立法模式(⑤ **我国立法模式的定性**),未列明管辖权基础,具有极大的不确定性,令当事人难以预测承认执行诉讼的结果,无形中增加了诉讼成本(⑥ **我国立法模式的后果**)。此外,我国所采取的开放式立法模式的本质是依照原审国的直接管辖权规则确定我国的间接管辖权规则,将原审国的直接管辖权基础视为我国的间接管辖权基础,其效果是使得来自不同原审国的差异性管辖权基础在我国发挥效力,加剧了管辖权基础的不确定性。这一做法忽略直接管辖权与间接管辖权在功能和目标上的区别,进而减损了间接管辖权规则的价值(⑦ **深入到我国开放式立法模式的内部探讨原审国标准的缺点**)。

示例解析

这是来自我指导的博士生论文的一段节选,作者的目的是要说明我国采取的是开放式立法模式并且这种模式不好用,有缺陷(确定性差)。我们先来看例 31 中加黑的部分,它表明通过这段话作者传递了 7 个方面的信息,分别是:① 指出立法模式有两种;② 开放式立法模式;③ 列举式立法模式;④ 我国立法模式

6. 正文诊断

的表现；⑤ 我国立法模式的定性；⑥ 我国立法模式的后果；以及⑦ 深入到我国开放式立法模式的内部探讨原审国标准的缺点。

段落写作法需要考察两个方面：首先是段和段之间的关系以及句和句之间的关系①，其次是每一句话写得是否准确。按照这个标准我们先来看例31的句和句之间的关系是否融洽，是否符合段落写作法的要求。

其一，我们要明确作者要证明的是我国采用的是开放式立法模式以及这种立法模式有缺陷。通过阅读这段文字，我们会发现，其实我国采取的不是"正确的"开放式立法模式，而是不完善的开放式立法模式，进而造成不确定的缺陷。具体原因如下：

第一，作者在"②开放式立法模式"一句中明确指出"前者（开放式立法模式要求）列明管辖权基础，具有促进国际合作与协调、保证管辖权审查的明确性与确定性、避免承认基于过度管辖基础作出的判决等优点"。注意，这一句没有告诉大家开放式立法模式的判断标准，只列明管辖权基础，同时作者在这里赞扬了开放式立法模式。

第二，作者在"④我国立法模式的表现"一句中指出我国《民事诉讼法》虽列出了几项不具有管辖权的情形，但未给出具体的连接点等管辖权判断根据。这一句是想说明我国立法模式符合作者在"②开放式管辖权"一句中提出的要求。但是，作者这个愿望是落空的，因为作者没有在②中强调"不列出具体连结点等管辖权判断依据"是开放式立法模式的判断标准。请读者回看

---

① 此处不涉及段和段的关系，因为作者没分段，但是我们后续也可以考虑将这些句子分段。

Ⅲ 输出诊断

"②开放式立法模式"一句,作者仅说明要求列明管辖权基础,没涉及列出具体连结点等管辖权判断依据。因此④和②是对不上的。

第三,作者在"⑤我国立法模式的定性"和"⑥我国立法模式的后果"中指出建立在原审国标准和实际联系原则上的开放式立法模式的优缺点,这里就涉及两个问题:其一,建立在原审国标准和实际联系原则上的我国立法模式是开放式立法模式吗?其二,我国立法模式被作者认为是开放式立法模式但还有缺点,这一点与作者在②句中指出的开放式立法模式的优点不仅扣不上,而且整个写作意思也被扭曲。

第四,作者在"⑦深入到我国开放式立法模式的内部探讨原审国标准的缺点"中进一步指出我国开放式立法模式是因为采用了原审国标准因而导致了缺陷。这再一次印证了,作者想说的并不是中国是开放式立法模式,而是中国的立法模式是一种有瑕疵的开放式立法模式,正因为这种瑕疵才导致了中国的立法模式有缺陷,这种缺陷不是开放式立法模式造成的。

所以,我们通过逐句分析才能明白作者的真正意图,作者这段写得不好是因为其本身逻辑思维混乱。这也从侧面向我们说明,无论什么写作模式(段落写作法和 IBAC)都需要作者思路清晰,否则即便拥有一个写作的模式和框架,作者依旧写不出来。

但是从作者①—⑦句的展开顺序来看,作者是想要按照段落写作的总—分结构、概要句、补充信息句等方式写作的,比如①②是总;③④⑤⑥⑦是分;④是概要句,⑤⑥⑦是补充信息句,但是由于思路混乱,这几句放在一起也不能让读者很快 get 作者的意思。

其二，我们从每一句话写得是否准确的角度再来观察作者对段落写作法的掌握情况。其实，我们在上文的分析中已经能明显看出作者对句子的把握是不准确的，比如②句和后续的④⑤句扣不上，②句给出的是开放式立法模式的要求——列明管辖权基础和开放式立法模式的优点——促进……保证……避免……可是在④句没有说中国有没有列明管辖权基础（仅说了不列出具体连结点等管辖权判断依据）；在⑤句没说②句强调的优点，而是强调了缺点，这就造成了②句和④⑤句之间的割裂。⑦句也是一个歧义句，这一句是深入到中国模式内部探讨原审国标准，理论上跟整段文字探讨的开放式立法模式没有直接关系，即便有也要放在妥当的位置而不是跟其他几句并列。

错误订正

对例31的修改首先必须厘清作者的思路，这也跟笔者一贯强调的观点一致——文字的混乱就是大脑没想清楚，不要总是说自己文字功底不好，文字是否清楚取决于大脑是否清楚。经过上文的分析，我们已经发现作者要表达的是中国的立法模式有缺陷，而不是中国的开放式立法模式有缺陷。作者需要表明两件事情：其一，中国的立法模式是一种有瑕疵的开放式立法模式；其二，这种有瑕疵的立法模式带来了不确定性，而不是开放式立法模式带来的不确定性。

按照段落写作法，我们依旧采用总—分的结构，并在每一段体现概要句和信息补充句，有时候可能还会用到衔接句（也叫承上启下句）。

Ⅲ 输出诊断

我国采取的开放式立法模式存在瑕疵,不能保证法律适用的效果。①

(总论)目前各国在间接管辖权的立法模式上多采用开放式立法模式(**概要句**),该种模式一方面因其明确规定了管辖权的基础,有一定的确定性;又因其不像列举式立法模式那样将管辖权一一明确限定而具有一定的灵活性(**补充信息句**)。但要实现这种确定性和灵活性的平衡需要在管辖权基础方面进行完善的规定(**承上启下句**)。

(分论)我国在间接管辖权的立法模式上也选择了开放式立法模式,但因在管辖权基础规定方面存在缺陷导致我国的间接管辖权立法模式没有能够在确定性和灵活性之间实现平衡,致使实践中法律适用效果不佳(**概要句**)。一方面,我国开放式立法模式依托的管辖权基础是原审国标准和实际联系原则。我国《民事诉讼法》虽列出了几项不具有管辖权的情形,但未给出具体的连接点等管辖权判断根据,不符合列举式立法模式的要求。另一方面,依照原审国的直接管辖权规则确定我国的间接管辖权规则具有明显的缺陷。原审国标准意味着将原审国的直接管辖权基础视为我国的间接管辖权基

---

① 注意,这仅是一个例子,读者不要从专业角度判断。为了配合本书写作,笔者还将这个例子做了调整,我们只需要了解这个例子所呈现出来的段落写作法,而不必从专业角度来判断内容是否正确或者符合学科要求,可以将这个例子当成虚构的例子。

6. 正文诊断

> 础，不同原审国的管辖权是存在差异的，这就导致我国采用原审国标准的时候，该"标准"也会因国别不同而产生差异。这样显而易见会带来管辖权的不确定性（补充信息句）。因此，尽管我国确立了以原审国标准为基础的开放式立法模式，但因原审国标准本身会因"各国不同"而产生差异，进而导致管辖权法律适用的不确定性（结束句）。

以上，我们只是尝试将这段文字的内部逻辑捋清之后再用段落写作法展示出来，请读者不要过度关注专业内容是否准确，只要关注段落写作法呈现的写作结构就好。但是，老生常谈的一句话是，如果大脑思路不清楚，作者自己没有把这段文字要说什么捋得十分清楚，就算明白段落写作法是怎么回事也写不明白。

错误 32　IBAC 写作结构的错误

错误示例

例 32

现有法律规定内容缺失。从法律规定的内容中可以看出，其主要规制了外国仲裁裁决司法审查的形式要件，包括管辖法院、当事人应当提交的申请材料、申请承认执行的期间。而关于《纽约公约》的七个拒绝承认执行的理由，我国法律中则鲜有涉及。唯一有所涉及的是《仲裁司法审查若干规定》的第 16 条，该条规定了涉及公约第 5

Ⅲ 输出诊断

条第 1 款（甲）项时适用何种冲突规范确认仲裁协议效力应当适用的法律，但也仅仅涵盖了该项事由中很小的一个方面。因此，如何认定外国仲裁裁决具体是否符合《纽约公约》的相关标准，在我国法律中就处于真空状态，并没有哪个法律条文对此进行规制。

示例解析

我在日常指导学生论文中发现的一个十分常见的表述，用一句话概括就是——想到哪儿写到哪儿，根本不顾及自己的观点需要论证，也不考虑句子和句子之间的结构和衔接。本处解决的是 IBAC 的写作模式问题，该种写作模式要求我们非常明确地表示出 I 问题句、B 大前提句、A 小前提句、C 结论句，并且在这些句子转换时给出明显的提示。例 32 还算是写得比较清楚，但是句子和句子之间粘连，也没有明显的提示词用来区分 I、B、A、C 这几个不同的部分，我们试着用 IBAC 重新改写一下。

错误订正

修改的思路就是用 IBAC 重塑一下这段文字，让每一个功能句都非常清晰，同时句和句之间的关系也十分清晰。

> I 句：现有法律规定内容缺失。
>
> B 句：**理论上**，外国仲裁司法审查的内容包括如下几项：仲裁协议无效、未给予适当通知或未能提出申辩、仲裁庭超越权限、仲裁庭的组成和仲裁程序不当、裁决不具有约束力或已被撤销、停止执行等，同时还要

6. 正文诊断

求满足争议属于可仲裁的事项以及不违反公共秩序等要求；实践中，《纽约公约》这个在全球广泛承认的涉及仲裁裁决承认的公约在其第 5 条详细地规定了上述内容。

A 句：**相较之下**，我国法律只规定了外国仲裁裁决司法审查的形式要件，包括管辖法院、当事人应当提交的申请材料、申请承认执行的期间。关于《纽约公约》的七个拒绝承认执行的理由，我国法律中则鲜有涉及。唯一有所涉及的是《仲裁司法审查若干规定》的第 16 条，该条规定了涉及公约第 5 条第 1 款（甲）项时适用何种冲突规范确定确认仲裁协议效力应当适用的法律，但也仅仅涵盖了该项事由中很小的一个方面。

C 句：**因此**，如何判断外国仲裁裁决具体是否符合《纽约公约》的相关标准，我国法律并没有相关规定。

以上，我们用一个特别小的论证单元的写作例子来展示了 IBAC 写作结构对于写作的重要性，它能够很容易地将问题、结论、前提、未表达前提区分开来并以一种有序的方式呈现出来。同时，注意修改后的例 32 包含的标黑连接词，它们也能帮助读者快速地区分每个不同部分的功能并且快速地从一个阅读模块转向下一个阅读模块。写作者在表达观点的时候可以借助这种写作结构，从而使自己的观点更容易被读者理解和接受。读者也可以对比修改前后的例 32，看哪一个版本对读者来说更友好，毕竟写出来的文字如果读者都看不懂或者不愿意读，这些文字就没有

Ⅲ 输出诊断

价值。

其实，我们上文在段落写作法中的那个例子（例31）也可以再用 IBAC 写作结构标注出来，我们也尝试展示一下，这样会让本书的读者更清楚地看到段落写作法和 IBAC 写作结构其实并不矛盾，两者可以组合、可以融合，总之放在一起相得益彰。

> 我国采取的开放式立法模式存在瑕疵，不能保证法律适用的效果。(I句)
>
> （总论）目前各国在间接管辖权的立法模式上多采用开放式立法模式（概要句），该种模式一方面因其明确规定了管辖权的基础，有一定的确定性；又因其不像列举式立法模式那样将管辖权一一明确限定而具有一定的灵活性（补充信息句）。但要实现这种确定性和灵活性的平衡需要在管辖权基础方面做好完善的规定（承上启下句）。(B句)
>
> （分论）我国在间接管辖权的立法模式上也选择了开放式立法模式，但因在管辖权基础规定方面存在缺陷导致我国的间接管辖权立法模式没有能够在确定性和灵活性之间实现平衡，致使实践中法律适用效果不佳（概要句）。一方面，我国开放式立法模式依托的管辖权基础是原审国标准和实际联系原则，我国《民事诉讼法》虽列出了几项不具有管辖权的情形，但未给出具体的连接点等管辖权判断根据，不符合列举式立法模式的要求。另一方面，依照原审国的直接管辖权规则确定我国

6. 正文诊断

> 的间接管辖权规则具有明显的缺陷。原审国标准意味着将原审国的直接管辖权基础视为我国的间接管辖权基础，不同原审国的管辖权是存在差异的，这就导致我国采用原审国标准的时候，该"标准"也会因国别不同而产生差异。这样显而易见会带来管辖权的不确定性（**补充信息句**）。(A 句) 因此，尽管我国确立了以原审国标准为基础的开放式立法模式，但因原审国标准本身会因"各国不同"而产生差异，进而导致管辖权法律适用的不确定性（**结束句**）。(C 句)

本书的读者还可以将此处的段落写作法+IBAC 写作结构结合的例子（我国采取的开放式立法模式存在瑕疵，不能保证法律适用的效果）与上文段落写作法+IBAC 写作结构结合的例子（张三构成故意杀人罪，见图 2-8 段落写作法和 IBAC 写作结构结合示意图）比较，就会发现段落写作法可以跟一个 IBAC 写作结构结合，也可以跟多个 IBAC 写作结构结合，这取决于该"段落写作法"要叙述的内容有多少。

错误 33　语言文字人称等错误

错误示例

例 33

间接管辖权规则体系作为增强外国判决承认执行可预测性、可操作性的关键，在跨境民商事交往中十分重要。近些年，国外关于间接

Ⅲ 输出诊断

管辖权规则的研究已经推进到体系研究的层面。而**中国**学界却仍将注意力**固执**地集中于对具体条款的微观解读,**依旧**未认识到体系研究的国际趋势及其背后的深远意义和**迫切需求**!这一点,**我们**从文献分析中就可以看出。从现存规则来看,在2023年以前,我国的间接管辖权规则仅零散分布于双边司法协助条约中,**根本**不具备体系性;笔者认为,从2023年《民事诉讼法》修正后,**我国才勉强**构建起由以《民事诉讼法》为代表的国内法规范和双边司法协助条约组成的间接管辖权规则体系。**即便如此**,这一体系存在两方面缺陷:一方面,《民事诉讼法》涉外编中的间接管辖权规则缺乏实效性;另一方面,与不同国家签订的双边条约中的间接管辖权规则差异较大,**各文件之间缺乏衔接**。**本文**认为面对国内体系存在缺陷、国际体系难以追随的现状,针对间接管辖权规则的研究不但**应当**从宏观层面的体系构建角度切入;而且在海牙陷入僵局、追随海牙的原有路径不再可行的背景下,自主构建我国的间接管辖权规则体系并实现对海牙规则的兼容才是**应当**采取的现实选择。

☑ 示例解析

本书在上文提及的都是宏观的逻辑、结构、表达等方面的错误类型,本处涉及的则是最为微观的错误——文字错误,这也是写作者(无论是学生、青年学者甚至像笔者这样常年写作的人)经常犯的错误。这种错误有时候是不经意造成的,有时候是文字素养不够造成的。因此,文章需要反复校对,统一风格,统一文字表达的模式,还要统一人称和叙事角度。

例33中呈现的错误仅是我在日常指导学生过程中常见的一部分错误,还有大量的文字错误无法在书中呈现,但这些错误还

6. 正文诊断

是比较典型的。我们先来看一下例33中的标黑的文字，这是写作者经常会出现的错误：

① 人称错误。经过仔细阅读，我们会发现作者在这段文字里一会儿是第一人称，比如我们、我国；一会儿是第三人称，比如中国、笔者、本文。这种人称跳跃错误非常常见，作者的写作对象一会儿是我们，一会儿是你们，一会儿是他们，这个最好统一。而且学术论文写作一般是开"上帝视角"的，也就是说，比较适合第三人称写作。这几个人称有什么区别呢？一般意义上，我们或者我这种第一人称叙事比较亲切，将读者拉到自己身边，有代入感，但是缺点在于不够正式。本书采用的就是第一人称叙事，经常使用我们这样的表述方式，拉近与读者的距离。第二人称叙事在上课的时候很常用，老师经常会说，同学们，请你们观察这两幅图，看看两者有什么区别。它比较适合对话，作者和读者之间的距离不远不近。第三人称叙事是比较客观的，作者不站在自己的视角而是站在客观的角度向读者讲述一件事情。鉴于论文写作是科学研究的一部分，具有客观性，建议用第三人称来叙述。

② 感性表达，失去客观性。在例33中标黑的词语中有"勉强""依旧""固执""即便如此"，甚至还有一个感叹号。相信读者在阅读到相应部分的时候，能体会到浓浓的感情色彩，这与科学研究和论文写作（科学研究的载体）的客观性要求不符。科学研究以及论文写作要求用客观、冷静、中立的词语来展现客观事实是什么，不需要夸大，也不需要缩小，要用最为客观理性的词语来展现事物本来的面貌。但是由于这些感性词语和标点符号的加入，我们没有看到这段文字的客观理性，更多地感受到了作

Ⅲ 输出诊断

者的情绪,这是不理性的表现,也是科学研究不需要的。在我读研究生的时候,有一次,我和另一位同学一同到老师办公室接受老师的论文指导。老师拿起另一位同学的论文就直皱眉头,原因是我的这位研究生同学在论文的开头就用了几个排比句,难道……难道……难道……我还清晰地记得老师当时非常幽默地说了一句:"这论文的开头怎么看起来像在跟别人打架。"所以,论文写作是不需要用这样充满情绪的方式表达的。

③ 用词过于肯定,有失客观性。标黑的文字中有"根本""应当"这一类比较肯定的词语,这一类词过于肯定,也不太符合论文写作理性客观的陈述要求。类似的词语还有"绝大多数""全部都""任何情况下"等,当然这些词不是绝对不能用,而是要慎用。要用也要用在绝对肯定的情况下,但是科学研究是不断推进的,有些情况即便在当下是绝对的,从长远来看也有可能发生变化,更何况凡事也可能有例外。所以,作者在使用这一类词汇的时候要格外小心。我们可以尝试将"根本"修改成"不太具备"或者"在完备性上有所欠缺";把"应当"修改成是"一个不错的选择",或者是"一个从当下来看比较合适的选择"。

④ 词语搭配不当。在例 33 中,作者有类似"各文件之间缺乏衔接"这样的表述,严格意义上来讲,文件之间无法"缺乏衔接",缺乏衔接的应该是某些内容,"文件"和"衔接"的搭配并不十分恰当。

⑤ 词语重复。在例 33 中,作者在最后的部分出现了两个"应当",有点重复,这些都是需要注意的地方。

例 33 只有 482 个字,却出现了至少 5 种错误,这也提示我们,写作者在写作过程中遇到的问题有宏观的,也有微观的。宏观方面就是我们上面所描述的错误类型,而微观方面就表现在此处讨论的语言文字方面的错误,这种错误很常见且数量不少。一篇投稿论文的字数在 1 万—2 万之间;一篇硕士论文的字数在 3 万左右;一篇博士论文的体量在 10 万字左右,在这么大的文字量中,本处所提及的语言文字错误会随时出现,但写作者通常对这类错误不太敏感、缺乏察觉。他们认为自己的基本语言表达还是可以的,没有太大问题。但现实是,即便是成熟的写手在语言文字方面也会有问题。这就提示我们,写完论文之后一定要多次校对,将这些隐藏的文字问题纠正过来。

有时候,我会跟我指导的学生说毕业论文至少要校对 20 遍,他们对这个数字很吃惊。但事实上,校对 20 遍以上的文稿在别人尤其是编辑眼里还是有很多文字错误。我自己常年写书,每一本书写完后都会由自己或组织学生帮忙校对 10—20 遍才敢提交给出版社。但是经过出版社编辑的三审三校,书稿还是会存在很多我自己没有发现的表达问题,这也是让我感觉非常汗颜的一件事情,因此也时刻提醒自己要注意文字表达。在这里要提示青年写作者,我们之所以要校对稿件,是论文有容错比例的要求,有的是万分之三,有的是万分之二,我们可以有错误但必须控制在一定的比例。

错误订正

现在,我们就对例 33 中的错误进行修改(其实就是校对工作),我会将调整之后的文字继续标黑,请读者观察将例 33 中有错误的文字调整过来之后给整体的表达带来的效果。

Ⅲ 输出诊断

> 间接管辖权规则体系作为增强外国判决承认执行可预测性、可操作性的关键,在跨境民商事交往中十分重要。近些年,国外关于间接管辖权规则的研究已经推进到体系研究的层面。而**我国学界的注意力主要集中于对具体条款的微观解读,没有认识到体系研究的国际趋势及其背后的深远意义和现实需求**。从现存规则来看,在2023年以前,我国的间接管辖权规则仅零散分布于双边司法协助条约中,不具备体系性;从2023年《民事诉讼法》修正后,**我国才初步构建起以《民事诉讼法》为代表的国内法规范和双边司法协助条约组成的间接管辖权规则体系**。但这一体系存在两方面缺陷:一方面,《民事诉讼法》涉外编中的间接管辖权规则缺乏实效性;另一方面,与不同国家签订的双边条约中的间接管辖权规则差异较大,**条约文本之间衔接度不高**。在国内体系存在缺陷、国际体系难以追随的背景下,自主构建我国的间接管辖权规则体系同时实现对海牙规则的兼容是一个比较现实且具有可操作性的选择。

以上就是对例33的文字修改,只是较为初级的修改,没有对遣词造句进行深度修改,只是对上文出现问题的词语作出调整。调整之后的文字读起来理性客观、令人信服,同时能够让读者感受到作者是一个冷静而克制的人,不会被感性冲昏头脑,能够保持严谨。总之,学术论文(所有的议论文)对语言文字是有要求的,具体的要求可以参见《批判性思维与写作》[①]一书,本书就不详述了。

---

① 田洪鋆:《批判性思维与写作》,北京大学出版社2021年版。

研究方向诊断
文献检索诊断
文献阅读诊断
文献综述诊断
问题诊断
论证框架诊断

Ⅲ 输入诊断

本书的写作推进到这里，我们就来到了输入诊断。之前对标题、关键字、引言、正文等错误类型的剖析都属于输出诊断，即我们针对一篇已经形成的论文，审查其在上述各个方面存在什么问题。鉴于已经输出的文字（论文）的问题大部分是输入存在问题引发的，所以，本书对写作错误的探讨并不打算仅局限在上文对输出环节的探讨，还要深入到输入的环节。事实上，我们在开始动笔写论文之前就必须把一些工作做到位，这样能最大限度地减少输出阶段可能出现的问题。如果我们将输入阶段的工作做好做足，即便论文出现问题也只会是小问题，是可以通过调整修改解决的问题，不会是上文提及的根本上的问题。只要不是根本上的问题，就不用回头重新"还"输入阶段欠下的"债"。任何在输出阶段遇到的思路不畅、写作困难等问题其实都与输入的质量不高有很大关系。

本书在这部分会详细剖析输入过程中存在的一些错误认知以及错误做法，尽可能帮助写作者确立正确的输入观。至于为什么要采取"倒叙"的方式，将"输入"放在"输出"之后，原因是在日常指导学生的过程中，甚至在辅导国家项目申报（针对教师群体）的过程中，只有极少数人能够在写作之前就意识到输入的重要性以及了解输入需要达到的程度，大部分人往往是在输出环节已经终结且遇到困难（上文所指出的错误类型）的时候才会意识到自己的输入出了问题并且开始反思。很多时候也没有办法，因为这是人类认识事物常规流程——在现实中遇到问题才会反思过往。所以，本书也顺应人们"认

Ⅲ 输入诊断

识事物的规律",先分析输出部分的问题,再反思为什么输出部分会存在问题。所以,本书此处也就顺理成章地过渡到输入部分的分析了。

写作是一个链条化的过程,从宏观上可以分成输入和输出两个部分,从微观层面来看,输入和输出两个部分又各自由很多部分组成。输出部分我们已经在上文详细拆解过了,此处不再赘述。输入部分按照学术研究的基本顺序可以分成研究方向、文献检索、文献阅读、文献综述、问题意识、论证框架六个部分,这个顺序以及组成部分不因任何人的不同理解而变化。这是学术研究的客观要求,漏掉了哪个环节,或者哪个环节做得不到位都会在后续的相应环节引发问题。接下来,我们就对各个环节进行逐个分析。

1. 研究方向诊断

1.1 研究方向的要求

研究方向决定写作者(尤其是高校教师)的工作状态和最终的成就,这句话一点都不夸张。每个研究方向都有自身的特点和外部发展环境,我们选择了这个研究方向就意味着选择进入这个领域,那么这个领域的人、事、物就都与我们有关,这个领域的发展状态也会影响我们的职业状态。选择了什么样的研究方向就意味着选择了什么样的职业状态,这与选择了什么样的伴侣就意味着选择了什么样的生活方式一样。没有人希望自己的研究方向日渐没落、没有前途,毕竟谁也不愿意在泰坦尼克号上抢头等舱,因为她注定要沉没,座位是好是坏

1. 研究方向诊断

都没有任何意义。但是也很少有人会系统思考自己的研究方向，不少写作者确定的研究方向不外乎是自己导师的研究方向，或者是自己一时感兴趣且较为热门的领域。这些未经思考而选择的研究方向可以帮助我们毕业，甚至留校，但能否支撑你长期的研究，甚至助你功成名就，就难以确定了。我们经常看到很多院士、资深教授在业界享有盛名，比如袁隆平教授、比如两弹一星的元老们，但是我们有没有想过，除了他们自身的努力之外，他们能够成功更主要的原因是他们选择了一个特别有前途的研究方向。那么，接下来我们就来说说什么样的研究方向是有前途的，用四个字概括就是——大、多、快、没。

1.1.1 大，是指受众大，知识成果能覆盖的人数众多

上文提及，论文写作的主要任务就是生产知识，生产的是新知识！新知识与既有知识（教科书上的知识）不同，新知识就是在既有知识的基础上通过科学研究创造出的新知识。新知识的"新"是"创新"，而"创新"的大小取决于这个新知识的用处，即它能用于解决什么问题。解决的问题越尖端、越棘手，创新性就越高。一个简单粗暴的判断方式是，我们生产出来的新知识如果实际应用的话，它的受众人数会是多少。我们以芯片技术来举例说明，大家都知道这是我国目前被"卡脖子"的技术，如果哪位科学家能解决小纳米芯片的设计和量产问题，这在高端芯片领域的创新性是比较强的。我国需要使用芯片的领域很多，而在芯片领域长期被国外"卡脖子"，可想而知小纳米芯片的设计和量产作为新知识，它的创新性对中国来讲更是极强的。两弹一星的创新性亦是如此，它能解决当时的国防安全问题，能解决中国的国际地位问题，这样的研究生产出的新知识创新性也是很大的。所以，习近平总书记曾经说过，一个人的理想只有和国家的前途、民族的命运结合才有价值。科学研究也是如此。所以写作者在选题的时

候也要有格局，也要考虑受众面，更要考虑社会影响。

上述的例子是理工科领域的，它们的研究层面比较高。接下来以我个人为例进一步阐述何为受众"大"。我有两个研究方向，一个是我法学学科的研究方向，另一个是我后来锁定的教育研究方向。[①] 具体说来，前者是国际私法中的司法适用问题研究，后者是写作及其背后的批判性思维原理研究。前者的受众面很小，在全国范围内也没多少人；后者的受众面很大，在校大学生（约6500万）和高校教师（约190万）都是我的潜在阅读群体，这使得我撰写的写作类书籍和指导教师申报项目的书籍都获得了不错的销量。有一位撰写过指导律师审查合同书籍的法律实务界同僚曾经问我："你的书卖了多少册了？"我说："大概3万册了。"他说："你这个销量一般，我的书已经卖了近10万册了。"我笑了笑说："着什么急，我的存量市场很大，有6500万，而你的存量市场才65万（中国注册律师的数量）。"这就是受众数量大的意思。以研究为生的写作者无论如何都要有一个明确的研究方向，因此在选定研究方向的时候要尽量选择那个受众数量大的，这样我们的知识产品（如果变成产品的话）覆盖的受众面就大一些，我们的知名度和社会影响有时候是要靠受众数量堆出来的。

1.1.2 多，是指问题多，能供我们持续研究

有一个能供我们持续研究的研究方向很重要，即我们的研究方向要能持续提供给我们可以研究的问题。我在读研究生的时候，老师们总强调研究方向的延展性，但当时不明白这是什么意思。于是，我的老师们就用朴素的东北话跟我解释，比如你的研究方向是个矿，这个

[①] 高校教师有两项基本工作——科研和教学，我除了在科研上有一个研究方向之外，我还在教学上有一个长期稳定的研究方向。

矿不能挖两锹就没了，得能让你持续挖，不仅要是个富矿，最好是个矿群！这样你一辈子就不愁了，可以在这片矿山持续开采和作业（搞研究）。等我慢慢变成一个成熟的研究者，并且转换过两三个研究方向之后才逐渐意识到这句话的重要性，其实这句话想说明的是研究方向的选择原则就是问题多。科学研究是以问题为导向的，问题是引发一切知识生产的原材料，没有问题就不会有持续的知识生产活动。很多朋友问我为什么能够在四年之内连续写作且有近十部专著出版，这是因为我现在的研究方向延展性十足，也就是问题超"多"。每天我满脑袋想的就是这个问题能写一本书，那个问题还能写一本书。我不仅在过去的三四年写了一些书，在未来的几年之内还能源源不断地推出新书，这就是一个富矿带来的好处。相比之下，我所在的法学学科的研究方向最近十几年萎缩得厉害，不仅没有什么新问题，还受到国际局势的影响。[①] 记住，研究方向要选择一个偏底层，并且要同时具备理论深度和应用广度，别挖几锹就没了。

1.1.3 快，是指上升速度快，是一个朝阳领域

还是那句话，不要在泰坦尼克号上抢头等舱，没有前途！我考研究生的时候是2001年，那一年中国正式加入WTO，我考的是国际法专业，这个专业在当年非常难考。其中有一个研究方向非常热门，就是WTO法，研究人数众多，研究成果丰富，不仅有专门的WTO法研讨会，还围绕WTO法开展了一个专门训练学生的模拟法庭，当年这个专业炙手可热。然而，由于近几年国际上贸易摩擦不断，WTO的上诉机构停摆。要知道上诉机构属于WTO的争端解决机制，它被誉为WTO这个桂冠上的明珠，"明珠"停摆了，这就使得WTO遇到了重大的危

---

① 整个学科都是这个状态，不只是个人的状态这么简单。

Ⅲ 输入诊断

机,之前选择研究 WTO 法的学者也纷纷转型,调整自己的研究方向,这个研究领域至少在现在是遇到了阻力的。① 新进入国际经济法领域的年轻学者也少有将 WTO 法作为自己的主要研究方向的。与之相反的一个例子是,近些年在法学领域中,国际法领域研究对外关系法的学者增多。这是因为我国新近推出了一部新法——《中华人民共和国对外关系法》,它属于一个较新的研究领域,问题较多,吸引了大量研究者涌入。近些年,在法学领域还有另一个新兴研究方向值得关注——人工智能和大数据法学,这是为应对信息时代给法学带来的挑战的产物。这也说明法学是一个发展得非常成熟的学科,既有的研究领域都已经被占领且研究数量饱和,一旦出现了一个新的领域,就会有很多研究者关注并积极投入其中。总之,年轻研究者在选择研究方向时一定要结合现实需求,选择一个朝阳的、有前景的研究方向。

1.1.4 没,是指没头部,否则我们要想成为头部很困难

没头部的意思是指我们在选择一个研究方向的时候,尽量不要选择那些大佬林立、蛋糕已经被分配好的领域,因为在这样的领域中,我们要想出头很困难。我这两年不太愿意做自己的本学科"国际 X 法"研究的原因,是这个学科的大部分领域都已经被分配完毕,国内从二十世纪六七十年代开始建设到今天,这个学科留给我们这些八九十年代出生的人的可开拓空间已经很少了,即便有空间,大山大河已经没有了,只剩下一些华山论剑的时候上不了台面的小分支。在全国我所属的学校在这个学科并不是头部院校,在学校内我的这个学科(研究方向)并不占什么优势,估计一辈子只能做绿叶,这就是选择

---

① 这并不意味着 WTO 本身的规则没有价值,事实上现在流行的各种贸易规则(如区域国际条约、各种协定)都是以 WTO 规则为蓝本的。

1. 研究方向诊断

我们这个研究方向的宿命，跟自己努不努力没有太大关系。这也从侧面说明了选择比努力要重要。

一个理想的状态就是重新选择研究方向，虽然转换研究方向是有成本的，但是在必要的时候也必须得转换。转换的时候就要留意这个目标领域发展空间有多大，对于一个具有雄心壮志、野心勃勃的人来说①，一个头部无法撼动、学术体系已经形成的领域是不利于其实现自己的野心和抱负。当然，我们也可以选择继续在这个领域中深耕细作，这就要看我们有没有做细分领域的能力了，这个话题以后再说。

综上，我们就把什么是有前途的研究方向用四个字概括出来并阐释清楚了。我们不得不承认寻找这样的研究方向是很困难的且需要付出很多的努力，不仅是洞悉整个行业，甚至是需要把握得住学术界的宏观状态。这就是我一直强调的，青年研究者不能只顾着低头走路，还要记得抬头看路。

如果还有什么需要强调的，那就是同时符合"大多快没"四字的只是理想中的有前途的研究方向的特点，实践中能凑齐三个要素也是一个不错的选择。

此外，还需要强调的是研究方向与标题之间的关系。我们在之前的输出部分已经讨论过标题的各种错误类型，但需要注意的是研究方向决定标题，研究方向有问题，标题一定也会有问题；但标题有问题，并不一定是研究方向有问题，也有可能仅是写作者没有凝练好标题。最后需要提示的是，研究方向也直接会体现在标题里，所以，本部分探讨的研究方向的错误有可能会和标题出现的错误有关联，但是它们

---

① 关于研究方向的这段介绍是说给那些想要以学术研究为工作目标的人，那些只是想写一篇毕业论文的人可能不会有这样的动力将这个问题拉到这个层面去思考。

发生的**层面**不一样,请注意识别。

1.2 常见错误

错误 34　研究方向没有学科属性

错误示例

例 34.1　研究方向——人权

例 34.2　研究方向——WTO

例 34.3　研究方向——人工智能

例 34.4　研究方向——外交问题

示例解析

　　研究方向没有学科属性一般都发生在比较复杂的事物上面,比如例 34.1 中的人权,国内人权会议召开的时候会有一个特别奇特的景象,那就是人权学者是来自很多不同学科的,有法学的、文学的、政治学的、历史学的、文化学的……这说明人权本身具有跨学科的属性,是很多学科都可以从事的研究领域。这件事情本来无可厚非,但是我发现很多从事人权研究的学者没有一个自己限定的学科。比如在法学院从事人权研究的青年学者(或者学生),他们通常会声称自己从事人权研究,这是不对的,他们从事的应当是人权法研究。在文学院从事人权研究的学者通常是人权史学者或者文化人权学者。研究者需要清晰界定研究方向的学科属性,否则就会守不住自己的学科底线。我曾经在法学院的论文答辩中遇到一名博士研究生,他研究的人权广泛涉及历史、国

1. 研究方向诊断

际关系和冷战，唯一闭口不谈的就是人权法，但是他攻读的恰恰是法学学位。答辩组给出的意见是这个博士论文的选题整个都跑偏了，偏离了人权法。其中有一位国内著名的人权法学者就跟该博士说："很多人说我是搞人权研究的，我都会纠正他们说，我是搞人权法研究的。我是人权法学者，不是人权学者。"

同样，WTO 也是一个复杂的事物，既涉及规则（法学研究范畴）也涉及贸易本身（涉及经济学范畴），如果一个研究者仅向别人说明自己从事的是 WTO 研究，这不足以确定他的研究方向。如果他是法学研究者，他至少要明确表示自己的研究方向是 WTO 规则而不是 WTO。笔者在一次答辩中遇到过一篇论文，通篇都在大谈特谈技术壁垒本身而不是技术壁垒规则或者如何在 WTO 公平贸易原则之下平衡双方的权利义务。那么，该位作者写的根本不是法学论文，他跑到技术领域研究别的学科问题去了。同理，例 34.3 中的人工智能也不可能被作为一个研究方向，虽然在特殊场合下，有的人简单描述自己的研究方向是人工智能（比如计算机专业），大家会懂，不会产生歧义。但如果是在法学或经济学领域，有人说自己研究人工智能，恐怕就会有歧义。也许有人会说——他们可能只是采用简略的说法，没有说全而已。这在人工智能领域不太会闹出笑话，但是在例 34.1 中真的会有人误以为人权就是法学，或者人权就是政治学，要不然那位法学博士就不会把自己的论文写成国际关系和历史方面的论文了。例 34.4 也是一样的道理，外交问题也涉及很多学科，国际法研究外交问题；国际政治研究外交问题；国际关系也研究外交问题。所以，如果将外交问题为研究对象就要明确学科。

错误订正

这类错误的修改思路非常简单,就是在现有的关于研究方向的表述中明确学科限定词。比如将"外交问题"修改成——外交关系法或者外交法律问题;将"人工智能"修改成——人工智能侵权法律责任问题;将"人权"修改成——人权法问题;将"WTO"修改成——WTO相关规则(如贸易规则或者数字贸易规则等)。

本处指出的错误类型一般不会发生在成熟的研究者身上,但是在学生和青年学者身上并不鲜见。他们一方面没有掌握科学研究的底层规律,还处于练手和积累经验的阶段;另一方面对学科的边界以及学科属性没有太深的感受,由此才会导致上述的错误。

错误 35 研究方向过难

错误示例

例 35.1 研究方向——人工智能的法律规制
例 35.2 研究方向——国际关系中的大国博弈策略
例 35.3 研究方向——海外上市法律规制

示例解析

本处介绍的是比较难的研究方向,这个"难"也是相对而言的,不是对所有人都难,但对驾驭不了的人肯定是难的。首先看例 35.1——人工智能的法律规制,这是一个博士生在开题阶段的

1. 研究方向诊断

选题，该学生认为他是理科出身（高中学理），很喜欢数学也很喜欢这个选题。但我给出的意见是这个选题学生做不了。我费劲巴力地跟他解释，喜欢数学不等于懂人工智能，并询问他有受过正规系统的计算机基础训练吗？了解人工智能的技术层面要求以及能掌握这些核心技术吗？得到的回复都是否定的。这个选题要求研究者是一个既懂人工智能又懂法律的人，如果对人工智能的了解仅停留在高中数学或者高中出身理科这个层面不能算作懂。但是很可惜，我们的学生有时候没有这个意识，他们觉得"人工智能"这四个字是认得的，或者使用过一些人工智能软件就是懂人工智能。学术研究对于"懂"的要求是"精通"，而不是略知皮毛。更何况，我个人觉得例子中的年轻人连皮毛都不懂。或者换一句话说，能从事人工智能领域研究的人是"专家"而不是普通的使用者和爱好者。

我不是反对大家选择人工智能法律方面的题目，但前提是选择研究这个领域的人必须真正懂得人工智能且能驾驭。这个要求是很高的，不要把这个当成很简单的热门话题拎起来就研究，可能我们并不具备研究所需要的基础和实力。如果人工智能这个例子不好理解，我再举一个现实中的例子。十多年前，我的一个朋友在大连做律师，彼时的房地产行业特别繁荣，大连也如火如荼地发展着各种房地产项目。有一天我的朋友跟我说，他们的律所竟然没有一个人能承接完整的房地产法律服务项目——包括土地竞拍、规划、图纸、电力、施工、建设、预售、抵押、销售、交付、售后等流程，因为对律师的能力要求太高了。给房地产项目做法律顾问的律师必须懂土地怎么收储、怎么销售，当施工方拿着图纸咨询相关法律问题的时候律师要能看懂图纸和会计算土

Ⅲ 输入诊断

方,不同阶段的房地产项目还会涉及不同类型的抵押融资,比如土地抵押、在建项目抵押、建成项目抵押等,这些随时考验律师的跨领域作战能力。我的朋友继续跟我说,在他们的全行业中,只有北京的一个律师能跟全程,所以在房地产繁荣发展的阶段,这位律师的业务多到接不过来,但是其他的律师连一杯羹都分不到。这个例子也从侧面说明了,同时掌握两个领域的人是非常稀缺的,写作的初级练习者、青年学者们请慎重从事跨学科研究,如果非要从事该领域研究也可以先考察一下自己是否具备研究条件。综上,我个人认为上述选题对绝大多数人而言都是偏难的。

例35.2——国际关系中的大国博弈策略,对于一般的学者而言(学生更是如此)是很难的,倒不是难在理论,而是大国博弈策略有很多种,又会涉及很多高层的绝密文件,最主要的是不仅涉及本国的,还会涉及国外的秘密信息,普通研究者根本没有办法获取这些研究所必需的资料。在信息不充分的情况下,我们的研究怎么能算客观和深刻的呢?一般意义上,这都是高级智库能从事的研究,不适合普通的研究者(尤其学生),也不适合在学术生涯的起点就将其当做研究方向。但这些都不绝对,只要满足条件也是可以研究的。笔者再三强调"难"是相对的,需要研究者先反思这个方向自己能不能做,而不是拿起来就做,做到一半儿发现太难做不了,白白浪费了时间。

例35.3——海外上市法律规制,这个选题的难点在于对实践经历要求高,研究者必须有相应的海外上市经验,但是中国赴海外上市的企业数量有限,法律业务也都集中在发达城市的几个顶尖人物手中,一般在校大学生或者青年学者根本没有相关领域的从业经验,研究这样的选题确实有点脱离实际,有些理想化研究的意味。当然,还是老生常谈的那句话,我们若是具备研究的条件和储备,那么,这个选题是可以做的。

错误订正

这类选题错误修改的思路也非常简单,就是将选题换成写作者能驾驭的事物。比如经过反思,例35.1的作者确实认为自己驾驭不了人工智能,但是可以围绕一个与人工智能相关的具体社会生活现象——萝卜快跑车辆事故认定的标准开展研究,这就变得可以操作了、也具体了。比如例35.2国际关系中大国博弈的那些事情驾驭不了,作者可以先从能驾驭的地区事件开始研究,比如中东地区的战争起源及对国际局势的影响,先从局部研究起,研究那些信息基本对称的领域。比如例35.3海外上市法律规制研究可以换成国内A股市场法律监管,转换之后的难度就小很多。

错误36 研究方向陈旧平庸

错误示例

例36.1 研究方向——韩日国际私法相关制度

例36.2 研究方向——台湾地区国际法制度研究

例36.3 研究方向——TPP法律问题研究

示例解析

例36.1的错误我们在标题中也提及过,在国际私法的研究中,对全世界有影响的是欧洲和美国的相关制度,韩日的研究并

Ⅲ 输入诊断

不占主流，一方面其研究本身并不优秀；另一方面韩日的研究也是从欧美舶来的，因此单独研究韩日国际私法制度并没有太大意义。如果勉强研究，也注定研究者的成果不会激起太大的水花，因为这些国家自身的国际影响力本来就很小，又不是国际私法制度的起源地，以它们为研究对象没有太大的实际意义。

例36.2的问题我们以前在标题错误中也提及过，这充分说明了研究方向会影响每一篇具体论文的标题。我国台湾地区不是国际法主体，研究它的国际法制度有什么意义呢？在理论上没有突破空间，在实践上没有操作意义。即便研究有所突破，在学术界也必定不会引起太多人的关注。因为台湾地区作为中国的组成部分根本没有可能在国际法的舞台上发挥什么作用。

例36.3的问题在于TPP已经是过去式了，现在CPTPP是主流。如果这个话题难理解，那就需要思考WTO和GATT之间的区别，关贸总协定已经过渡到世界贸易组织了，所以现在很少单独出现GATT的研究了。因此，选题也要与时俱进。

错误订正

这种选题的修正方法就是直接放弃，只能重新选择。这种决断越早作出越好，如果推进到无路可走的时候，既浪费了时间，又浪费了宝贵的研究精力。更为主要的是，这些沉没成本对研究者的研究心气儿打击也是比较大的。

1. 研究方向诊断

错误 37　研究方向延展性差

错误示例

例 37.1　研究方向——课程思政研究

例 37.2　研究方向——智慧课堂建设研究

例 37.3　研究方向——WTO 相关制度研究

示例解析

延展性差是指这些研究方向可能随时会消失，受政策影响比较大。在政策刚推出来的时候会掀起一阵热潮，政策红利过去之后关注度也会随之降低。例 37.1 的课程思政建设是教育部在 2016 年提出来的，虽然这个提法现在还在，但是相应的理论研究变少了，已经发展到实操阶段了。同时课程思政本质上是课程育人的概念转化，从事教学研究的人都知道，课程育人会一直存在，但是课程思政受政策影响很大不见得能一直在。例 37.2 的智慧课堂建设也是如此。这个概念刚提出来的时候是有一阵研究热潮的，但是现在绝大部分学校都建成了一批智慧课堂，这个研究的热度就下来了，如果这个时候再进入，恐怕也难以引起关注。例 37.3 的 WTO 相关制度选题也是如此。因为某些原因，WTO 争端解决机制的上诉机构停摆了，致使该机制目前处于一个非常尴尬的境地，这不是一个单纯的法律问题，是一个受大国之间博弈影响的复杂问题。所以这类选题基本上没有办法伴随研究者的一生，说不定什么时候就没落了。

细心的读者也发现了，这些研究方向中的问题和选题陈旧也

Ⅲ 输入诊断

有一定的关联。是的,很多研究方向的问题是交叉存在的,陈旧也就意味着过气了,没有延展性意味着正在过气,如果此时研究者再躬身入局的话,其投入产出比并不大。如果用生活伴侣来形容这类研究方向的话,就是这类伴侣没有办法陪伴我们终生,有的是一开始就不能,有的是走到半路才发现不能。

错误订正

这类选题修改的思路依旧是放弃,写作者应当选择做底层的研究,选择那种无论世道怎么变化,我们的研究都能屹立不倒的选题。就像在美国,目前黄仁勋的 GPU 供不应求,无论互联网大佬们打成什么样,他们都需要黄仁勋的 GPU。如果用上文介绍的选题四字真言"大、多、快、没"来衡量的话,示例的选题恐怕一个都不沾。

错误 38 研究方向太过成熟(快)

错误示例

例 38.1 国际私法的基本理论

例 38.2 人类认知形成的过程

例 38.3 疾病的治疗方法

示例解析

其实,不仅是上述例举的三个领域,医学研究、心理学研究、环境科学研究、物理学研究和经济学研究都是一些比较成熟

1. 研究方向诊断

的领域。这些领域在经过理论和实践上的深入探索后,已经形成了较为完善的理论体系和丰富的研究成果。

医学研究是一个广泛而复杂的领域,包括疾病的治疗方法、药物开发、病理生理学等方面的研究。心理学研究则涉及人类行为、思维和情绪等多个方面,如人类认知过程、社会心理学、发展心理学等。环境科学研究关注环境保护、气候变化、生态学等方面,包括环境污染、生物多样性、可持续发展等。物理学研究涉及物质、能量、宇宙等多个方面,包括量子力学、相对论、凝聚态物理等。经济学研究涵盖宏观经济学、微观经济学、行为经济学等方向,涉及市场、金融、政策等多方面内容。

这些领域的成熟不仅体现在其理论研究的深度和广度上,还表现在实际应用和社会影响方面。例如,医学研究的进步极大地提高了人类健康水平,心理学研究帮助人们更好地理解自身和行为,环境科学研究促进了可持续发展,物理学研究推动了科技进步,经济学研究为政策制定提供了理论支持。这些领域的深入研究不仅丰富了人类的知识体系,还为解决实际问题提供了科学依据。

所以,在介入这些学科开展学术研究的时候,不能再做基础研究,而需要做细分研究。例38.1的错误在于,国际私法的基本理论在过去的二十年发展有限,这个学科已经相当成熟。① 例38.2、例38.3也是如此,这类研究方向不再适合被目前的研究者当作研究目标。或者换一句话说,往前推几十年,这些研究方向可能是介入的好时机,但现在不是。

---

① 成熟的另外一种表述就是没什么发展空间了。

Ⅲ 输入诊断

错误订正

针对比较成熟的研究领域，研究方向的选择有几种思路，一种是做细分，也就是在上述介绍的已经成熟的研究领域的基础上研究一些细分的小领域。现在的医学、心理学、经济学都在做细分研究，研究的内容都很细。另一种思路是做热点，比如和数字经济相关、人工智能相关、大数据相关的内容。如果研究方向比较成熟，意味着基础性的研究工作已经结束，这些领域的研究者就不容易走出来以及被别人看到，也研究不出太多新意。从另一个角度来看，这些成熟的领域也都有头部学者，他们的地位和学识也很难撼动（除非这个学科的基础存在被颠覆的可能），青年学者也没有太多的研究空间。建议重新思考自己的研究方向，理性规划自己的研究生涯。

错误 39　研究方向太小众（大）

错误示例

例 39.1　研究方向——冈比亚古文化研究

例 39.2　研究方向——某英国文学作品研究

例 39.3　研究方向——某少数族裔文学研究

示例解析

小众的研究并不是没有意义，但是研究者要考虑到学术研究不是自说自话，还需要形成交流和互动，甚至还要能够支撑发表论文、申请项目和评职称（针对高校教师）等活动，太小众的研

1. 研究方向诊断

究方向不仅受众小，在产学研转化的时候也会遇到困难，研究者可能在学术界也很难发出声音。例39.1中冈比亚古文化研究在史学研究中非常小众，几乎没有什么人关注；例39.2中某英国文学作品研究非常局限，并不是针对著名作品或者著名作家的有影响力并且受人关注的研究；例39.3中虽然某少数族裔的文学有一定的研究价值，但是在学科中的关注度低，即便研究出成果也很难产生影响力。所以，要慎重选择这一类研究方向。

错误订正

这一类研究方向并不是一定要放弃，因为这些研究可能本身是有一定价值的。研究者需要考虑的是该研究未来能不能助力自己在学术界立足，成果产出后是否会围绕成果产生学术交流，是否会受到圈内和非圈内人士的关注，成果向社会、商业转化的时候有多大的价值，即能影响多少人。如果这些都不是问题，或者研究者都不在意，那么也可以做下去。否则，建议换选题。

也许会有人认为这种评判研究方向的标准过于"功利"，其实本书的观点很清晰，研究方向不仅是个人旨趣，还是某些高校教师赖以生存的基础，我们需要依托研究方向发表论文、申请项目、进行学术交流以及实现成名成家的学术理想。过于小众的研究方向不太能支撑研究者达成上述目标，本书在此只是提示这种风险的存在，至于如何选择，取决于个人的价值判断，只要能预见结果并接受就行。

现实中，我曾经跟多名博士后聊过。现在的博士后是高校师资的蓄水池，一般都有研究任务并且要在规定的年限里发表多篇

Ⅲ 输入诊断

文章以及获得某个级别项目的立项资助。这就使得学术研究以及研究方向选择并不是一个单纯个人旨趣的问题,还要考虑现实需求。我就见过一个博士后因研究方向不行放弃出站,还有一名博士后延期出站并最后修改了研究方向,因为根本没有杂志接受他之前研究方向的论文。

2. 文献检索诊断

2.1 文献检索的要求

2.1.1 明白文献检索的重要意义

此处主要是为了帮助写作者提升对于文献重要性的认识,缺乏这种认识,后续工作的开展就会不尽如人意。从本书第一部分介绍的解决问题的要素以及正确解决问题的要求来看,文献是我们写作的基础,没有文献的积累,写作便无从谈起。

首先,从图 3-1 论证的要素来看,文献与论证的各个要素均有关系。没有文献就发现不了问题;没有文献也无法为论证提供前提依据;没有文献也就没有办法构建前提和结论之间的推理关系;没有文献也就没有假设(未表达前提)。

其次,从表 3-1 来看,文献一方面能够提供理性思维中的"客观真实",另一方面也能提供别人的"论证过程"。理论上,文献就是别人建构论证的载体,可以帮助我们观察别人在建构论证的时候依据的是什么,论证又是怎样展开的。同时,我们可以在别人的论证中学习

2. 文献检索诊断

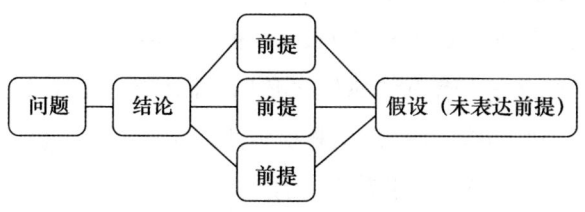

图 3-1 论证的要素

到我们需要的正确知识、正确的逻辑推理，并对我们不认同的"依据"和"推理①关系"保持怀疑的态度。

表 3-1 理性思维与非理性思维

	理性思维（批判性思维）	非理性思维
依据	客观真实	主观因素
过程	论证并且正确	不论证或者谬误
结论	良好的决策	坏的决策

2.1.2 掌握文献检索的两种方法

文献检索常用的方法有两种：一种是地毯式检索法，一种是按图

---

① 从严格意义上来讲，推理和论证可以混用，都是指前提和结论之间的关系。但是二者有两点不同：其一，推理是指从前提到结论的过程；而论证是指从结论到前提的过程。也就是说，推理是先给出前提，一步一步得出结论的过程。而论证是先给出结论，然后再一点一点呈现前提（也就是论据）的过程。其二，推理是一个微观概念，仅强调前提和结论的关系；论证是宏观概念，不仅可以用于描述前提和结论的关系，还可以指代整个从问题到结论的逻辑过程。所以，本书会尽量统一使用论证概念，但是偶尔也确实需要使用推理概念来区别细节的不同。这一点，也请读者再细细体会。如果想要了解推理和论证之间的不同，也请参考笔者在高教出版社出版的《论文写作——一本适合各学科、各年级的通识论文写作书》，那里对写作的一些基础术语都有非常详细的介绍。

Ⅲ 输入诊断

索骥检索法。前者是指写作者用关键字等基础检索方法快速锁定目标文献的方式,这种检索方法高效便捷,能在短时间之内收集大量的义献。但是这种方法也会有"漏网之鱼",即还有一些文献会被漏掉,没有被"收编"。这时候按图索骥检索法就派上用场,按图索骥式检索是指,在论文阅读过程中发现了别人论文中引用的文献而我们没有检索到,致使我们关注到这篇文献并将它收入麾下的检索方式。这种方式低效,但能起到很好的补充作用。这提示我们,文献检索可能是一个不断持续的工作,但这并不影响我们在检索到绝大部分文献的时候就开始阅读,不断地将"漏网之鱼"通过后续工作加入我们的文献队伍中。

2.1.3 检索的文献应满足"四性"

我们可能需要花几天的时间去检索所需的文献,确保我们的文献是满足"四性"的,即全面性、权威性、及时性和针对性。全面性是指写作者要全面了解和掌握研究领域的能力;权威性是指写作者必须保证检索的文献中包含了权威学者、权威文献的权威见解;及时性是指写作者必须关注到自己所从事的研究领域(方向)的一些新近的研究成果;针对性是指写作者必须保证自己所收集到的文献与自己的研究对象、研究问题甚至研究结论是有关联的,不能离题太远。在高度信息化的今天,文献检索已经与个人信息素养密不可分并成为其中一个重要组成部分。同时文献检索已经发展为一门独立的课程,这些课程很多都是在高大庄严的图书馆内讲授的。这一切都提示着对写作者来说文献检索的重要性以及便捷性。

2.1.4 对文献进行管理

文献检索结束之后,写作者会拥有数量庞大的文献,它们以多种形式存在,如果不对它们加以管理,写作者很有可能会淹溺于文献的海洋中，不仅不能保证写作效果，可能连一篇文献是否阅读过也分辨不清。这时候，写作者需要对文献进行分类管理。

文献分类可以按照文献的类型、文献关键字以及文献展开研究的脉络节点进行分类，最好是制作文献列表。在文献列表中不仅要给文献进行排序，还要对文献的作者、发表刊物、发表级别与年份等信息进行标注。这样，我们就能在需要某篇文献的时候快速地锁定这篇文献，而不是在没有进行分类管理的文献海洋中费力地查找，既浪费时间又消磨自己的意志和情绪。而且，在我们与导师沟通选题的时候，提供一份详细的文献目录或者清单也能快速博得老师的好感，毕竟绝大多数学生在找老师商量选题之前恐怕都没看过几篇文献。

2.2 常见错误

错误 40 脱离文献谈选题

错误示例

例 40.1 没有检索文献就跟老师谈选题——外国判决在中国的承认与执行

例 40.2 缺乏相应文献就跟老师谈选题——利益法学视角下跨境破产判决的承认与执行

示例解析

这两个示例都是我指导的学生出现的情况，也正是因为这种问题的发生，我又加强了自己对研究生选题的指导——提出了两项具体要求，即凡研究生跟我谈选题（开题之前）必须提交文献

Ⅲ 输入诊断

目录和文献阅读笔记,以确保学生在开题之前就明白必须有相应的文献基础。这两条要求一直到现在还有,所以此处涉及的关于文献的错误类型在我的师门已经彻底消除了。

说回这两种错误,例40.1中的学生跟我说,自己要写"外国判决在中国的承认与执行"方面的选题。我说这个选题方向(选题所在的研究方向)是可以的,但是具体要写外国判决在中国的承认与执行的什么问题呢?学生半天也没回答上来。于是我继续问他看过哪些文献。学生回答说还没有看,甚至还没有收集,只是看到老师的研究方向与这个相关就想过来问问。交流到这里我明白了,我的学生认为选题之前不需要看文献,开题也不需要。这与问题产生的客观规律是相背离的。即便研究方向已经确定(外国判决在中国的承认与执行),文献检索和阅读也是必不可少的,否则学生只是脑袋里有一个想法,即自己要写有关"外国判决在中国的承认与执行"的问题,但是并不知道具体的问题是什么。所以,例40.1的问题就在于,学生并不知道开题之前要看文献。通过看文献才会有问题,然后才涉及"开题"(既包括跟老师探讨选题,也包括学院组织的正式的开题活动)。

例40.2的学生就更有意思了,一上来就想在"利益法学视角下"研究问题(无论研究什么)。我们的专业是法学,利益法学对我们来说是一个有点跨学科的方向。例40.2中的学生其实是一个非法本的学生[①],法学功底并不强。即便是本科法学出身的研究生也不建议选择这种题目,因为他们根本不懂什么是利益法学。或者这么说,学生有可能懂利益法学是什么,也知道在利益

---

① 本科不是法学专业的学生。

法学视角下从事法学问题的研究意味着什么,但这一切意味着该位同学要为此付出艰苦卓绝的自学努力——要无师自学利益法学的知识体系和分析框架。

以我多年指导学生的经验判断,例40.2这位同学不具备研究这个选题的能力。但是我的苦口婆心并没有打消这名同学的执念,他坚称自己懂利益法学并且能用这个理论分析法律问题。劝说无奈,我只好要求该名同学提供有关利益法学的阅读书目与文献目录。第二天,这位同学换了一个选题。这说明这位同学(其实有很多大学生在大学期间有这种不切合实际的想法)其实并不知道自己做不了这种选题,也不知道自己不知道。一旦要求他提供相应的物质支撑,他才能意识到他不能,他没有这方面的理论积淀。他毕业以后,我们也还一直保持联系,他也承认那时候的自己确实有一点"不知天高地厚"。

错误订正

这种错误类型修改的思路就是补充文献,展开大规模文献阅读进而形成一个正确的选题。例40.1中的学生最终形成的选题是"外国判决承认与执行中间接管辖权确定标准研究",这个选题不仅在原来的基础上有了进一步的限缩,同时还具有了明确的问题意识。例40.2中的学生最后放弃了利益法学视角,单纯锁定跨境破产判决的承认与执行寻找问题。最后,该生的题目确定为《中国承认跨境破产判决司法审查存在的法律适用问题与完善》。

Ⅲ 输入诊断

错误 41　文献不满足"四性"

错误示例

例 41　《涉外法治语境下海外投资风险应对研究》

---

19. 杜承铭, 柯静嘉. 论涉外法治人才国际化培养模式之创新. 现代大学教育, 2017, 1.
20. 杜焕芳. 涉外法治专业人才培养的顶层设计及实现路径. 中国大学教学, 2020, 6.
21. 杜焕芳. 着力提升涉外法治体系和能力现代化水平. 中国社会科学报, 2022-10-12（4）.
22. 法治中国建设规划（2020-2025 年）. 人民日报, 2021-1-11（1）.
23. 范璐晶. 中国电影产业海外投资的法律风险及争端解决中的文化例外. 学术论坛, 2020, 9.
24. 方旖旎. "一带一路"战略下中国企业对海外直接投资国的风险评估. 现代经济探讨, 2016, 1.
25. 方旖旎. 中国企业对"一带一路"沿线国家基建投资的特征与风险分析. 西安财经学院学报, 2016, 1.
26. 冯汉桥. 国际投资协定下的公共政策风险及其预防. 理论月刊, 2013, 10.
27. 冯慧敏. 我国对外制裁法的国际法合法性构建. 武大国际法评论, 2023, 5.
28. 冯玉军. 构建以人类命运共同体为导向的涉外法治体系. 学习日报, 2014-4-16（2）.
29. 龚柏华. 上海企业参与"一带一路"海外投资的法律风险与应对. 上海法学研究, 2019, 4.
30. 龚廷泰. 法治文化的认同：概念、意义、机理与路径. 法制与社会发展, 2014, 4.
31. 谷玲. "一带一路"战略下中国企业"走出去"的法律风险防范. 河南司法警官职业学院学报, 2016, 4.
32. 郭德香, 李璐玮. "一带一路"倡议下我国对外投资保险法律制度的完善. 中州学刊, 2018, 10.
33. 郭建宏. 中国的对外直接投资风险及对策建议. 国际商务研究, 2017, 1.
34. 郭雳. 创新涉外卓越法治人才培养模式. 国家教育行政学院学报, 2020, 12.
35. 郭雳. 新时代国际法律风险应对与全球治理推进. 中外法学, 2021, 4.

图 3-2　参考文献缺乏针对性

2. 文献检索诊断

1. 陈煜. 中资企业海外投资风险管理研究. 吉林大学2014年博士学位论文.
2. 敦忆岚. 新时期中国企业对外投资问题及对策研究. 中国社会科学院研究生院2014年博士学位论文.
3. 谷春燕. 基于深度学习的我国矿业境外投资风险评价研究. 中国地质大学2019年博士学位论文.
4. 韩师光. 中国企业境外直接投资风险问题研究. 吉林大学2014年博士学位论文.
5. 姜雅. 基于灰色系统理论的境外矿业投资风险研究与评价. 中国矿业大学2017年博士学位论文.
6. 金晶. "一带一路"国际铁路通道建设风险评估研究. 中国铁道科学研究院2019年博士学位论文.
7. 孔德海. 中央企业国际战略定位与风险控制研究. 吉林大学2013年博士学位论文.
8. 李飞. 中央企业境外投资风险控制研究. 财政部财政科学研究所2009年博士学位论文.
9. 刘刚. 中国汽车企业对外直接投资研究. 吉林大学2018年博士学位论文.
10. 任杰. 海外矿产资源项目投资风险评估与实物期权研究. 中国地质大学2014年博士学位论文.
11. 肖辉. 中国矿业企业跨国投资风险预警监控研究. 武汉理工大学2013年博士学位论文.
12. 徐磊. 对外投资经济安全法律问题研究. 华东政法大学2017年博士学位论文.
13. 袁海勇. 中国海外投资风险应对法律问题研究——以非洲投资为视角. 华东政法大学2012年博士学位论文.
14. 张正怡. 国际能源投资争端法律问题研究. 华东政法大学2013年博士学位论文.
15. 赵德森. 中国对外直接投资的国家风险研究. 云南大学2018年博士学位论文.
16. 赵杰. 中国企业海外投资研究. 中共中央党校2014年博士学位论文.

图 3-3　参考文献缺乏权威性

示例解析

例41的论文标题为《涉外法治语境下海外投资风险应对研究》，这篇论文的参考文献应当满足全面性、权威性、及时性和针对性的要求。但是，目前学术研究的数量实在太多，全面性很难达到，我们能够要求写作者的就是覆盖面要全，在保证权威性的基础上对所研究的领域有全面的了解。及时性也比较好判断，

Ⅲ 输入诊断

即是否包含最新的研究成果，通常我们从参考文献的年代就能作出判断。容易出现问题的部分是针对性和权威性，例41是在针对性方面出现了问题。作者研究的是海外投资风险，理论上文献应当围绕海外投资风险展开，最多可能会再涉及一点涉外法治、国际投资法以及国际经济法的文献，其余文献就不应当出现在参考文献目录里。但是我们从图3-2能看出在标号19、20、34的参考文献里竟然出现了与人才培养相关的文献，这与海外投资风险没有直接关系，属于不符合针对性要求的表现。

在图3-3中，作者引用了大量的学位论文，并且在参考文献中专门为学位论文辟出一个部分。一般意义上，学位论文属于习作，除了个别极具天赋的人之外，学位论文是不能被当作权威文献被援引的，大量引用学位论文属于不满足权威性要求的表现。曾经有学生对这个观点提出疑问，他们认为如果一个研究领域只有学位论文，那我不引用学位论文引用什么？这个时候，我们应该反思的是为什么这个研究领域只有学位论文，而不是坚持非要引用它们不可。

实践中，关于参考文献的问题表现多样。有一次，我的一名研究生想要在研二就把毕业论文写完然后研三就能专心备考博士。我向他耐心地解释了一个问题，如果论文在研二阶段就写完，那就意味着参考文献就停留在该生研二所处的年份。但是这篇论文要在研三才答辩，从答辩的日期来看，这篇论文不符合及时性的要求，因为整整缺了一年的文献并且是最新年份的文献。

文献是论文创新性的基础和保证，如果文献出了问题，那么整篇论文一定会出问题。通常,作为指导教师或者论文的外审评议人,参考文献也是我们重点要考察的一个部分,一篇好的论文必须有符合要求的参考文献支撑。反之,参考文献不过关,论文的质量一定不过关。

错误订正

按照"四性"的要求重新梳理参考文献,并且认识到参考文献的重要性,切不可在论文写完之后随意"制造"或"堆砌"出论文的参考文献,这是不符合学术规范要求的。

3. 文献阅读诊断

3.1 文献阅读的要求

阅读是有层次的,根据《如何阅读一本书》的作者莫提默·J.艾德勒和查尔斯·范多伦(Mortimer J. Adler & Charles Van Doren)[①]的分类,阅读包含基础性阅读、检视性阅读、分析性阅读以及主题性阅读,这四个层次是层层递进的关系(如表3-2)。阅读对于写作来讲非常重要。阅读是一种输入行为,写作是一种输出行为,没有输入就不会有输出。写作者在写作过程中遇到的问题,从方法论的角度来看,

---

① 〔美〕莫提默·J.艾德勒、查尔斯·范多伦:《如何阅读一本书》,郝明义、朱衣译,商务印书馆2014年版。

Ⅲ 输入诊断

绝大多数都跟阅读的能力不达标有关系。

表 3-2 阅读层次表

阅读层次	名称	目标	状态
第一层	基础性阅读	扫清术语和背景知识障碍	读通
第二层	检视性阅读	准确理解并能复述段落和全文的内容	读懂
第三层	分析性阅读	形成论证框架	读透
第四层	主题性阅读	形成文献综述	阅读阶段完毕

首先，基础性阅读是指读通，是指写作者能完成文章通读，没有文字障碍和术语障碍。对于专业写作者而言，这个过程要求并不高，对所阅读的文字材料背景的基础知识有一定了解就能达到。基础性阅读的目的是保证整篇文章不存在写作者不理解的词汇和背景知识。但是，实践中经常遇到的问题是很多写作者的基础性阅读做得并不好，原因是基础性阅读大多是超越教科书内容的拓展性阅读，会涉及很多本学科的背景知识和专业术语。有时候写作者遇到不理解或者一知半解的词汇直接跳过，执意向前推进阅读。这是不对的，对基础词汇存在理解上的问题就容易导致基础性阅读质量不高。在答辩中，如果答辩组的某位专家围绕一个专业词汇让学生谈对它的理解以及内部的关系，比如欧盟和欧共体，其实，这就是在考查基础性阅读的质量。很遗憾，在每次中期考核、开题、答辩中，我们都能发现很多写作者搞不清楚基本概念、术语、背景，这真的是一件需要写作者深度内省的事情。

其次，检视性阅读是指读懂，是指写作者在基础性阅读的基础之上，对文章的标题、目录、作者信息、主要内容等都能进行复述，也就是能说出文章的一些客观信息，能描述主要内容，能说出文章的重点以及重要信息。注意这个"内容"是指作为文章物理组成部分的"内容"。检视性阅读的目的是保证写作者真正理解所阅读文字的意思。如果说基础性阅读关注的还是文字、词汇个体,那么检视性阅读就要渗透进由文字、词汇组成的句子、段落、部分和篇章的理解中。这部分的阅读就需要思维过程了,常用的思维活动有抽象和概括、分析和综合、比较和分类。值得指出的是,检视性阅读对写作者的要求相对较高,写作者要能够准确地呈现文章的内容。事实上,写作者在阅读一篇文章,甚至只是一个段落的时候,很难概括出这段文字的基本意思。目前的高等教育缺乏对这部分的指导,学生也缺乏自我训练。我在大学专门开设了检视性阅读课程,学生并不像想象中那样具有检视性阅读的能力,他们在抽象、概括等思维活动上存在很大的障碍。我多年上课和指导学生的心得是,高等教育和学生自己都容易"认为"学生已经具备检视性阅读的能力而忽略了阅读能力的培养和训练,但实际上学生是不具备的,这种能力的缺失是后续论文写不下去的重要原因。

再次,分析性阅读是指读透,也被称为批判性阅读,它是在基础性阅读和检视性阅读基础上透过文字、段落(文章的肉)呈现出文章骨架的阅读方法,这副骨架就是文章的论证结构,肉就是指上文的检视性阅读。这部分要求写作者能够清晰地透过现象(肉)看到这篇文章的本质(骨头),具体而言就是写作者在做完分析性阅读之后能够"准确"回答如下问题:"本篇文章要解决的问题是什么?""针对问题,作者的结论是什么?""作者得出结论的依据是什么?"(这三个问题是分析论证的主要内容)"这些依据是否符合前提的要求?""这些前提是否能推出结论?""作者的结论是否为真?""作者用的是什么论证方式?""这个论证是可靠或可接受的吗?"(这几个问题是评价论证的主要内容)。看到这里,是不是觉得这项工作有点类似庖丁解牛,一点一点剔除肉,让骨架露出来。分析性阅读的目的是保证写作者真正理解文章的论证框架。实践中,写作者在自行阅读的时候,很少能将一篇文章的论证框架摘出来。其中的原因很多,一方面,写作者自己可能没有意识到对文献的阅读需要深入到这种程度;另一方面,写作者在成长过程中也很少被要求或被指导从事批判性阅读,也没有经受过逻辑和思维的专业训练,因此也不会分析性阅读。议论文的写作要求写作者必须将文献的阅读推进到分析性阅读的层面,否则根本无法输出观点。

最后,主题性阅读指搜集关于某个特定主题的一些文献,对这些同主题的文献进行批判性阅读,最后将这些文献所讨论的问题的主题线索、时间线索、空间线索、作者线索等全部梳理出来,主题性阅读的过程也是形成文献综述的过程。严格意义上来说,主题性阅读是为写作做准备的。因此,主题性阅读也是在前三个层次阅读,尤其是在批判性阅读的基础上展开的。主题性阅读的目的是保证写作者把所有文献都阅读完之后,能够获得制作文献综述所需的所有信息并对其进行准确的比较和分类。

本书所强调的阅读是指议论文阅读,也即包含观点、通过推理得出结论的文章,论文、评论等都属于这一类。它不同于生活中的阅读,如小说、散文的阅读。议论文阅读对写作者的要求比较高,因为这种阅读必须为后续的写作提供"原材料",也就是要输出。因此,浮皮潦草、轻描淡写、随心所欲地阅读肯定是不符合论文写作的要求的。本书(良好的论文写作)对阅读的观点是,想透彻掌握一篇文章就必须读到分析性阅读的层次,要想从事论文写作就必须读到主题性阅读的层面。

3.2 常见错误

错误 42　基础性阅读不充分

错误示例

例42 "近几年有一种议论,说下个世纪是亚洲太平洋世纪,好像这样的世纪就要到来。我不同意这个看法。"中国领导人邓小平在1988年向来访的印度总理拉吉夫·甘地表达了这一观点。30多年后,邓小平证明了自己的先见之明。几十年来,亚洲取得了非凡的经济成就,如今是世界上增长最快的区域。在这10年内,亚洲经济体的规模将超越世界其他经济体的总和,这是自19世纪以来从未出现过的情况。然而,即使到今天,邓小平的告诫依然让人警醒:亚洲世纪既非必然实现,也非命中注定。亚洲之所以繁荣,是因为二战结束以来一直维持着的"美国治下的和平"提供了有利的战略环境。

示例解析

基础性阅读要求写作者明确意识到这段文字中没有自己不能理解和认识模糊的专业术语和背景知识。这是布置给学生的一篇阅读材料的节选,基础性阅读一般是交给学生自己完成的。这里面有几个核心的词汇,如"亚洲太平洋世纪""美国治下的和平""战略环境"等。为了更好地理解这个段落文字的意思,写作者必须弄清楚这些基础的词汇的含义和文中所提到的第二次世界大战、经济体等背景知识。但是在上课的时候,我发现学生只是认识这些词语,但是不知道这些词语背后的相关知识。

Ⅲ 输入诊断

很多时候,写作者在阅读时非常"懒",也有可能是遇到生僻的词汇他们不愿意停下来去查,而是按照自己的理解继续推进阅读,这就会导致对所阅读材料的错误理解。这种情况非常多见。我每年给研究生开设论文写作课程,其中一部分工作就涉及专业文献的阅读。国际私法的文献中会涉及大量的专业术语,比如海牙国际私法会议、海牙国际私法会议关于判决承认与执行的三个公约、欧盟关于判决承认与执行的制度、布鲁塞尔条例、欧盟法院、布鲁塞尔公约、直接管辖权、间接管辖权等。我发现,尽管老师事先会把文献发给同学做基础性阅读,基础型阅读涉及的专业词汇以及这些词汇背后的背景知识,如海牙国际私法会议是什么组织?成立于哪年?成员国有哪些?通过了哪些国际条约?欧盟是什么组织?欧盟内部的治理模式是怎样的?煤钢共同体、原子能共同体、经济共同体还存在吗?它们与欧盟是什么关系?……然而,让人沮丧的是,几乎没有人会事先把这些词汇和背景知识弄清楚。这就致使写作者在专业文献的检视性阅读方面遇到很大阻碍,因为表面上写作者都认识"欧盟"和"海牙国际私法会议"这两个词,但是若让写作者进一步解释一下,就会发现他们也仅是认识这两个词而已,对其内涵和外延完全不了解。

错误订正

专业文献的阅读不同于基础知识的学习,涉及大量的二线知识,这些二线知识是提升写作者专业知识面宽度和广度的重要组成部分,也是其在基础知识学习的时候不会遇到的。不论出于什么原因,写作者都应在阅读的过程中克服困难,尽量扫清这些二线知识带来的困扰,丰富和完善自己的学科知识体系。这个部分属于事实查清和理解部分，只要写作者态度端正，获取这些知识的难度很低。写作者也不要指望指导教师会就这个部分进行专门的辅导，应当让指导教师在一些思维和逻辑问题上发挥指导作用，而不是将精力消耗在事实的收集和确认上。所以，基本上这部分的阅读工作是要由自己来完成的。

错误 43　检视性阅读不充分

错误示例

例 43.1

动物园中的一只猩猩，在游人的逗引和示范下，学会了向人吐唾沫的"本领"。为了把它从"人"进化成原本的猩猩，动物园想尽了多种"威胁利诱"的教育方式，但收效甚微。

这段话说明了：

A 教育要采取正确的方法

B 揠苗助长往往会适得其反

C 坏习惯的改正比养成更困难

D 好的道德风尚要靠公德心的培养

例 43.2[①]

《重述法》和两部《承认法案》均规定，若在判决过程中司法机关未能予以公正的裁决和正当的法律程序，其判决结果拒予承认。法院始终将这一例外限制在其表述范围内，即仅当司法机关判决过程存

---

① 这是学生对一篇英文文献的翻译也可以称之为阅读稿。

Ⅲ 输入诊断

在其规定的缺陷行为时,才不予承认,而不是具体案件本身存在漏洞。为了保证正当程序要求的一致性,涉外裁决过程无需与美国本土裁决过程的程序完全一致,仅符合"正当的法律途径"这一条规定即可。

2005年《外国判决承认法案》规定,如果涉外裁决过程中"对判决过程的正当性和合法性存疑",其判决结果非强制不予承认。与强制不予承认相比,非强制不予承认的范围更为宽泛,前者仅应用于司法机关未能予以公正裁决或提供正当的法律程序,而后者则应用于在某一案件中法院行为不符合标准的情况。意思是,即使法院作出的判决结果并无问题,但判决债务人可以举证在某个过程中的偏袒、贿赂或有失公正的问题,以至于"对最终判决结果产生重大影响由此进行质疑",其判决结果非强制不予承认。

示例解析

例43.1是我在实际教学中使用的一个阅读范例,它来自高中语文的阅读理解试卷,正确答案是A。这道题比较简单,它特别适合作为例子向本书的多学科读者解释什么是检视性阅读。这也是我经常使用这个例子的原因。在我的历次教学中,能够做对并准确画出思维导图的人非常少,连上课人数的1/10都不到。大多数同学抓住的是无关紧要的词汇,或者把次级关键字当成核心关键字,画的思维导图完全没有逻辑,五花八门。结合图3-4,我们能够发现在上述这个阅读片段中,教育方式是核心关键字,我们使用了分类、比较、综合等思维方式确定"游人"和"动物园"是教育方式的主体,"逗引和示范"和"威胁利诱"是行为,"学会"和"没学会"是结果。

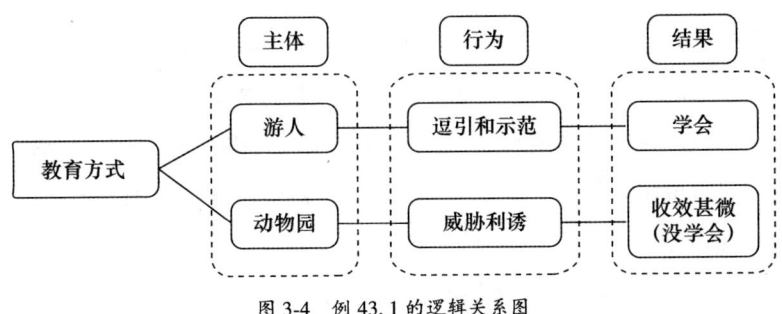

图 3-4　例 43.1 的逻辑关系图

例 43.2 是一篇法学专业的英文文献截取出来的片段①，这篇

---

① 截取出来的片段原文如下：

Para45

The Restatement and both Recognition Acts provide for mandatory non recognition when the judicial system from which the judgment originates does not provide impartial tribunals and due process of law. Courts consistently have confined this recognition exception to its language, allowing relief only when the system demonstrates the required defects, not when defects occur only in the specific case. The procedures required in foreign adjudications in order to comply with due process requirements need not be identical to those employed in American courts. They need only be "compatible with the requirements of due process of law."

Para78

The 2005 Recognition Act provides a discretionary basis for non-recognition of a foreign judgment if "the judgment was rendered in circumstances that raise substantial doubt about the integrity of the rendering court with respect to the judgment." This discretionary ground for non-recognition is broader than the mandatory ground for non-recognition of a judicial system failing to provide due process or impartial tribunals. This discretionary ground applies to instances where the court in a particular case failed to meet such standards. That is, even if the judicial system in which the judgment arose is not defective, recognition may be denied of the judgment debtor can prove a defect such as partiality, bribery, or lack of fairness in the particular proceedings that demonstrate "sufficient impact on the ultimate judgment as to call it into question."

Ⅲ 输入诊断

文章的标题是《联邦诉讼中心国际诉讼指南：外国判决的承认与执行》[1]，从严格意义上来说这是一篇类似"法普"的文章，其目的就是向在美国境外获得判决（对美国而言就是外国判决）的当事人及其律师解释如何在美国获得对这类判决的承认和执行。被截取出来的两个段落是拒绝承认的两个理由，我们看看学生的翻译有什么问题。

从例43.2中，我们能明显看到学生（不局限于学生，凡是没有经受过严格阅读训练的人都存在这个问题）在英文阅读上存在几个问题：① 翻译；② 关键字锁定；③ 结构；④ 文字表达。我们先看对这段文字正确且流畅的翻译稿，然后比较一下找出学生翻译存在的问题。

正确翻译稿：

《重述法》和两部《承认法案》都规定，当作出判决的司法系统**（外国的）**没有提供公正的法庭和正当的法律程序时，**美国法院**可以强制不承认该外国判决。**美国法院**一直以明确的措辞来界定这种承认例外情况。具体而言，只有当系统**（外国司法系统）**存在某些必要的缺陷时，才会考虑给予相应的救济措施；而如果这些缺陷仅出现在个别案例中，则通常不会获得救济。被要求符合正当程序的**外国**司法的程序不必与**美国法院**的流程完全一致。它们只需"与正当法律程序的要求相符"，即可视为满足条件。（第45段）

---

[1] Ronald A. Brand, "Federal Judicial Center International Litigation Guide: Recognition and Enforcement of Foreign Judgments", 74 *U. Pitt. L. Rev.* 491 (2013).

2005 年《承认法案》为拒绝承认外国判决提供了一项裁量的理由，即"如果该判决是在对作出判决的法院（**外国法院**）的公正性产生实质性怀疑的情况下作出的"，**美国法院**则可据此拒绝承认。相较于上文提及的因司法系统未能提供正当程序或公正审判而导致的强制不予承认的理由，这种基于裁量权的不予承认理由更为宽泛，涵盖了更多可能的情形。这一裁量理由适用于（某一）法院在特定案件中未能达到此类标准的情况。也就是说，即便产生该判决的司法系统（**外国的**）本身并无瑕疵，但如果判决债务人能够证明在具体的诉讼程序中存在诸如偏袒、受贿或者缺乏公正性等缺陷，且这些缺陷对最终判决产生了足以使其受到质疑的重大影响，那么**美国法院**依旧可以拒绝承认该外国判决。（第 78 段）

这两段文字虽然在正文中相隔甚远，但在内容上是有关联的，它们的共同关联在于——拒绝承认外国判决，其中第 45 段介绍的是强制不予承认外国判决的理由；第 78 段介绍的是裁量不予承认外国判决的理由。即出现前者的情况必须拒绝承认，出现后者的情况可交由法官自由裁量然后决定是否承认该外国判决。强制不予承认理由的核心关键词是"司法系统"（原文中的 system）存在问题；裁量不予承认理由的核心关键词是"某个具体案件的审理法院"和"具体程序"（原文中的 the court in a particular case & particular proceedings）。此外还需要注意的是，这里面涉及的法院有时候指的是外国法院（或外国司法系统），有时候指的是美国法院，需要在翻译的时候具体列明。我们尝试用图 3-5 来呈现这两段文字内部的关键字、结构以及上下文的对应关系。如果觉

Ⅲ 输入诊断

得中文版不直接,我们也可以直接看图 3-6 英文版思维导图,英文版呈现了这两段文字的核心关键字,如果我们在阅读的时候没有锁定这些关键字,是无法领会整个英文文献的结构和内容的。

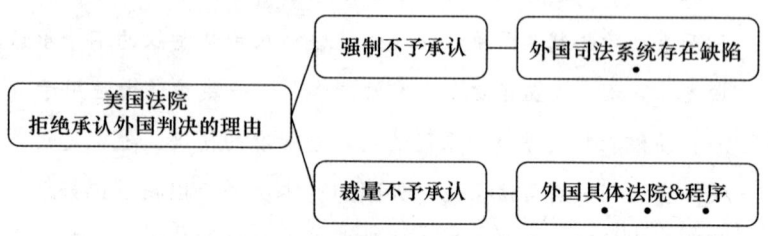

图 3-5 英文文献检视性阅读的思维导图（中文版）

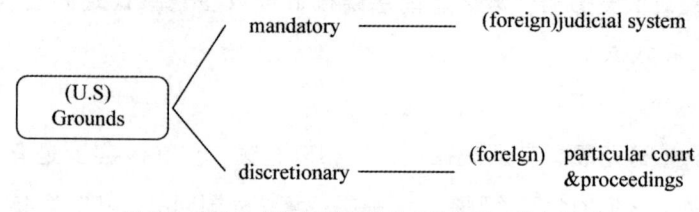

图 3-6 英文文献检视性阅读的思维导图（英文版）

结合上文例 43.2 中学生翻译的版本和本书最终呈现的较为准确的版本（含图 3-5、图 3-6 思维导图），我们能够发现,学生在借助 AI 的情况下能勉强将这两段英文文字翻译成例 43.2 的状态,但是这两段翻译是不够准确的。首先,学生翻译者没有复刻出强制不予承认和裁量不予承认两条理由及其之间的关系;其次,学生没有呈现出强制不予承认的理由是针对"system",而裁量不予承认的理由是针对"particular court & proceedings";最后,学生也没有区分美国法院和外国法院（司法系统）。实践中,还有一些学生忘记了这是拒绝承认外国判决的理由。总之,要想准确地

3. 文献阅读诊断

呈现出这段文字的关系需要画出如图 3-5、图 3-6 的思维导图并将各种术语之间的关系用文字勾勒出来，显然例 43.2 的文字对于图 3-5、图 3-6 内部的信息勾勒的准确度和完整度都存在欠缺。语言呈现不出来，就说明写作者在阅读的环节没有读懂，没有捕捉到所有的信息和信息之间的关系。或者换一种表达，如果写作者没有在阅读的时候形成图 3-5 和图 3-6 这两张思维导图，就是没读懂，也就是白读了。

错误订正

需要注意的是，例 43.1 只是一个选择题，只是我们为了说明检视性阅读而选取的比较简单易懂的例子；例 43.2 才是我们在实践中面对的真实情况——非常完整且大量的专业文献，虽然只截取了两个段落，但已经能感受到检视性阅读要求的严谨度和深刻度。检视性阅读的目标就是要求写作者准确掌握阅读材料的内容，这对写作者来说通常也是最难的，他们在阅读之后总能概括出各种各样离题万里的段落大意和中心思想。从检视性阅读开始，就需要写作者动用思维，常用的思维技能主要有：概括与抽象；分析与综合；比较与分类。检视性阅读的目标就是阅读完一段文字，我们能用逻辑的形式将其呈现出来。如果读完了一段文字，我们只是用眼睛把认识的字过了一遍而不能呈现出这段文字所涉及的核心关键字之间的逻辑，其实，我们是没有读懂的。更多关于检视性阅读的介绍，请参见《100 天写出一篇论文——论文写作的本质及过程控制》一书。

Ⅲ 输入诊断

错误 44　没有达到批判性阅读的程度

错误示例

例 44.1

用汽车能将货物在 3 天内从 A 港口运到 B 港口，总费用为 2000 元。而用轮船运输则需要 5 天，总费用是 1500 元。陆运还是海运？李明主张海运，他说，这批货物迟到两天，仍然在合同规定的交货期限之内，并不会造成违约。采用海运，可以减少成本。李明的论证中所包含的假设是：

A 供货公司一直拥有良好的信誉，以往没有违约的记录

B 与陆运相比，海运更容易受到恶劣气候的影响

C 这批货物经过严格的质量检验，完全可以满足用户的要求

D 除了运输时间和费用以外，两种运输方式之间基本没有差别

例 44.2

作业布置——阅读《数据的民法保护》一文（扫码获取）

示例解析

例 44.1 是一个考查写作者批判性阅读能力的选择题（只是用来检测，因为实际阅读都是一篇文章，不可能是一道选择题），如果这道题做不对的话就说明批判性阅读有问题。每当作者表达观点、构建论证的时候都有其既定的前提，也被称为假设。通常这种假设还不会被明确表达出来，因此通过阅读识别出作者的隐含假设（也就是未表达前提）也是写作者的一项任务。未表达前

3. 文献阅读诊断

提泛指一切没有被表达出来的前提，它通常是前提和结论之间的推理关系能够成立的基础。

例44.2是我留给学生的一份作业，要求是按照他们理解的阅读学术论文的方式阅读此文。结果，没有一个学生在阅读之后能够提炼出作者要解决的问题是什么，作者的结论又是什么，得出结论的前提是什么。长期以来，我们并没有对学生进行专门的阅读训练，包括上文提及的检视性阅读，致使学生误以为自己是会阅读的，阅读对自己来说不成问题。但是从目前普遍存在的论文写作问题来看，阅读这个决定论文质量的环节其实是存在问题的。

我们的学生一般是线性阅读，即从头读到尾，然后合上文献。貌似读了文献，但是如果被问他们这篇文献的具体内容（检视性阅读）、作者的基本观点（批判性阅读），学生的回答都是模棱两可的。在我布置的这份作业中，没有学生完成批判性阅读，于是，我又在课堂上花费了一段时间引导学生将这篇文章的批判性阅读框架整理出来。

错误订正

批判性阅读分为两个步骤，因此对例44.1、例44.2的修改也要遵循这两个步骤：分析论证和评论论证。分析论证是将所阅读的文字材料（无论长短，也无论是选择题还是学术文献）的论证框架整理出来（列明问题——结论——前提——未表达前提）。评论论证是指在分析论证的基础上去评价其前提是否为真，前提能否推出结论。

我们首先来看分析论证：

Ⅲ 输入诊断

如图 3-7 所示,在例 44.1 中我们遇到的问题是——采取陆运还是海运?李明主张海运,原因有两个:其一,费用比较低;其二,虽然晚两天,但仍在交货期限之内,这是李明主张海运的两个"表达出来的前提"。所谓未表达前提是表达出来的前提能够成立的基础,只有未表达前提成立,被表达出的前提才有可能成立。李明只列出时间和费用两个因素,他的潜意识(未表达前提)就认为除了这两个因素之外没有其他的因素影响,"陆运还是海运"只需要比较这两个因素。所以,这道题的正确答案是 D。

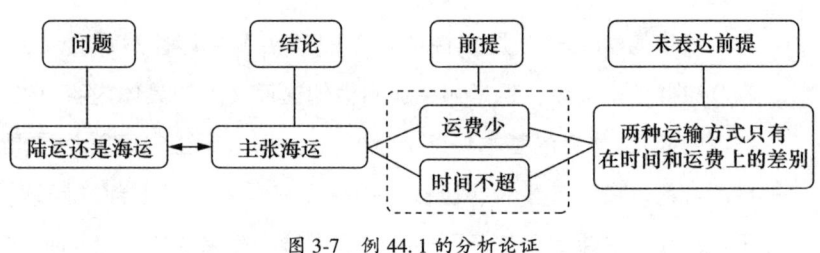

图 3-7 例 44.1 的分析论证

同样,我们也将例 44.2 的分析论证用图表呈现出来,如表 3-3 所示:

分析论证结束之后,我们要在此基础上做评论论证,即考察前提是否为真以及前提能否推出结论。

在图 3-7 的例 44.1 中,两个前提都是真的,即运费确实降低了,而且时间也在合同允许的范围之内,所以这个评论论证的条件是满足的。接下来看另外一个条件是否满足——前提能否推出结论。李明认为陆运和海运这两种运输方式只在运费和时间上存在差别(未表达前提),未表达前提的作用是决定前提能否推出结论,只要未表达前提正确,前提就能推出结论;反之,未表达前

3. 文献阅读诊断

表 3-3 《数据的民法保护》一文的分析论证

问题	结论	前提	前提的前提（假设）
目前的数据保护存在何种问题？如何解决？	现有法律对数据权益的保护不足，应该拉到民法层面上来保护	1. 现有法律保护不足	理论层面：数据权益不能仅靠公法保护
			实践层面：既有制度不能完全解决数据的民法保护问题 ① 知识产权法不能完全解决数据的民法保护问题 ②《个人信息保护法》并不足以解决数据权益的保护问题 ③ 不能简单运用《反不正当竞争法》保护数据权益
		2. 民法保护具有必要性和有效性	《民法典》宣示了数据权益作为民事权益的属性
			民法对数据权益的确权，是所有法律对其提供保护的前提和基础，也是数据交易展开的前提和基础
			民法为数据权益提供了独特的保护方式
如何对数据权益进行民法保护？	应当对数据权益的民法保护进行单独规定	1. 原则 ① 注重效率性 ② 注重安全性 ③ 强调透明性 ④ 注重预防性	

Ⅲ 输入诊断

(续表)

问题	结论	前提	前提的前提（假设）
		2. 具体做法 ① 完善针对数据的侵权规则 ② 完善基于合同约定流转数据相关财产性权益的机制 ③ 完善数据中的人格权益保护规则 ④ 在具体的制度构建中，应当增加关于数据的删除、更正、补充等规定，以保障数据的完整性和安全性，为权利人提供全面保障	

提不正确，前提就不能推出结论。熟知海商法的人很容易就能判断出来，这两种运输方式除了在运费和时间上有差别，在风险、保险等方面也存在差别。因此，例44.1中的未表达前提是不为真的，未表达前提不为真，前提就推不出结论。因此，李明的结论是错的。这样，我们就对例1进行了比较彻底且完整的批判性阅读。

　　例44.2中，结合表3-3，要想判断这篇文章作者的结论是否正确，也要从前提是否为真以及前提能否推出结论两个方面入手。由于笔者不是研究民法的，没有能力对这篇文章进行评价，请相关专业的读者自行完成评论论证。如果有研究数据保护的民法学者在进行评论论证之后发现前提不为真或者前提推不出结论，那么这是一件值得庆祝的事情，写作者可以写一篇论文与例44.2的作者商榷了。① 再次提示各位读者，批判性阅读要完成两个步

---

① 现实中，但凡与某作者文章观点进行商榷的，基本都是在批判性阅读之后发现其要么前提不为真，要么前提推不出结论。

骤——分析论证和评论论证,这对后文的文献综述也是非常重要的。没有对文献的批判性阅读(完成分析论证和评论论证),不仅文献白读了,没有起到任何作用,后续的活动如文献综述、问题的形成乃至最后的写作都不达标,即便勉强完成也是装腔作势,是立不住的。

4. 文献综述诊断

4.1 文献综述的要求

文献综述是主题性阅读的结果,文献综述本质上也是分析论证和评论论证。主题性阅读比较复杂,包含很多相互勾连的环节,主题性阅读最终的目的是形成文献综述。所以主题性阅读虽然仍然属于阅读环节(输入),但是已经涉及输出(制作文献综述)。

首先,主题性阅读是指写作者对文献检索阶段检索到的所有同主题的文献一一进行分析性阅读,呈现出每一篇文献的论证框架[①],然后将众多文献的论证框架整合成论证框架体系(如图3-8),这个部分被称为主题性阅读的分析论证环节。

其次,主题性阅读需要写作者在分析论证环节制作的论证框架体系的基础上进行评论论证,在这里写作者需要分别从整体和局部指出目前的论证框架体系存在什么问题,比如前提不为真、前提推不出结

[①] 论证框架就是一篇文章的论证结构,通常是分析论证的结果,分析论证就是呈现出一篇文章的论证框架。

Ⅲ 输入诊断

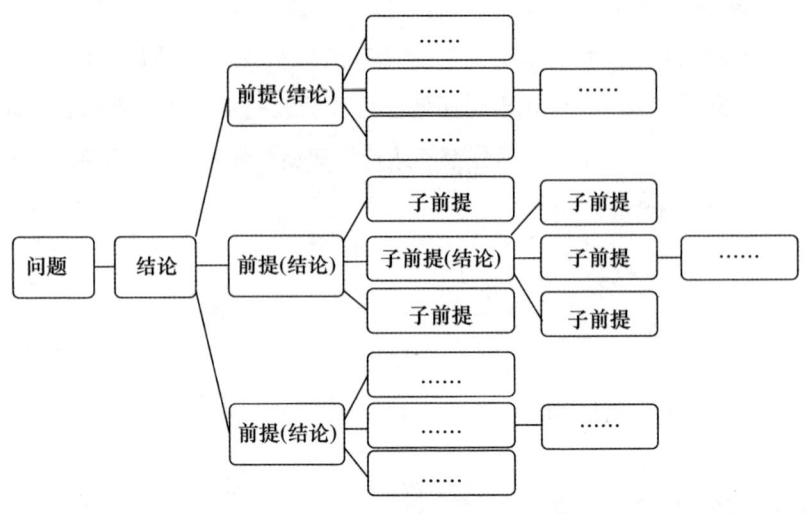

图 3-8 主题性阅读的论证框架体系

论或者未表达前提不为真。但需要注意的是,由于在主题性阅读过程中,写作者面对的是一个由众多文章组成的论证框架体系,这个体系会由若干个论证组成并且互相嵌套。写作者在评论论证的时候,既要照顾到宏观的论证体系,又要照顾到微观层面的最小论证单元,因此前提是否为真、前提是否能够推出结论以及定义是否准确可能发生在任何一个论证的环节中。评论论证过程相对于之前的分析论证更为复杂,这也是文献综述最为重要的部分。经常有同学会在我的公众号后台问什么是文献综述的述评结合。在开题或者答辩的过程中,也经常会有专家指出学生的文献综述仅有"述",没有"评",甚至有些连"述"也没做好。文献综述要求述评结合,其中"述"的基础就是分析论证;"评"的基础就是评论论证。如果在主题性阅读部分。写作者没有将分析论证和评论论证做好,后期在输出文献综述的时候,也一定做不好"述评结合"。

最后，在评论论证基础上，写作者还可以综合分析论证和评论论证发表自己对于主题性阅读的看法，这部分就属于建构论证了。建构论证与解构论证是相对应的，解构论证是拆解别人的论证架构（问题——结论——前提），建构论证是建立起自己的论证架构（问题——结论——前提）。论文写作本身就是一个从解构论证（看别人文章）到建构论证（写自己的文章）的过程。总之，文献综述已经是最后一个输入环节，随后写作者就要开始一点一点的进行输出。首先输出的就是问题，然后再围绕问题输出论证框架和写作框架。在阅读文献，尤其是主题性阅读的时候，写作者还要思考自己对文献的总体看法，即建构论证。

4.2 常见错误

错误 45 没有"述"没有"评"，只有基本信息罗列

🔔 **错误示例**

例 45

关于 XXX 问题，

有 X1 学者说过……

还有 X2 学者认为……

关于 YYY 问题，

有 Y1 学者说过……

有 Y2 学者说过……

Ⅲ 输入诊断

✅ 示例解析

这种错误类型就是写作者对自己看到的文献中的观点进行罗列，只是简单地区分了这一块儿有哪些作者说了什么；那一块儿有哪些作者说了什么。这种"文献综述"是很扁平化的，既不能呈现出其所阅读文献的论证框架（分析论证即"述"），更没有在论证框架基础上的评论（评论论证即"评"），完全就是零散的信息堆砌。这种情况在初级论文（本科毕业论文、硕士学位论文）写作中是常见的。

造成这种情况的原因是学生在文献阅读的过程中就没有分析性阅读的意识，也没有开展分析性阅读。他们对阅读的每一篇文献都没有形成论证框架（分析论证）和评论论证，因此也就没有办法形成一份合格的文献综述。实践中，很多人还会误认为这种文献综述只是没有评论，认为只是评论做得不好，但是这种扁平化的信息罗列其实连"述"也没有做好。因为我们之前提及过，"述"不是指信息点的堆砌，而是指信息及其背后的论证框架。

错误订正

出现这种情况的原因，理论上是文献阅读不过关，作者需要从头开始对每一篇文献做批判性阅读，然后在此基础上再做主题性阅读的整合工作。

4. 文献综述诊断

错误 46　只有"述"没有"评"，述得还行，评得不够

错误示例

例 46

关于 XXX 问题，国内和国外学者主要从三个方面进行了论证，并认为 YYY 是结论。

其中 X1 学者认为……进而认为 XXX 问题属于 Y1 的范畴。

其中 X2 学者认为……进而认为 XXX 问题属于 Y2 的范畴。

其中 X3 学者认为……进而认为 XXX 问题属于 Y3 的范畴。

……

示例解析

这类错误中，学生是有一定的论证意识的，在文献阅读的过程中也能够有意识地开展分析论证，并且对每一篇文章的分析论证进行了整合。但是问题就在于，写作者仅仅围绕分析论证制作文献综述，并没有进行评论论证。因此，这种文献综述勉强算是只有述没有评，即能从文献综述中看到一些论证的架构，但没有评论。

从例 46 中，我们是能看到一定架构的，而不是单纯的罗列。但是仅有架构的描述而没有评论是一个很大的缺陷，因为制作文献综述是为了后续的输出，后续之所以能够输出是因为作者对输入的内容有自己的看法。目前这种文献综述只能让我们看到作者是有输入的，但作者仅完成了文献综述要求的分析论证，没有完

Ⅲ 输入诊断

成评论论证，造成这种情况的原因是对输入理解得还不够透彻，还需要加强评论，最终为输出做准备。

错误订正

针对这种错误唯一能做的就是返工重读，重新制作文献综述的论证框架，重新撰写文献综述。

错误47　有"述"有"评"，解构论证尚可，建构论证不行

错误示例

例 47①

关于 XXX 问题，国内和国外学者主要从三个方面进行了论证，并认为 YYY 是结论。

其中 X1 学者认为……进而认为 XXX 问题属于 Y1 的范畴。

其中 X2 学者认为……进而认为 XXX 问题属于 Y2 的范畴。

其中 X3 学者认为……进而认为 XXX 问题属于 Y3 的范畴。

……

从上述分析中可以看出，X1 学者的观点是很难成立的，其前提 XXX 存在错误；X2 学者推出 Y2 结论的过程存在瑕疵，其所使用的前提 XXX 仅为必要条件，却被当成了充分条件。

---

① 当然，我们举的例子相对简单，而且仅是文献综述的局部，并不具有整体性，只是为了说明问题，请读者朋友领会其中思路即可。

4. 文献综述诊断

示例解析

按照之前的介绍，一份完整文献综述的制作是需要经过三个步骤的，第一步是分析论证；第二步是评论论证；第三步是建构论证，前两个步骤属于解构论证。在例47这类常见错误中，写作者的解构论证做得还可以，但是建构论证做得不好。也就是说对别人的文章的分析论证和评论论证的整合做得可以，但是自己产出和生产这部分就不行了。

错误订正

这种错误同前述，都属于文献阅读没有做好，需要重新返回上面一个层次做主题性文献阅读，按照三个步骤展开，一个环节都不能落，只有这样才能作出一份合格的文献综述。返回重读！

错误48　有"述"有"评"，但没写到位

错误示例

例48　《"一带一路"背景下中国视角的国际投资规则创新研究》的文献综述：

"一带一路"倡议提出的时间很短，聚焦"一带一路"倡议与中国视角的国际投资规则创新的专门研究很少。不过，一般国际投资规则发展的研究和中国国际投资规则发展的研究可供借鉴。

1. 一般国际投资规则发展的研究

学术史：第一阶段（约2000年以来）：国际投资规则的正当性

Ⅲ 输入诊断

危机是研究热点。G. Van. Harten、S. D. Franck、刘笋等研究了传统国际投资实体规则和投资仲裁的正当性危机。第二阶段（约2004年以来）：发达国家国际投资规则改革是研究热点。K. J. Vandevelde、余劲松等研究了美、加等发达国家双边投资条约范本的改革和实践。第三阶段（约2010年以来）：区域、多边国际投资规则新发展是研究热点。J. E. Alvarez、A. Reinisch、张庆麟等研究了EU、TPP、CETA、TTIP等区域投资规则新发展和多边投资法院创新方案。

2. 中国国际投资规则发展的研究

学术史：第一阶段（约2004年以来）：中国国际投资规则的阶段性演进是研究热点。蔡从燕、A. Berger等研究了中国国际投资协定从保守、开放到平衡的阶段性演进。第二阶段（约2008年以来）：中国国际投资规则新发展是研究热点。曾华群、沈伟、V. Bath等研究了中国国际投资协定的高水平平衡化新发展。第三阶段（约2015年以来）："一带一路"倡议与国际投资规则研究开始出现。Jie (Jeanne) Huang等研究了"一带一路"投资协定现状，王贵国、单文华、刘敬东、漆彤研究了"一带一路"争端解决机制构建。

示例解析

首先，这部分掉层次了，没有扣住问题和主题。请大家看例48正文，核心关键字是国际投资规则，但根据标题我们知道，作者要研究的是国际投资规则创新，作者在文献综述中没有围绕问题和主题，反而扣住的是研究对象，这就是掉层次。作者在文献综述中应当描述的是学术界对于国际投资规则创新研究都做了

4. 文献综述诊断

哪些事、没做哪些事，然后继续要围绕国际投资规则创新做哪些事。核心关键字应该是国际投资规则创新，而不是国际投资规则。我们可以换位思考一下，读者在看到标题——《"一带一路"倡议下中国视角的国际投资规则创新研究》之后，希望在文献综述部分看到的是作者对过去学术界关于国际投资规则研究的梳理，还是关于国际投资规则创新研究的梳理？显然是后者，但作者一直在做前者，这就是我们所说的掉层次。

其次，作者没有很好地扣住问题和主题，这与上一个掉层次的问题紧密相连。作者阐述问题的角度应该紧紧围绕现有的国际投资规则存在的问题以及要努力实现的"创新"。也就是说，作者的每一句话都要为这个目的服务，我们来看一下作者做到这点了吗？

回看例48，作者在梳理国外学术史的时候指出了三个发展阶段，分别是：国际投资规则的正当性危机是研究重点；发达国家国际投资规则改革是研究重点；区域、多边国际投资规则新发展是研究重点。我们先不说正当性、改革和新发展的具体内容是什么，单说正当性跟创新有什么关系？改革和新发展跟创新又有什么关系？我们不能脱离我们要做的事情（也就是创新）单独说这规则如何如何了，这样的话读者根本看不出我们描述的事情（正当性、改革和新发展）和我们要做的事情（创新）之间的关系。也可以说，作者没扣住主题。

最后，作者使用了描述性表达而没有使用断言，看不出观点。作者在一开始就使用了"一般国际投资规则发展的研究"这种表述方式，这属于描述，而不是断言，看不出作者的观点。作者应当开宗明义点明XXX是一般国际投资规则发展的特点或者一般国际投资规则的发展呈现出XXX的态势。要使用断言带出作者

Ⅲ 输入诊断

的观点,议论文的写作看的就是作者的观点,作者要时时刻刻提醒自己表达观点。"一般国际投资规则发展的研究"属于说明文的表达方式,在论文写作中是不建议采取的,因为看不出具体的内容和观点。正如我们在上文指出的那样,标题的功能是就让读者看出正文的主要内容和核心观点。

但是我们不得不说,这是一份很优秀的文献综述,它的5条线索是全的,时间线索、空间线索、国别线索、作者线索、观点线索。只是表达和思维还有调整的空间。我们试着将这段文字修改一下,但我们只能针对它的逻辑和表达进行改写,具体内容方面还请大家不要深究,改写还会有省略的情况,毕竟本书的目的是呈现写作的要求和思路。

错误订正

《"一带一路"背景下中国视角的国际投资规则创新研究》的文献综述:

1. 国外关于国际投资规则创新研究一直持续推进但总体仍属原有西方范式

学术史:第一阶段(约2000年以来):现有国际投资规则的缺陷引发了学术界对于国际投资规则创新的研究,此时的研究切入点为"正当性"。G. Van. Harten、S. D. Franck、刘笋等研究了传统国际投资实体规则和投资仲裁的正当性危机。第二阶段(约2004年以来):发达国家对国际投资规则创新研究的热度增加,其目的是实现实体规则平衡化和争端解决透明度。K. J. Vandevelde、余劲松等研究了美、加等发达国家双边投资条约范本的改革和实践。第三阶段（约 2010 年以来）：国际投资规则创新发展体现在区域、多边国际投资规则的变革和实践上。J. E. Alvarez、A. Reinisch、张庆麟等研究了 EU、TPP、CETA、TTIP 等区域投资规则新发展和多边投资法院创新方案。

2. 中国国际投资规则创新发展仍未脱离西方范式，无法满足"一带一路"倡议和中国本土需求

学术史：第一阶段（约 2004 年以来）：中国国际投资规则创新研究的热点集中在阶段性上。蔡从燕、A. Berger 等研究了中国国际投资协定从保守、开放到平衡的阶段性演进。第二阶段（约 2008 年以来）：中国国际投资规则创新研究集中于规则的高水平和平衡化发展上。曾华群、沈伟、V. Bath 等研究了中国国际投资协定的高水平平衡化新发展。第三阶段（约 2015 年以来）：中国国际投资规则创新研究开始关注到了"一带一路"投资的特殊性。Jie（Jeanne）Huang 等研究了"一带一路"投资协定现状，王贵国、单文华、刘敬东、漆彤研究了"一带一路"争端解决机制构建。

经过我们的修改，我们会发现该文献综述至少在以下方面是有变化的：

首先，核心关键字都被调整成了"国际投资规则创新"，紧紧扣住我们要研究的主题，没有出现掉层次的现象。

其次，表述进一步强化并时刻紧扣"国际投资规则创新"主题，让每一句话都发挥为主题服务的功能。比如这一句："一带一路"倡议与国际投资规则研究开始出现，被我们调整成：中国国际投资规则创新研究开始关注到了"一带一路"投资的特殊性，不仅将叙述的主线拉回到了国际投资规则创新，还成功地将"一带一路"投资整合成国际投资规则创新的一个表现。而作者在初稿中只是将"'一带一路'倡议与国际投资规则研究开始出现"这句话摆在这里，并没有交代这句话和主题（国际投资规则创新）之间的关系，读者不清楚作者的意图，读到这里稍不留意便会忽略作者的研究主题。如果将这句话修改成：中国国际投资规则创新研究开始关注到了"一带一路"投资的特殊性，读者就会觉得我们时刻扣住了我们的主题，而且将这个问题阐述得很清楚。

最后，所有描述性的句子都被我们改成了判断句，也就是断言，这样能够清晰地传递出下文的核心观点，也能让读者容易理解，并且作者也成功抓住了一个机会呈现自己的问题和主题，没有浪费任何一个展示自己的机会。

5. 问题诊断

5.1 论文写作对"问题"的要求

5.1.1 问题是一个"需要被解决"的问题

不要看"问题"就是两个简单的汉字，但实际上很多人不明白"问题"的含义，我经常需要给大家解释什么叫"问题"。英语中有两个词汇对应汉语中的"问题",一个是 question,一个是 problem。论文写作中的"问题"是 problem,而不是 question。

question 对应的动词是 answer。answer 的意思是"回答",也就是说,question 是指我们需要回答的问题。而 problem 对应的动词是 solve,解决需要被解决的问题。那么 question 经常出现在哪些场景中?它经常出现在学生的试卷中,比如,please answer the following questions,就是请回答下列的问题。那么什么叫 question 呢?最核心的一点是 question 是有答案的,人类在这个问题上没有困扰,已经形成了共识,我们只需要记住并且在需要的时候回答出来就行。question 不需要研究,不是学术研究的对象,也就不能是写作者从事论文写作的"问题"。研究的问题实际上是 problem,它是指麻烦、困扰、困难,人类目前没有好的解决方案,或者人类现在压根儿就没有解决方案,所以需要我们通过研究来 solve。

5.1.2 问题是一个"专业理论"的问题(issue)

本书在第一部分就指出,论文写作中的问题是理论问题,是从现象级别的问题抽象而来的。每个学科的研究者必须解决自己学科的问题(跨学科除外,但必须保证有跨学科的知识储备),不能从现象中抽象出其他学科的问题,比如从胃疼(现象)抽象出浅表性胃炎(医学理论)。本书上文在标题和目录的错误类型中也反复提及没有锁定学科、没有学科关键字等问题,这些反复提及的问题与"问题"必须是一个理论层面的问题,实际上都是相呼应的。

实践中,还有很多老师分析 problem、question 与 issue 之间的区别,上文已经介绍了 problem、question 之间的区别,issue 与 problem 之间的区别在于 problem 还停留在现象级别,而 issue 已经来到了理论层面,即被写作者透过现象识别为一个其所属学科的理论问题。

5.1.3 问题的产生符合逻辑的要求

结合上文,当我们完成了主题性阅读并形成了文献综述的论证框架体系时,如图3-8(这是在对同主题的所有文献进行过批判性阅读之后形成的),在这个基础上,写作者就可以对主题性阅读展开分析论证、评论论证和建构论证,这是本书在文献综述部分介绍的内容。同时,一旦图3-8形成了,问题也就隐藏在其中,即在经过对同一主题所有文献的分析论证和评论论证,写作者会在图3-8这个巨大的论证框架体系中发现四种类型的"问题",这些问题都可以作为论文写作的"问题"。

第一,"问题"的产生是由于现有研究"有问题没结论"。如图3-9所示,写作者在做完文献综述之后会发现有些问题没有解决方案,比如小纳米芯片在中国的设计和量产就属于有问题没有结论,写作者可以围绕"没有结论"这个问题进行研究。这种研究(或者问题点)开放度很高,辨识度也很高,是一个值得下手的问题,并且通常学科对这个问题点也都是有共识的,如果写作者能从事这样问题点的研究,一旦有了立得住的研究成果,会得到很大的关注。

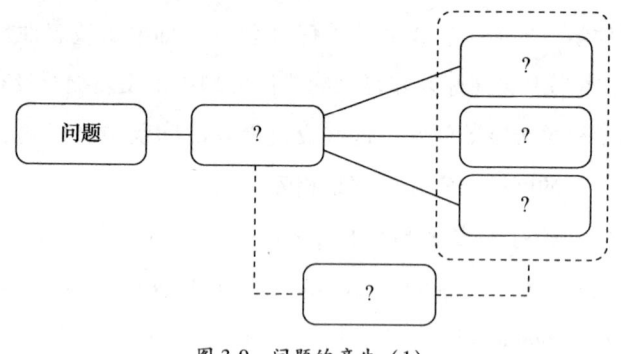

图 3-9 问题的产生(1)

第二,"问题"的产生是由于现有研究"有问题有结论,但是前提不为真"。如图 3-10 所示,写作者在做完文献综述后会发现有些问题虽然有结论,但是得出结论所依据的前提是不为真的。这种前提不为真分为几种情况:一种是前提本身的信息是错的,不是客观真实;一种是前提本身的覆盖性不足,没有涵盖所有的情况,这种情况经常发生在取样、分组、实验等环节,把一些局部的情况误认为是整体情况并将其作为前提,据此得出的结论一定是有问题的;还有一种是前提本身与结论或者所讨论的问题没有什么关系,不具有关联性,放在这里就只是摆样子、凑数的。那么,写作者就可以围绕这些出了问题的前提找到自己要研究的"问题"。

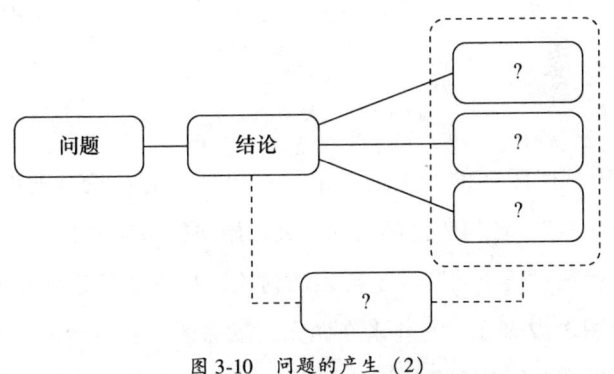

图 3-10　问题的产生(2)

第三,"问题"的产生是由于现有研究"有问题有结论有前提,但前提推不出结论"。如图 3-11 所示,这个问题出现在推理上,前提和结论之间的关系首先取决于推理方式,演绎推理的结论比较可靠,归纳推理的结论就要看其可靠度。此外,还要看前提和结论之间是充分条件、必要条件、充要条件等关系中的哪一种。有时候,之前的研究会在推理上犯错误,比如将充分条件当成了必要条件,将归纳推理的结论当成了可靠的结论……这些都可以被写作者发现并深入研究以寻找自己研究的"问题"。推理的问题也有可能出现在未表达前提方面,未表达前提是前提能够推出结论的基础,未表达前提不为真或者不成立也会影响推理。所以,实践中针对推理的评价也会涉及对未表达前提的判断。

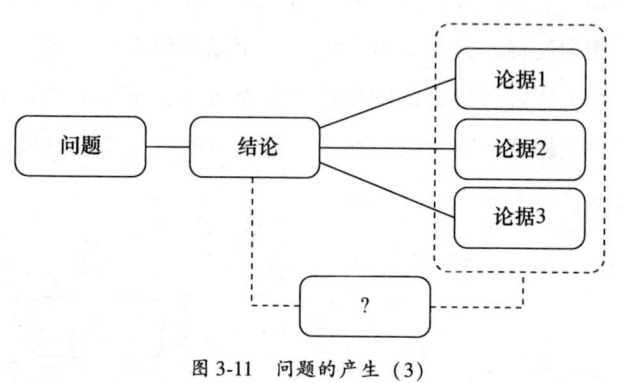

图3-11 问题的产生(3)

第四,"问题"的产生是由于现有研究"有结论有前提有推理,但问题不为真"。任何争论都是从定义开始的,如果对于问题的理解存在问题,哪怕对这个问题有了再多的讨论、再完备的论证框架都是徒劳的。如图3-12所示,写作者在做完文献综述之后还会发现有些问题自始至终就存在误解和争论。比如西方用所谓的民主和人权打压我们,但是西方的民主观和人权观是片面的,只是他们认为的民主和人权,而不包括中国的民主和人权。对这类问题的结论不能从推理和逻辑上评论,只能从根儿——问题本身的界定上进行揭示。所以,研究者的"问题"可能来自目前研究对问题的界定上。同理,电车对油车的取代、数码相机对胶卷的取代都是这种类型的创新。

5. 问题诊断

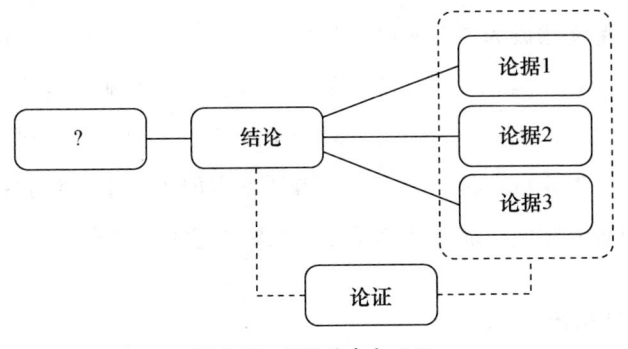

图 3-12 问题的产生（4）

如上图和上文所示，问题发现的过程就是分析论证和评论论证的过程。如果写作者不能从分析论证和评论论证的角度描述出自己的问题进而证明这个问题符合上文我们对问题的界定（比如真问题、值得研究的问题以及理论问题等），那么多半这个问题是"有问题的"。同样，指导教师、答辩组、论文评审专家也要从逻辑（或论证）的角度考察问题是否成立，这才是对问题最为底层的分析。在日常指导学生论文写作的过程中，经常会有指导教师用模糊、不精准、描述性的语言去形容问题是个什么东西，或者长得像什么……这些都无法让学生从本质上把握什么是问题，以及问题是怎么来的。只有在对文献的分析论证和评论论证的基础上才能感受到真正的问题。

此外，需要注意的是，在上述关于问题的产生的介绍中，我们能感受到问题的来源是不一样的，其中（1）的开放性比较大，（4）的颠覆性比较强，进而使得围绕这两种问题从事的研究具有极强的创新性。而（2）和（3）两种问题的来源点一般是建构在别人研究的基础上，属于跟随性研究、积累性研究，创新性没有那么大。在科学研究领域中，研究者（写作者）也要审视自己的研究状态，如果没有自己原创的东西、总是为别人的研究做证实或者做证伪等跟随性研究，可能一辈子都无法成为专业大咖。相反，如果一开始就把自己的学术志向锁定在（1）（4）两类研究问题上，一旦有了突破，这种研究的创新性、影响力都比较大。但是，对于学术新手来说，最主要的任务是动手练习，先让自己具备写作和思考的基本能力，至于找到一个极具创新性的研究领域，那是持续研究、积累和思考的结果。

5.2 常见错误

错误 49 没有问题

错误示例

例 49.1 《论欧盟的新经济政策》

例 49.2 《论正当防卫》

例 49.3 《论最密切联系原则》

例 49.4 《论奥派经济学》

例 49.5 《哈耶克经济思想分析》

示例解析

这些选题至少从题目上可以判断出来没有什么"问题"，仅指出了研究对象，没有指出研究对象有什么问题。如《论欧盟的新经济政策》的研究对象是新经济政策，但是没有指出新经济政策存在什么问题；《论正当防卫》指出了文章的研究对象是正当防卫，但就停留在这里了，没有进一步指出正当防卫的问题是什么。同理，《论最密切联系原则》的研究对象是最密切联系原则，

5. 问题诊断

作者依旧没有指出该原则存在什么问题;《论奥派经济学》也仅指出了研究对象是奥派经济学,但没有明示奥派经济学的问题是什么。《哈耶克经济思想分析》也是如此,仅言明了哈耶克经济思想是研究对象,并没有指出要解决哈耶克经济思想的什么问题。

也许会有读者说,仅从标题并不能判断出这些论文是"没有问题"的。那么,笔者可以很负责任地说,如果作者是青年学者或者大学生群体(包括研究生和本科生),这些题目所代表的论文绝大部分是"没有问题"的。原因无外乎如下几个:首先,这些题目对作者而言偏大,偏大就意味着他们缺乏限缩和聚焦的能力;其次,如果"有问题"是一定要体现在论文标题中的,这是规范写作的要求。最后,如果"有问题"的话,很多人愿意将它亮出来而不是藏着掖着。从读者角度来看,标题也是他们判断是否要继续阅读一篇文章的重要因素。如果标题不吸引人,这篇文章被阅读的概率就大大降低。

细心的读者可能发现了,这些例子在上文"标题错误"中也曾提及,这是因为"没有问题"会直接反映在标题、目录和行文上。考虑到本书的容量,本处的例子仅呈现了标题中"没有问题"的错误类型。事实上,"没有问题"是贯穿全文的,从目录、摘要、引言、正文等都能看出来,但标题是最直接的体现"没有问题"的"窗口"。

接下来,请读者朋友们想一想,为什么会出现这种错误呢?结合本书在上文介绍的文献部分,大部分读者就已经能判断出来,问题出现在文献阅读和文献综述上。在文献阅读的环节,一些写作者就没有能够将单篇文献的阅读推进到分析性阅读(批判性阅读）的程度，甚至有些写作者连检视性阅读都不达标。这样的阅读状况没有办法分析出一篇论文要解决的问题，也看不清结论，更不要提推出结论的前提。很多写作者对文献阅读的理解仅停留在"看了"，至于吸收多少信息，尤其是有关问题和论证方面的重要信息并没有被重视，致使文献阅读的效果一直不理想。单篇文献的阅读如此，主题性阅读（目的是形成文献综述）所涉及的多篇文献的阅读效果必然也跟着受影响。很多写作者在读完自己检索的同主题的所有文献之后，并没有形成上文提及的图 3-9 中的主题性阅读的论证框架体系。在缺乏这个论证框架体系的情况下，任何写作者都没有办法进行文献综述，也就没有办法产生"问题"。

所以，我们要深刻认识到，论文输出存在的问题绝大部分是由输入环节存在的问题引发的。这也是笔者一直强调的，论文写作是一个链条化的过程，要从一开始把每个环节做到位，如果前面的环节出现问题，后面的环节一定也会跟着出现问题。很多写作者对输入环节的重要性缺乏应有的重视。他们很快速地完成了这个过程，并且急迫地进入到写作环节，殊不知，这种举动会使写作遇到很大问题，并且最终还是需要重新回到阅读环节才能将这些问题根本解决。

错误订正

此类错误的解决方案很简单，但在实践中却很难操作。经过上文的分析，我们已经清晰地看到，这类错误产生的根源在输入环节没做好，那就从阅读开始一点一点把欠下的工作补足。写作者只要踏踏实实回头阅读、补充积累就可以了。但在实践中，走

5. 问题诊断

到这一步的时候，尤其是指导学生毕业论文的时候，通常已经没有时间走回头路了。一方面，学生面临着外审、答辩等后续流程的压力，这些环节自带节奏，没有那么多时间让学生重新阅读、重新梳理问题。另一方面，壮士断腕、破釜沉舟、重走华容道对写作者的心性是一个极大的考验。所以，现实中，我们看到一些没有"问题"的论文也就那样放在那里了，带"伤"一步一步地走完接下来的流程。这也是为什么现在针对学位论文的质量会有一些批评，原因是根儿上的阅读没做好，最后又没有能力回头重做。

以上是针对学生写作者群体的分析。对于青年学者而言，如果阅读环节没做好，轻则论文总是遭到拒稿，项目申请不中；重则学术信心被摧毁，职业生涯变得暗淡。但其实这一切是可以避免的，避免的方式就是对论文写作的整个链条进行过程控制，研究方向不行坚决不能进入到下一个环节；论文阅读不行坚决不能进入到文献综述；文献综述不行坚决不能装作问题已经找到；没有问题坚决不能展开初稿写作……这个控制过程多半是要由写作者自己来控制的，因为最终是本人承担这个过程控制不好的后果。

那么，重新读文献、整理文献综述到什么程度就可以开始写作了呢？其实上文已经提示过，一定是要有"问题"产生。如《论欧盟的新经济政策》这个题目，如果作者通过补充阅读、重新制作文献综述最终将其调整成《欧盟新经济政策的对华保守性及突围路径分析》，这样就使得这个新经济政策的问题跃然纸上，同时也能吸引读者继续阅读。《论正当防卫》这个题目也是如此，作者需要补充阅读直到"问题"形成，最终将标题确定为《正当

Ⅲ 输入诊断

防卫认定标准的重新界定》,意图解决随着经济和社会的发展,原有的正当防卫认定标准已经无法涵盖丰富多样的现实生活的问题,有必要对正当防卫认定标准重新展开认定。当《论最密切联系原则》这个标题变成《最密切联系原则的司法可控性研究》之后,最密切联系原则的问题也被作者揭示出来了。总之,解决这类问题的根本之道是回头补充阅读。

错误 50　说不清问题来源

错误示例

例 50.1　《韩日国际私法中最密切联系原则的立法修改及对中国的启示》

例 50.2　《虚拟货币交易的法律规制》

示例解析

这类问题主要是源于解释不清楚问题产生的点,上文提及了问题从逻辑的角度存在四种类型:① 有问题没结论没前提;② 有问题有结论没前提;③ 有问题有结论有前提没推理;④ 有结论有前提有推理没问题。作者必须从逻辑的角度揭示自己的问题属于上述四种类型中的哪一种,如果说不清楚,写作者的问题就是不存在的。

示例中的题目都是作者自己构想出来的,根本没有现实基础。《韩日国际私法中最密切联系原则的立法修改及对中国的启示》的问题在于国际私法的引领性研究一直在欧盟和美国,韩国

5. 问题诊断

和日本根本不是该原则的主要引领性国家,而是与中国一样处于学习梯队,互相之间谈不上借鉴,要想学习应当追根溯源到这个原则的"根儿"上学习,而不是随便拿过来两个国家就学习。况且这两个国家的国际私法也是借鉴欧美的,也没什么原创的内容。所以,这是一个想象出来的,没有太多实际意义的选题,根本不解决实践中的问题。

《跨境虚拟货币交易的法律规制》这个题目就更有意思了,原则上这个选题在我国没有研究意义。因为我们国家禁止虚拟货币的跨境交易,与之有关的为虚拟货币交易提供信息中介、定价、代币发行融资和衍生品交易都是被禁止的。这种选题与国家政策都是不相符的,属于拍脑门子想出来的问题,根本不是按照本书上述从阅读到文献综述、再到问题形成的逻辑产生的"真问题"。

错误订正

这类错误的形成原因还是在于文献阅读和文献综述环节没做好,这两个环节没做好就不会有真正的"问题"产生。写作者通常没有办法说明自己的"问题"从何而来,没有文献的支持,所谓的"问题"只是一时兴起、未经思考的想法。从逻辑层面无法验证"问题"的存在,或者被逻辑上的其他链条证明其是一个"伪问题",这些都是基本功不扎实的表现。所以,根本性的修改方案就是返工重读,重新寻找问题,找到真问题。但现实的情况还是比较"骨感",一方面,很多人怠于返工、得过且过以及回避问题;另一方面,类似学位论文的写作还有外在节奏(学院管理的节点)卡着,所以返工也不太现实。于是很多论文就出现了"带伤"继续往下走的现象,出现了没问题却硬要解决问题的论文写作假象。

错误 51 没有提炼出问题

错误示例

例 51.1　《课程思政的问题研究》

例 51.2　《离婚诉讼中一方当事人证据缺失及补救路径》

示例解析

示例中《课程思政的问题研究》并没有揭示问题，课程思政是有问题的，而且问题特别多，属于四种问题类型中的第一种——有问题没结论没前提，属于开放性问题，谁要是能把这个问题解决了，一定能引起学术界的关注。①《离婚诉讼中一方当事人证据缺失及补救路径》中的一方当事人证据缺失不是问题，而是现象，应当进一步提炼出问题。

我们也曾在其他类型错误中指出这些示例的成因。因为一个问题的形成原因可能是多方面的，本处探讨的仅是写作者没有能够将问题提炼出来。上文提及的两个例子所要研究的对象确实是有"问题"的，至于为什么没有将问题提炼出来，可能是作者发现了问题，但是没有上升到理论层面；也可能是作者压根儿就没有发现问题。前者属于方法论层面的问题；后者则属于理论基础不扎实，换句话说就是输入没做到位。

---

① 笔者在 2021 年撰写的《批判性思维视域下课程思政的教与学》一书，一经出版就引发了业界的关注。

5. 问题诊断

错误订正

对这些本身处于有问题的研究领域而没有提炼出问题的情况,作者还是要继续阅读积累、持续思考直至将问题凝练出来。比如《课程思政的问题研究》一直修改到《课程思政的融入方法研究》的状态,这才是一个令人满意的标题,它揭示了课程思政当前面临的最大困惑——融入困难、缺乏科学方法的指导。比如《离婚诉讼中一方当事人证据缺失及补救路径》修改成《离婚诉讼中过错方与无过错方举证责任的不对称及救济手段》,这时候就能看到我们已经将一方当事人证据缺失上升到举证责任不对称这个理论问题的层面了。

至于如何将问题提炼出来,则是一个写作者需要反思的问题。写作者应当回顾自己的整个研究过程,反思自己是否充分了解这个领域。如果是积累得不够以至于没有能力提出问题的话,那就应当返回文献部分补充文献阅读,重新制作文献综述,最终获得一个真正的问题。如果是方法论问题,那就需要在现象级别的问题和理论级别的问题之间架起一座桥梁。但是,即便是方法论问题即无法从现象上升到本质,也是理论基础不扎实的表现,解决之道还是多看书、多思考。

记住,前期准备充分而引发的写作过程都应该是流畅而富有成就感。如果写作者在写作过程中经常①陷入思路卡顿、写作停止、无法输出,那就应当意识到自己之前的输入环节是有问题的,而不是一味地逼迫自己"憋"论文。论文不是憋出来的,而是流淌出来的,能流淌是因为之前有源头输入。

---

① 偶尔卡顿是正常的,因为写作者在正式动笔之前可能只想好了 80%,在动笔的时候还可能有之前没想清楚的细枝末节的东西。

Ⅲ 输入诊断

6. 论证框架诊断

6.1 论证框架的要求

经过上文所述的文献综述以及问题形成，写作者手里已经有了一个"问题"，接下来需要做的工作就是围绕这个"问题"建构写作者自己的论证框架。是的，我们必须有一个论证框架，这个论证框架就像一个路线图一样，确保我们在写作的时候能够有一定之规，而不是想到哪儿写到哪儿。实践中，经常遇到的情况是，写作者在发现了一个"问题"之后，没有进行建构论证（构建自己的论证框架）就匆匆动笔了，这样的做法是不推荐的。一方面，没有被明确建构并落实在纸端的论证框架是模糊的，是不确定的；另一方面，没有一个"路线图"，写作在行进过程中就会跑偏。所以，建构论证框架（构思过程）是必不可少的。更何况，学位论文的开题环节也是围绕论证框架进行讨论的，无论如何，这都是一个避不开的环节。

论证框架的构思需要满足几个条件：

首先，写作者手中必须有一个问题，而这个问题是经由上文的文献综述环节得来的。关于问题是怎么来的，我们在上文已经详细描述过，此处不再展开。

其次，写作者必须锁定一个完整清晰的理论框架，也即写作者必须清楚地认识到自己解决问题所依据的理论是什么。理论框架的确定涉及第一部分论文写作基本常识的内容，即与现象级别问题上升为理

6. 论证框架诊断

论级别问题的过程有关。当我们的胃疼被识别为"浅表性胃炎",张三的犯罪行为被定性为"故意杀人"的时候,理论框架也就出来了——前者是医学中的浅表性胃炎的理论,后者是刑法学中的故意杀人罪的构成要件理论。在论证框架构思过程中,这个理论必须是明确的。

再次,理论框架要准确,不能切入层面太高,否则就容易"假大空"或者成了泛泛之谈。理论框架是多层次的,可以是本学科的,也可以是跨学科甚至是跨自然科学和社会科学两个大领域的。即便是在本学科,也分一级学科、二级学科和三级学科,这时候就要求写作者非常清楚自己写作所使用的理论框架属于哪个层面,这个层面是否是适当的(符合客观要求),是否是自己能够驾驭的(符合主观要求)。

还是用上文张三是否构成故意杀人罪这个例子来进行解释和说明。解决这个问题最为直接的理论框架是犯罪构成要件理论,这也是庭审要求的、分析问题必需的理论基础。但是如果法庭已经对某个案件有了定论,学者还是愿意在犯罪构成要件理论之外的刑法学理论或者法学理论范围内对它进行探讨,也就是说在犯罪构成要件理论之外,支配犯罪构成要件理论的还有刑法学理论;在刑法学理论之外,支配刑法学理论的可能还有刑法学和其他法学的互动理论。如果还想持续向上追溯,在刑法学和其他法学的互动理论之外还有法学、社会学、人口学、经济学等其他一级学科理论;在法学、社会学、人口学、经济学理论之外,还会有经济、社会、文化等一些更为宏观的理论范畴。如果还想持续向上追溯,现代社会的经济、社会、文化等理论的形成可能又离不开跟科学技术的互动、科技革命的发生……所以看到了吧,分析问题其实是有很多切入层面的。

Ⅲ 输入诊断

论文写作对写作者,尤其是初级写作者的要求是能够揭示与所发现的问题有最直接联系的理论(至少要控制在本学科之内),不必站在特别宏观的一级学科、跨学科甚至是从国家、社会、民族等宏观角度考虑问题。原因其实很简单,一方面,初级写作者是无法驾驭这么宏观的理论去分析问题的。另一方面,初级写作者一般是为了撰写毕业论文或者资格论文才进行论文写作的,写作的范围有限,选题都是非常克制和有限的,不能选择特别大的题目,那样做不深入。如果站在这么宏观的理论角度分析,势必会导致写作者确定一个非常大的选题,这与论文写作的基本要求是不相符的。

最后,写作者还需要制作一个论证框架图或表,论证框架是指写作者在确定问题之后,需要围绕问题形成结论,并揭示结论形成的推理过程。论证框架的主要要素包括:问题、结论、前提(未表达前提)以及推理。我们经常会建议学生用图表来呈现论证框架,常用的图表有两种,如图3-13和表3-4所示:

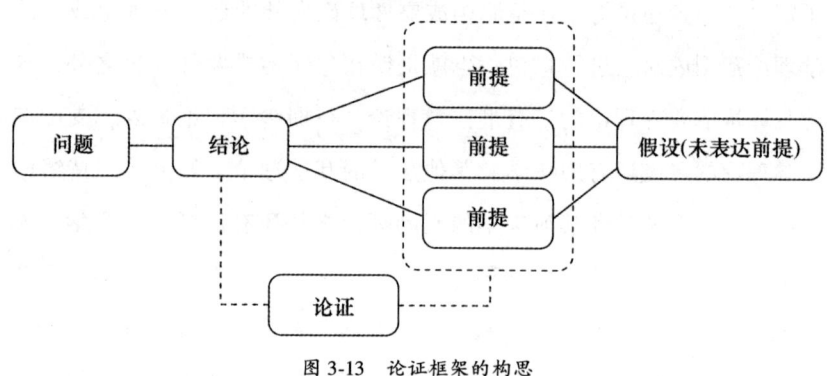

图3-13 论证框架的构思

或者是:

表 3-4 论证框架的构思

实然（问题）	过程（论证）	应然（结论）
……	……	……

无论写作者使用图示还是表格都是可以的，两者没有本质区别，都是向读者说明写作者是怎样从问题走向结论的。

6.2 常见错误

错误 52 没有论证框架

错误示例

例 52.1 《虚拟货币的定义和特征》

例 52.2 《诉讼时效的法律问题研究》

示例解析

没有论证框架实际上是很多学位论文的通病，但例子却不好呈现，因为这种错误类型的例子需要把全文呈现出来。所以，本处就着重举几个有关说明文的例子，这类论文写成了说明文，根本不可能有论证框架。符合要求的论证框架首先要有问题（这就意味着之前提出的所有没有问题的错误都没有被有效地识别和控制），其次要有结论，最后结论要有前提支撑。

《虚拟货币的定义和特征》一文主要阐述的是虚拟货币的定义以及特征，这是典型的说明文写法，很难构建起论证框架。《诉讼时效的法律问题研究》是上文提及的一篇文章的标题，作

Ⅲ 输入诊断

者也没有论证框架。没有论证框架的问题有可能是由根儿上的问题导致的，比如作者从始至终就没有梳理出问题，没有问题就不会有论证框架；也有可能是问题形成之后，作者对问题的分析和解决方案思考得不充分，即只有问题但没有结论和前提，这样也会导致论证框架缺失。

实际上，很多学位论文在论证框架部分做得并不充分。由于逻辑教学在中国大学教学体系内的长期缺位，学生在论文写作的时候根本没有论证这根"弦儿"，指导教师虽然指出需要加强论证，无奈学生在成长生涯中并没有经受过太多的论证训练，所以论证框架的构思还是有一定难度的。

错误订正

此类错误如果发生在问题（论文要解决的问题）很明确的情况下，那就需要写作者持续构思，为问题提供必备的前提和结论。如果是在问题不明确的情况下，即是根儿上的问题，那解决之道只能是返工，将之前没有做好的环节做踏实。但实践中，硕士论文①返工的可能性不太大，还是上文提及的原因，学位论文管理的节奏不太允许推倒重来，学生自己也缺乏返工的动力，于是很多论文就带伤继续推进，这也是大量论文存在问题的原因所在。

---

① 博士学位论文由于外审相对严格，所以被逼无奈，博士研究生可能还会返工。但实践中，如果博士研究生不爱返工，导师也没有办法。一旦盲审结果不太好，就会逼迫博士研究生返工。

6. 论证框架诊断

错误 53　论证前提又大又空

错误示例

例53　《正当防卫认定标准的再界定》（分析问题部分）

经济上……

政治上……

文化上……

示例解析

这篇文章的错误就是切入的理论层面太宏观了，即上文所指出的问题。正当防卫认定的标准出了问题，那就从认定标准理论入手，或者最多从刑法学、法理学角度入手分析足矣。然而作者却从政治、经济、文化这一类宏观的跨学科（甚至没有学科）的角度泛泛而谈，根本就没有构成论证。如果大家好奇，可以到网上检索，这类写法的论文并不鲜见。

错误订正

这类错误的修正需要写作者定位自己解决问题所依据的理论是什么，并且非常清楚该理论在不同层次的学术理论中所处的位置。建议学生写作者和青年写作者立足本学科（二级或三级学科，一级学科都有一点大）的理论，不建议跨学科（尤其是在缺乏跨学科知识体系的情况下）或者跑到宏观层面胡乱分析，因为以写作者目前的功力，还不能驾驭这么庞杂的理论。

Ⅲ 输入诊断

错误 54 结论放之四海皆准、缺乏针对性

错误示例

例 54 某论文结论（解决问题部分）
① 修改立法……
② 提升法官素质……
③ 加强监督管理……

示例解析

每年在法学（其他学科也类似）论文答辩的现场都会看到一些学生的论文要修改立法或者重新立法，并常年要求提升法官素质，永远是相关部门要加强监督管理，但也不告诉读者相关部门是什么部门以及如何加强监督管理。这些套话式的结论很常见，有很多答辩的老师笑称，把 A 篇论文的结论放在 B 篇论文上都看不出有违和感。这就说明这个结论并不是经过推理得出来的，而是作者臆想出来并且随意安上的。

错误订正

此类错误的修改要求写作者必须严格遵循论文写作的论证和推理要求，顺着理论的脉络，按照前提和结论之间的关系推导出结论，而不能是自己想象出来的结论。

AI 辅助论文写作概述

AI 辅助诊断

IV AI辅助诊断

1. AI 辅助论文写作概述

其实,本书撰写完第三部分就可以结束了,但是由于 2023 年 ChatGPT 的横空出世,人工智能时代的序幕已经缓缓拉开。人工智能对教育领域,包括本书所讨论的写作领域的渗透和影响都是非常显著的。一方面,很多大学教授发现学生提交的论文"质量"明显高于平常,不仅形式规范,内容工整,思路也比之前提交的版本清晰,文笔也很流畅。另一方面,在写作界刮起了一阵 AI 辅助写作的风气,短期之内,出现了大批量的著作指导人们如何利用 AI 进行写作,其内容包括公文、文案、通知、策划等应用文写作,也包含用 AI "辅助"论文写作。

AI 当然可以"辅助"论文写作,未来的世界人们也离不开 AI。但是,这个"辅助"的内涵和范围是值得商榷的,即 AI 究竟可以辅助什么事项?辅助到什么程度?AI 和写作者的关系是什么?这些问题都需要结合论文写作的本质以及写作者从事写作的行为本质进行探讨。很遗憾,目前市面上关于 AI 辅助论文写作的专著并没有揭示 AI 辅助论文写作的底线和范围,他们肆意且欣喜地向"读者"兜售 AI 辅助论文写作的技巧,例如如何提问、如何确定角色、如何阐述需求……但是唯独没有告诉读者,AI 能做什么、AI 做什么是可靠的、AI 辅助论文写作在每个具体环节都需要满足什么条件以及使用者应当注意什么事

Ⅳ AI辅助诊断

项。在这个过程中,写作者除了向 AI 发出指令,还必须认识到自己需要做什么,自己在什么状态下(或者满足什么条件)才能让 AI 为自己服务。写作者不能成为 AI 的奴隶,受 AI 的摆布。这个观点并不是危言耸听,因为在学术界,AI 自己编造参考文献、编造观点甚至编造案例、法规的事情已经不止一次地发生了。关于 AI 辅助论文写作的指导书籍最大的一个问题是没有强调 AI 辅助论文写作的学术底线和学术规范,一不小心就有可能导致写作者出现学术失范等违规现象。未来的写作肯定需要 AI 参与,写作者首先要了解写作的本质以及 AI 生成内容的性质,才能知道什么情况下可以使用 AI,什么情况下不能使用 AI。切记——AI 是最好的"奴隶",但却是最坏的"主人"。AI 是否能成功辅助写作者进行真正的论文写作,首先取决于写作者的状态(具备写作能力、足够的知识积累并清楚 AI 写作的底线),其次取决于写作者与 AI 的互动状态。这里最核心的还是使用 AI 的人的状态而非 AI 本身。

首先,我们先来看一下 AI 对自己能否辅助以及可以在多大范围内辅助论文写作是怎样回答的,用以澄清长久以来对 AI 辅助论文写作的一些误解。其次,本书会在接下来的部分介绍 AI 辅助论文写作的一些基本注意事项,用以提示 AI 辅助写作的本质并提示写作者在使用 AI 辅助写作时要把握的原则和底线。最后,本书会分门别类地将论文写作的各个环节整理和拆分成三个部分:AI 强辅助环节、AI 中辅助环节以及 AI 弱辅助环节。同时,以文献阅读为例,系统展示 AI 对专业文献的阅读水平和论文写作对专业文献要求的阅读水平之间的差异。希望用这样的方式帮助写作者正确使用 AI,在遵守学术底线的同时做到事半功倍。

1. AI 辅助论文写作概述

1.1 AI[①] 怎么看待 AI 辅助论文写作

提问一：AI 能帮助学生撰写论文吗？

人工智能（AI）可以帮助学生写论文。以下是一些 AI 工具和方式，它们可以在写作过程中提供帮助：

文本生成器：如 OpenAI 的 GPT 系列模型，可以生成文章、段落甚至是整篇论文的初稿。这些工具基于大量的文本数据进行训练，能够模仿人类写作风格。

语法和拼写检查：工具如 Grammarly 或 Microsoft Word 中的语法检查功能可以帮助学生纠正语法错误和拼写错误，提高论文的质量。

引用和参考文献管理：AI 工具如 EndNote、Zotero 等可以帮助管理和组织参考文献，自动生成引用和书目。

研究辅助：AI 可以分析大量文献，帮助学生找到相关研究和资料，节省查找信息的时间。

论文润色和改写：有些 AI 工具专门用于改进写作风格和句子结构，使论文更加流畅和专业。

数据分析：对于需要处理大量数据的研究论文，AI 可以辅助进行数据分析，甚至生成可视化图表。

个性化建议：一些高级 AI 系统可以根据学生的写作习惯和论文要求提供个性化的写作建议。

然而，需要注意的是，虽然 AI 可以极大地辅助论文写作过程，但它不能完全替代人类的创造性思维和批判性分析。学生应该使用 AI 作

[①] 本书此处使用的是科大讯飞的星火大语言模型。

为辅助工具,而不是完全依赖它来完成论文。此外,学术诚信非常重要,使用 AI 生成的内容时必须确保遵守相关的学术规范和版权法律。

提问二:AI 在帮助撰写论文的时候有什么局限性?

AI 在帮助撰写论文时存在一些局限性,这些局限性主要体现在以下几个方面:

学术原创性问题:AI 技术虽然可以帮助快速生成论文的框架和内容,但由于它主要是通过分析和学习已有的文献和数据来生成新的内容,因此可能与其他论文或已有文献存在相似或有类似观点的问题,从而降低了论文的原创性。

主题理解限制:AI 在对主题和话题的理解上还存在一定的限制。虽然 AI 可以通过语义分析和文本匹配等技术辅助写作,但在处理复杂的学术问题和深度思考方面仍然存在一定的困难。例如,在面对需要独特见解和深度思考的学术论文时,AI 的辅助可能受到限制。

灵活性与创新性不足:AI 在论文写作中的应用通常是基于已有的模型和算法,缺乏创新性和灵活性。特别是在面对复杂和非结构化的学术问题时,AI 可能无法提供有效的解决方案。因此,在保持论文创新性和灵活性方面,AI 的应用仍存在一定的局限。

语言表达局限性:尽管 AI 可以修正论文中的语法和标点符号等问题,但在提供高质量的语言表达方面仍然存在一定的局限性。AI 可能无法准确理解和掌握学科特定的术语和表达方式,从而无法在论文中提供准确和精确的语言表达。

数据安全隐患:在使用 AI 写作软件时,可能存在未经同意收集、使用和披露个人信息的隐患。此外,由于 AI 是基于对已有知识的检索与加工,语句重复或思想抄袭在所难免,这将涉及知识产权、肖像权等方面的纠纷,应严格加以规范。

学术道德挑战：随着 AI 在论文写作中的广泛应用,也引发了学术道德方面的担忧。部分学生可能会利用 AI 写作软件进行学术造假,如代写论文、抄袭等行为。这不仅违反了学术诚信原则,也损害了学术界的声誉和公信力。

综上所述,在使用 AI 协助撰写论文时,需要注意其局限性并合理应对。同时,应加强人工智能领域的自主研发,掌握核心技术,以更好地发挥 AI 在论文写作中的积极作用。

提问三：在撰写论文的时候,哪些方面不能使用 AI？

在撰写论文时,以下方面不能使用 AI：

1. 作者署名：AI 不具备基本的作者属性和责任承担能力,因此不能作为论文的署名作者。

2. 原创性内容：虽然 AI 可以根据已有文献生成新的内容,但这些内容可能缺乏创新性和原创性。论文的核心是作者本人的创造性思维和创新的观点,这是 AI 无法完全替代的。

3. 深度思考与复杂问题处理：AI 在处理复杂的学术问题和深度思考方面仍存在困难。例如,在需要独特见解和深度分析的学术论文中,AI 的辅助可能受到限制。

4. 数据真实性与准确性：AI 生成的数据可能存在虚假或不准确的情况,这在科学研究中是不可接受的。真实、准确的数据是科学研究的基础,而 AI 生成的数据往往难以满足这一要求。

5. 语言表达与逻辑连贯性：尽管 AI 可以修正语法和标点符号等问题,但在提供高质量的语言表达和逻辑连贯性方面仍存在局限性。特别是在需要精确和专业的术语表达时,AI 可能无法达到人类水平。

6. 学术道德与诚信：使用 AI 代写论文或抄袭 AI 生成的内容违反了学术道德和诚信原则。这种行为不仅损害了学术界的声誉和公信力，也影响了个人的学术生涯。

综上所述，在撰写论文时，应合理利用 AI 技术提高写作效率和质量，但同时要注意避免过度依赖 AI，确保论文的原创性、真实性和学术诚信。

1.2 AI 辅助论文写作的基本提示

从上文 AI 对自己是否有"写论文"能力的回答来看，AI 肯定是可以"辅助"的，但是 AI 替代不了人类自己的思考，尤其在创造性、准确性、安全性、流畅性和学术道德等方面。本部分将围绕 AI 辅助论文写作的原则给出几点提示，总体的原则是写作者要能自己写出来（无论是否使用 AI），使用 AI 只是辅助提升写作效率和给出个性化建议（辅助），而不是自己写不出来，没有思路，完全依靠 AI 写作。AI 能提高效率、优化思路和提供多样新选择，但不能生产"论文写作"所需要的新知识，也达不到论文写作要求的创新性、原创性、规范性，甚至连真实性和准确性也很难保障。

1.2.1 AI 不能生产新知识

上文已经提及大学在每一个毕业取得学位的环节都设置了论文写作这个教学任务，其原因在于要教会学生解决问题，用知识解决问题。论文写作和一般的知识应用不一样（如法学院的模拟法庭、医学院的临床实习），它涉及新知识的生产，常规的用知识解决问题只涉及

1. AI 辅助论文写作概述

"应用"①。所以，论文写作有两个重要的特征：其一是解决问题，其二是生产新知识②。或者我们用一句话来概括——论文写作就是一种载体，记录人们在解决问题过程中生产出的新知识。

新知识的生产对人类特别重要，我们现在的生活都是人类在漫长的生产生活过程中通过解决问题生产出的新知识构建起来的。比如我们的通讯工具，从座机到手机，从普通机到智能机，从 1G 到 5G，都是人类通过"研究"不断解决问题生产出来的新知识的体现。再比如我们的交通工具，从马车到汽车再到高铁，也都是人类智慧的结晶，这里的"智慧"其实就是人类生产出的新知识。所以，写论文之前一定要意识到为什么要写论文，它本身是科学研究的一个载体，将科学研究（解决问题和探寻真相，这里的真相就是新知识）生产出的新知识进行记录的载体。一些现有论文的价值不高，从根本上剖析就是没有认识到论文写作生产新知识的底层本质，或者是认识到了但没有做到。

从生产新知识的角度来观察 AI，我们就不难发现，将这么高端的、有关人类智慧的工作交给 AI 是不合适甚至是不应该的。且不说 AI 本身就是人类生产出来的新知识，它本身并没有被赋予生产新知识的功能，单纯从 AI 背后的原理来看，它也不具备创新性生产知识的能力。AI 不具有自主意识，没有生产新知识的能力，尽管理论界对这个问题存在争议，但是从现在的实际情况来看，AI 没有这种能力，AI 也不认为自己有这种能力。所以，当我们询问 AI 此类问题的时候，AI 会不停地提示我们："虽然 AI 可以极大地辅助写作者的论文写作活动，但它不能完全替代人类的创造性思维和批判性分析。"

---

① 布鲁姆认知金字塔将认知由低到高分成六个层次：记忆、理解、应用、分析、评价、创造。其中应用指第三层认知。
② 生产新知识属于布鲁姆认知金字塔中的第六层认知——创造。

Ⅳ AI辅助诊断

原本，本书的写作并不涉及 AI 辅助论文这个话题，但是在撰写本书的过程中，AI 写作的热度一直上升，而且市面上还出现了一些堂而皇之讲授用 AI 进行论文写作的指导用书。翻开这些书籍，我们会发现，这些书的本质是教学生如何用 AI 作弊。这些书籍的作者不仅没有阐明 AI 辅助写作的界限，甚至还在书中"指导"读者怎样用 AI 生成"思路""大纲""问题"……将这些只有人类智慧才能准确识别的领域也都扔给了 AI。AI 只能在使用者有问题、有大纲、有思路的情况下帮忙提供个性化的设计和多样化的选择，使用者如果对这些核心问题都不清楚就完全依赖 AI 生成，这就是作弊，违反学术规范性，也属于本书所讨论的论文写作"错误"。这也是本书将 AI 辅助论文写作这一模块列入其中的原因。

1.2.2 AI 能整合既有知识

上文探讨了 AI 不能生产新知识，本部分接着探讨 AI 能做什么。想要解答这个问题，还需要明白 AI 工作的原理，就这个问题我们还是继续向 AI 提问。此处一共涉及两个问题：

问题一：AI 工作的底层原理是什么？

AI 工作的底层原理主要涉及数据收集、预处理、特征提取、模型构建与训练、评估与优化等多个步骤。以下是关于 AI 工作底层原理的相关介绍：

1. 数据收集：AI 系统需要大量的数据作为学习的基础，这些数据可以是文本、图像、音频或视频等形式。数据来源多样，包括互联网、传感器、用户输入和数据库等渠道。

2. 数据预处理：收集到的原始数据通常需要进行清洗和整理，去除无关信息（噪声）、填补缺失值、规范化或标准化数据格式，以便于后续处理。

1. AI 辅助论文写作概述

3. 特征提取：从数据中选择重要的特征或变量，提取有用的特征是关键一步。特征是数据的代表性属性，能帮助算法更好地理解数据。例如，在图像识别中，边缘、颜色、纹理等可以作为特征。

4. 模型构建与训练：根据任务的性质（如分类、回归、聚类等），选择合适的机器学习算法或神经网络架构。通过算法和模型对已标注的数据进行学习，调整模型内部的参数以最小化预测错误和实际结果之间的差异（损失函数）。常见的 AI 技术如机器学习和深度学习，通过调整模型内部的参数来实现优化。

5. 模型评估：使用独立的未参与训练的测试数据集或验证集来评估模型的性能。常用的评估指标包括准确率、召回率、F1 分数等，以确保模型泛化能力强，即在新数据上的表现良好。

6. 模型优化与调整：如果模型的表现不佳，就需要调整模型架构、算法或训练参数，选择不同的超参数或获取更多数据，然后重复训练和评估过程，直到达到满意的性能。

7. 部署与应用：最终，优化后的模型会被部署到实际应用场景中，如自动驾驶、医疗诊断、客户服务聊天机器人、个性化推荐系统等，实时处理新数据并作出决策或预测。

总的来说，AI 工作的底层原理是一个复杂的过程，涉及多个步骤和技术的综合应用。随着技术的不断发展，AI 的应用范围也在不断扩大，为人们的生活和工作带来了更多的便利和可能性。

Deepseek 对问题一的回答①：

结论：

AI 的底层逻辑是通过数学建模将问题转化为可优化的目标函数，

---

① 访问时间：2025 年 5 月 1 日。

Ⅳ AI辅助诊断

利用数据迭代逼近最优解,而算力与算法的进步不断扩展其能力边界。但 AI 并非"万能大脑",其本质仍是统计意义上的模式匹配工具。①

问题二:AI 能生产出新知识吗?

AI 的回答如下:

AI 能生产出新知识。

AI 在特定领域和条件下确实能够生成新的知识和概念。例如,通过深度学习和神经网络,AI 可以处理大量数据并发现其中的规律和模式,从而生成新的信息或预测未来的趋势。这种能力在科学研究、医学诊断、金融分析等领域尤为显著。然而,AI 的这种"创造力"与人类的创造性思维存在本质区别。AI 的"创新"更多是基于算法对现有数据的分析和重组,而非真正的原创性思考。

此外,AI 在知识生产中的作用还受到其训练数据的限制。如果训练数据存在偏见或不完整,那么 AI 生成的知识也可能受到影响,无法达到完全客观和全面的标准。因此,虽然 AI 能够在一定程度上辅助人类进行知识生产和创新,但其作用仍然有限,需要与人类的智慧和判断相结合,才能发挥最大的效能。

Deepseek 对问题二的回答②:

结论:

AI 现阶段是**知识的"催化剂"而非"源头"**——它放大人类已有知识体系的连接可能性,但创新仍需人类定义价值边界。真

---

① 此段文字为 Deepseek 提供的结论部分,前面大量推理不展示。
② 访问时间:2025 年 5 月 1 日。

1. AI 辅助论文写作概述

正的"新知识"需包含对世界的新解释,而这要求意识与意图,当前 AI 尚未触及。①

通过以上两个问题我们能够发现,AI 虽然声称其能生产出"新知识",但 AI 所说的"新知识"和我们上文所说的新知识不是一个概念。AI 自己也不断地强调,自己的"创造力"与人类的创造性思维存在本质区别,AI 生产的"新知识"更多是对现有数据的分析和重组。所以,AI 只能在既有知识框架内基于一定的算法进行一定的数据分析和重组,与上文所说的生产出来的、全人类的新知识有本质区别。

1.2.3 AI 对既有知识的整理受限于语料和算法

不可否认的是 AI 能整理既有的知识(包含信息、数据),其最终呈现的结果取决于其依附的语料和算法。从 AI 工作的底层原理就可以看出,任何 AI 模型都是基于一定的数据,即 AI 系统需要大量的数据作为学习的基础,这些数据可以是文本、图像、音频或视频等形式。数据来源多样,包括互联网、传感器、用户输入和数据库等渠道。AI 能否生成内容也取决于其占有的数据量和它自己的算法(如何处理这些数据)。这样,我们就能看出,AI 提供给提问者关于论文写作(或者其他问题)的答案只能是基于 AI 目前占有的数据和它的算法。如果写作者从事研究和写作的领域并不在 AI 的语料和算法的范围之内,AI 就不能提供答案,即使勉强提供,也无法保证内容的真实性。

这也说明了,一款 AI 在其语料和算法支持的领域可能表现得比较优秀,但是超出其语料和算法之外,这款 AI 模型就无能为力了。这就是为什么人们会同时使用多款 app 来满足自己对不同领域的不同需求。

1.2.4 AI 辅助创意生成的前提是使用者有能力自己生成

这一点在使用 AI 的时候非常重要,AI 在回答事实类问题的时候

---

① 此段文字为 Deepseek 提供的结论部分,前面大量推理不展示。

Ⅳ AI辅助诊断

表现较好，但是在事实基础上的思考以及创造性地生产知识方面的表现其实是不尽如人意的。通常当我们询问AI一个比较新的问题或者AI陌生的领域的问题，AI给我们的答复都是又大又空的。

这就要求使用者在使用AI的时候必须首先自己心中有数，即对自己要研究的领域的整体情况、发展趋势、问题所在、学术动态等信息都要了解甚至掌握。我们不能在自己都不清楚这些信息和内容的时候完全仰仗AI给我们提供，因为AI可能也是不知道的，或者是知道的也是不全面的，再或者是它自己胡编乱造的。

再者，论文写作主要是锻炼写作者自己的思维能力，通过论文写作提升自身的水平。写作者如果不想着提升自己的能力，反而凡事都求助AI图省事，这不仅违背教育的宗旨，也涉嫌学术不端。这也是笔者一定要在本书的最后一部分强调AI辅助论文写作需要注意的事项的原因。AI可以辅助论文写作，但是不能代替人类的思考。同样，在脑内空空的情况下，写作者更不能使用AI生成应该自己生产的内容，比如问题、思路、创新点等这些非常严肃的、有关知识生产的内容。写作者可以使用AI帮自己优化思考、磨合思路，而不是以AI为主生产知识。使用AI辅助论文写作需要写作者自己先能写出来，AI只是一个工具，可以提升写作者的效率，加速写作者的创作过程，提供给写作者多样化的角度用于加工和整合写作者本身就有的内容。

1.2.5 AI辅助写作需要人工核实

本书在下文将AI辅助论文写作的能力分成强辅助环节、中辅助环节和弱辅助环节，意图帮助写作者明确AI辅助论文写作的界限。但写作者需要明白的是，即便是在强辅助环节，即AI很擅长处理的表格制作、计算、数据处理、校对、润色等与大脑的深度思考紧密度联系不太高的环节，也需要人工核实和确准。现在的AI还处于发展阶段，是一个还没有发展成熟的领域，很多事情AI能处理，但是能处理到什么程度，生成结果的可信度和稳定性都没有太成型。所以，在 AI 能辅助的环节，写作者也要进行人工干预。AI 只能起到辅助作用，而且即便是做 AI 熟悉和擅长的任务，最终呈现的论文和数据也都需要写作者自行承担责任，即所谓的文责自负。所以，写作者一定要保证自己利用 AI 生产的表格、数据等内容是真实且可靠的。

2. AI 辅助诊断

2.1 AI 辅助的要求

在明确 AI 辅助论文写作的基本情况之后，写作者在此基础上可以谨慎地使用 AI 辅助自己进行科研活动，这些科研活动也包括本书主要讨论的论文写作。笔者根据 AI 目前的发展情况，将 AI 能辅助论文写作的领域区分成三个部分，分别是：强辅助环节、中辅助环节和弱辅助环节。这样区分的理由是，一方面，AI 本身的工作原理决定了其对于论文辅助这种复杂的、多链条的事物的处理必然有擅长和不擅长的领域；另一方面，论文写作本身也是一个很长的工作流程，步骤很多，不能一刀切地认为 AI 能辅助论文写作或是不能辅助论文写作，还是要看 AI 在论文写作的某个环节中的具体表现。

首先，我们通过表 4-1 呈现一下论文写作的基本流程以及每个流程对写作者的要求，然后再具体将这些流程分类，区分成 AI 能强辅助还是仅能弱辅助的环节，这样也能让使用 AI 提升自己工作效率的写作者更好地进行人机互动。

Ⅳ AI辅助诊断

表 4-1 论文写作过程和要素

所处阶段	序号	写作过程	写作能力要素（*表示加强）		
			理论基础	逻辑水平	语言表达
论文的准备阶段	1	确定选题所在研究领域	√*	√	√
	2	文献检索	√		
	3	文献阅读	√*	√*	√
	4	补充检索文献和补充阅读（可重复多次）	√*	√	√
	5	知识整理类文献综述形成	√*	√*	√*
	6	确定问题	√*	√	√
	7	论证式文献综述形成	√*	√*	√
论文的构思阶段	8	形成论证框架	√	√	
	9	形成写作框架	√	√*	√
论文的写作阶段	10	标题写作	√	√	√*
	11	摘要写作	√	√	√*
	12	引言写作	√	√	√*
	13	正文写作	√	√	√*
	14	注释及参考文献	√		√*
论文的修改阶段	15	初稿提交			
	16	论文修改（重复多次）	√	√*	√*
	17	论文定稿			

表 4-1 显示，论文写作对写作者的能力要求有三项：理论基础（知识和知识构成的模块）、逻辑思维与语言表达。并且在论文写作的不同过程和阶段，这三项能力要求的构成和比重各不相同。如前所述，AI 不太擅长对复杂事物的思考和生产新知识，但是 AI 在处理事实、图表、语言润色、校对等方面具有一定的优势。① 因此，这些领域是

---

① 这些能力取决于语料库、算法和算力。

2. AI 辅助诊断

AI 的强辅助领域。换句话说，写作者在 AI 擅长的领域中可以减少 80% 的精力投入，只需投入 20% 左右的精力用于对 AI 完成的结果进行检测和核实。事实问题或者知识的处理相对复杂，涉及检索、阅读、提取信息以及知识加工形成知识内部的新连接。这几个模块中，AI 对事实的检索（在语料充沛、算法和算力都满足的情况下）相对可靠，但是 AI 在文献的阅读、信息提取以及知识内部整合方面则需要人工介入，即必须由写作者监督完成并评估 AI 对上述工作的完成质量，其工作成果不能直接被采用。因此，这几个领域是 AI 的中辅助环节，其生成的内容不能完全被信赖。换句话说，这部分写作者自己精力的投入量应该大于 60%。在观点表达、推理、论证、评价、问题形成、底层构思等环节，AI 的能力相对较弱。此部分需要写作者自行完成，但可以跟 AI 互动加速自己思路的形成、对自我思路进行检测以及疏漏筛查。这部分是 AI 弱辅助的环节，应当以写作者的投入为主，且写作者投入量占比不应低于 80%。[①]

2.2 常见错误

错误 55　AI 辅助论文写作发生的错误

错误示例

例 55　接下来，我们用一篇英文文献的阅读来呈现一下 AI 的完成度和我们人工完成度之间的差别，通过这个例子，我们基本就

---

① 以上关于写作者投入量占比的描述只是一个大概的约数，目的是让写作者明白这项工作不可能完全交给 AI，自己才是写作的主角。这也是目前市面上关于 AI 辅助论文写作的著作没有强调的部分，只要不强调就容易引起混淆并给科研活动带来实质的伤害。

Ⅳ AI辅助诊断

可以判断出AI在真正写作过程中能够从事的工作以及完成的程度。

我们还是使用上文提及的罗纳德教授撰写的《联邦司法中心国际诉讼指南：外国判决的承认和执行》[①]一文，我们用检视性阅读方法对该篇文章逐字逐句进行阅读、形成文章架构、提炼每一句和每一段话的主要内容制作成思维导图，最终形成一个对该篇文章的600字复述。与此同时，我们将这篇文章投喂给六个常用的AI模型，让它们也逐句阅读，形成一篇600字的复述。最终，我们比对一下这两种阅读方式的效果，以此展示AI到底在阅读环节能帮助我们做到什么程度。

首先，我们采取检视性阅读的方式，形成了一幅简单的思维导图，如图4-1所示[②]。

这个思维导图比较重要，虽然文章有自然段落和结构，但这个结构其实是可以在阅读的过程中被进一步整合的。这既是文章留给读者进一步整理的空间[③]，又是AI没有办法整合的部分，是我们后续作出正确复述的基础。

[①] Ronald A. Brand, "Federal Judicial Center International Litigation Guide: Recognitionand Enforcement of Foreign Judgments", 74 U. Pitt. L. Rev. 491 (2013).
[②] 在阅读中，也可以生成详图。本书为了节省空间，仅使用了简图。
[③] 常规上，一篇文章物理上分成几个部分只是一个表象，实际上这些部分还可以继续整合，这就是我们在小学语文中学习的将不同的段落划分为几个不同的部分，涉及段落的合并。

2. AI 辅助诊断

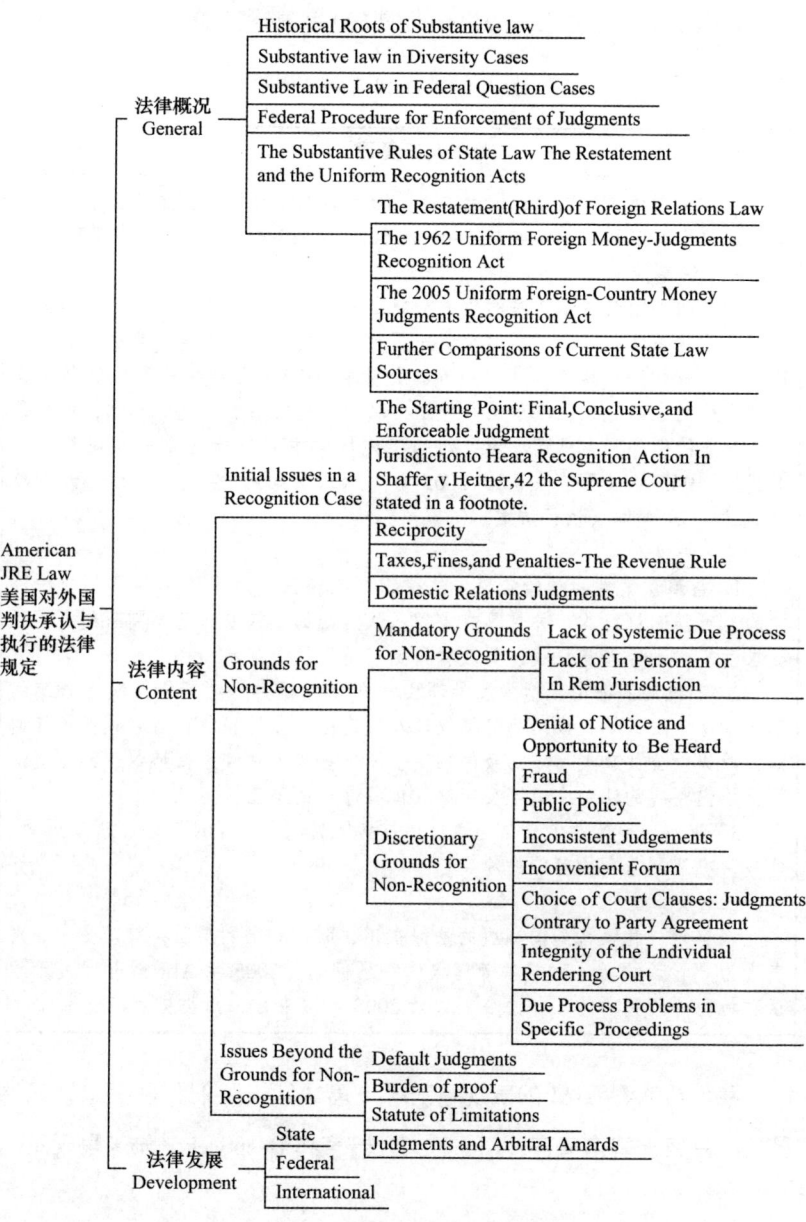

图 4-1 文献检视性阅读简图

Ⅳ AI辅助诊断

在这个基础上，人工阅读整理的600字复述稿如下：

表4-2 人工阅读复述稿

人工复述
该指南探讨了美国对外国判决承认与执行的法律规定，主要包括法律概况、法律内容以及法律发展①，以此为相关案件当事人及其律师提供帮助。 　　一、法律概况 　　美国的外国判决承认法的历史基础是 Hilton 案，该案确认了礼让和正当程序是承认法的基础，并指出承认外国判决需要互惠。但是，互惠在后续司法实践中被州法院和联邦法院抛弃，并且在 Erie 案之后州法取代联邦法成为该领域的主宰。在判决承认案件中，联邦问题案件有自己的标准，但只是州法适用的例外。在承认方面，州的实体规则主要包括《第三次对外关系重述》、1965年《承认法案》、2005年《承认法案》。在执行方面，大多数州通过了1964年《执行法案》。 　　二、法律内容 　　1. 在承认案件的初始阶段，法院需要判断该判决是否为最终的、结论性的、可强制执行的，并且具有审理承认诉讼的管辖权，还要判断判决是否要求互惠，是否涉及税收、罚款和罚金，是否属于家事判决。 　　2. 不承认的理由包括强制性理由和任意性理由。前者包括缺乏系统的正当程序、缺乏属人或对物管辖权以及缺乏标的物管辖权。后者包括拒绝通知、欺诈、公共政策、不一致的判决、违反当事人法院选择协议、不方便法院、作出判决的法院个案不公正和具体程序中的不正当。 　　3. 此外，导致不予承认的事项还包括缺席判决、举证责任、诉讼时效、仲裁裁决及其与判决可能的冲突。 　　三、法律发展 　　调整承认和执行外国判决的法律在州、联邦和国际层面持续演变，分别表现为"诽谤旅游"和司法管辖权的特别问题，2005年ALI提出《关于承认和执行外国判决的联邦法令》以及2005年《海牙选择法院协议公约》。

　　我们再来看看AI的表现，同样一篇文章，我们分别投喂给讯飞星火、豆包、智谱清言、Kimi、文心一言和DeepSeek，先来呈现不同

---

① 这三个部分就是人类在阅读的过程中重新整理的，也是AI没有办法整合的。

2. AI 辅助诊断

AI 给到的阅读结果，然后再比对它们之间的不同以及与人工阅读结果的区别。注意，我们给 AI 发出的指令都是"用 600 字复述一下这篇文章的内容"。

表 4-3 AI 阅读复述比对表[1]

AI 工具	关键字[2]	服务对象[3]	阅读内容情况	字数
讯飞星火	法律指南	法律专业人士	基本完整但结构较为混乱	623
豆包	无	无	完整且结构清晰，但基本为文章结构，未进行逻辑概括	1951（超字数）
智谱清言	法律问题	律师	完整且结构清晰，但基本为文章结构，未进行逻辑概括	1071（超字数）
Kimi	法律框架	法律专业人士	基本完整但结构较为混乱	390（字数少）
文心一言	不同法律体系	无	不完整且混乱	635
DeepSeek（基础模式）	法律框架、历史背景、适用法律及具体程序	法官和律师	完整且结构清晰，但基本为文章结构，未进行逻辑概括	934（超字数）
DeepSeek（深度思考模式）	法律框架	无	完整且结构清晰，但基本为文章结构，未进行逻辑概括	980（超字数）

---

[1] 访问时间：2025 年 5 月 1 日。
[2] 该关键词是相应的 AI 工具识别出来并提示使用者的。
[3] 这也是 AI 识别出来的该篇文章的识别对象。

Ⅳ AI辅助诊断

表4-4　AI阅读复述稿比对

AI工具	复述内容
讯飞星火	该文档的核心内容是关于美国联邦法院在外国判决承认与执行方面的法律指南。以下是内容的详细叙述： 1. 引言 　　文档首先介绍了外国判决在美国法院中承认与执行的重要性，并指出这通常在诉讼过程的最终阶段才会涉及。它强调了19世纪希尔顿诉盖伊特案的历史意义，该案奠定了美国对外国判决承认与执行的法律基础。 2. 联邦司法中心国际诉讼指南 （1）适用法律的历史背景 　　文档提到希尔顿诉盖伊特案，解释了其对外国判决承认与执行的影响。讨论了联邦问题案件中的适用法律，以及州法和联邦法之间的区分。 （2）《联邦司法中心国际诉讼指南》的内容 　　提供了关于外国判决承认与执行的详细信息，包括历史背景、相关法律以及实际案例分析。详细介绍了两个主要的《统一外国金钱判决承认法案》，即1962年和2005年的法案，以及它们在实际操作中的应用。 3. 初步问题与非承认理由 （1）初步问题 　　文档详细阐述了在承认外国判决时需要考虑的问题，例如外国法院是否已经充分审了案件，以及美国法院在什么情况下可以拒绝承认外国判决。 （2）非承认理由 　　列举了多种可能导致外国判决不被承认的理由，包括缺乏公正的司法系统、缺乏对个人的管辖权、缺乏对案件的管辖权等。 （3）近期发展 　　提到了一些可能影响未来法律发展的新进展，如2005年海牙选择法院协议公约和美国法学会提出的联邦法案。 　　综上所述，该文档为美国法院在处理外国判决承认与执行案件时提供了详尽的法律指导，涵盖了从历史背景到具体操作步骤的各个方面。通过深入分析这些内容，可以帮助法律专业人士更好地理解和应用相关法律条款。

2. AI辅助诊断

(续表)

AI工具	复述内容
豆包	本文主要围绕美国法院对外国判决的承认与执行展开论述，涵盖相关法律适用、初始问题、不予承认的理由、其他相关问题及未来发展趋势等内容。 1. 适用法律 （1）历史根源 美国外国判决承认法的历史基础是 Hilton v. Guyot 案，其意见聚焦于礼让和正当程序，虽法院最终因互惠问题未承认法国判决，但为后续法律奠定基础。 （2）不同类型案件的法律适用 在联邦法院，不同类型案件适用法律不同。在多元案件中，虽 Hilton 案似确立联邦普通法规则，但 Erie 案后联邦法院在判决承认案件中仍以 Hilton 案的礼让分析为核心，且多数州法院已摒弃其互惠要求；在联邦问题案件中，虽无明确法律渊源，但联邦法院在非多元案件中通常适用联邦法律决定是否承认外国判决。 （3）联邦程序 外国判决的承认和执行程序存在差异，多数州有《1964年修订统一外国判决执行法》规范执行程序，但该法中"外国判决"含义易混淆。《1962年统一外国金钱判决承认法》和《2005年统一外国金钱判决承认法》对外国判决的承认程序有不同规定，且2005年法案旨在解决程序混乱问题。 2. 初始问题 （1）判决要求 外国判决需为终局、确定且可执行的，1962年和2005年法案仅适用于金钱判决，而《法律重述》涵盖范围更广。 （2）管辖权 法院对承认诉讼的管辖权存在分歧，一端认为无需考虑被告与法院地联系，另一端认为需有个人管辖权，中间观点则视具体情况而定。 （3）互惠性 多数州不要求证明互惠性，但部分州将其作为承认的依据，ALI 提议的联邦法规也有互惠要求。

Ⅳ AI辅助诊断

(续表)

AI工具	复述内容
	(4) 税收、罚款和处罚 税收、罚款等判决因属公法范畴，通常不被承认。 (5) 家庭关系判决 2005年法案扩大了排除范围，此类判决虽不强制承认，但可依礼让原则在一定条件下被认可，同时受多种联邦法规和国际协议影响。 3. 不予承认的理由 (1) 强制性理由 缺乏系统正当程序：当判决法院司法系统缺乏公正法庭和正当程序时，可不予承认，但程序要求与美国法院不必完全相同，证据来源包括外国宪法、国务院人权报告、专家证言和条约等。 缺乏对人或对物管辖权：这是常见的拒绝理由，在判断时美国法院会依据美国管辖规则审查外国法院管辖权，且被告在外国法院的管辖权异议结果在不同州处理方式不同。 缺乏事项管辖权：在两个承认法案中是强制性不予承认理由，在《法律重述》中为裁量性理由，美国法院在判断时适用外国法院的管辖规则。 (2) 裁量性理由 拒绝通知和听证机会：法院要求适当通知，否则可拒绝承认或执行。 欺诈：欺诈是抗辩理由，通常只有外在欺诈可使外国判决被质疑，且外国法院已处理的欺诈问题美国法院不再审查，2005年法案对此有更明确规定。 公共政策：违反公共政策的外国判决可不被承认，但法院很少因政策或程序差异而拒绝，在涉及宪法层面的公共政策如第一修正案权利时，可能成功拒绝承认。 不一致判决：美国法院对冲突判决的承认无明确规则，可能承认较晚或较早的判决，也不必然优先承认美国姐妹州判决。 违反选择法院条款：违反当事人选择法院协议的外国判决，美国法院通常不承认，若美国批准相关海牙公约，此规则将更严格。

2. AI辅助诊断

(续表)

AI 工具	复述内容
	不方便法院：当管辖权仅基于个人送达且外国法院极不方便时，可拒绝承认，但该理由有限制且为裁量性，《法律重述》无此规定。 　　作出判决法院的公正性存疑：2005年法案规定，若判决作出过程中法院公正性受质疑，可裁量不予承认，该理由比缺乏正当程序的强制性理由范围更广。 　　特定程序中的正当程序问题：2005年法案允许因外国法院特定程序不符合正当程序要求而裁量不予承认，与法院公正性理由共同作用。 　　4. 其他问题 　　(1) 缺席判决 　　若无欺诈或串通，缺席判决在承认法院有终局效力，但仍可基于管辖权、通知等理由被挑战。 　　(2) 举证责任 　　1962年法案未明确规定，实践中倾向于让寻求承认一方证明判决符合法案范围；2005年法案则明确规定双方举证责任，ALI提议的联邦法规类似2005年法案。 　　(3) 诉讼时效 　　《法律重述》和1962年法案未涉及，部分法院适用承认州一般诉讼时效，趋势是适用类似国内判决的执行时效，2005年法案和ALI提议的联邦法规有具体规定。 　　(4) 判决与仲裁裁决 　　外国仲裁裁决的承认和执行由联邦法规和条约规范，而外国判决与仲裁裁决冲突时如何解决尚无明确规定。 　　5. 未来发展趋势 　　(1)《2005年海牙选择法院协议公约》 　　该公约由海牙国际私法会议制定，若美国批准，将是美国首个以外国判决承认和执行为重点的条约，会使承认更确定，但美国如何实施该公约尚不清楚，其可能改变美国法院在判决承认问题上对州法的依赖。 　　(2)《2005年ALI提议的联邦判决承认和执行法规》 　　旨在联邦化外国判决承认法，基于联邦政府权力制定，其规定与现有法律不同，为法律统一提供思路。

Ⅳ AI辅助诊断

(续表)

AI工具	复述内容
	（3）"诽谤旅游"及特殊管辖权问题 针对"诽谤旅游"现象，纽约州和美国国会有相关立法，旨在防止美国承认或执行不符合美国正当程序标准的外国诽谤判决，明确管辖权依据。 此外，附录部分提供了案件管理中的常见问题、适用法律来源、外国判决承认和不予承认的比较要求以及各州法案制定情况等内容，有助于更全面了解外国判决在美国的承认与执行相关法律制度。
智谱清言	这份文档探讨了在美国联邦法院中承认和执行外国判决的法律问题。它涵盖了该领域的各个方面，从历史背景到最新的发展，并提供了实用的指南，帮助律师处理相关案件。 1. 主要内容： （1）历史背景 文档从1895年的 Hilton v. Guyot 案开始，该案奠定了美国承认外国判决的基石。该案强调了礼让原则和正当程序的重要性，并指出承认外国判决需要互惠。 2. 现行法律 文档分析了美国各州在承认外国判决方面采用的两种主要法律体系： 《冲突法重述（第三版）》：该重述为各州提供了普遍遵循的礼让原则，并规定了承认外国判决的强制性条件和选择性条件。 统一外国金钱判决承认法（1962年）和统一外国国家金钱判决承认法（2005年）：这两部法案旨在为承认外国金钱判决提供更明确的程序和规则，并简化执行程序。 3. 初步问题 文档讨论了在承认案件开始时需要考虑的几个关键问题，例如： 外国判决的最终性、结论性和可执行性。 管辖权问题，包括对被告的个人管辖权和诉讼标的物的专属管辖权。 互惠问题，一些州要求证明外国法院也会承认美国判决。 收入规则，税收、罚款和罚金判决通常不适用承认和执行程序。

（续表）

AI 工具	复述内容
	国内关系判决，这些判决通常不适用承认程序，但可能存在例外情况。 4. 拒绝承认的理由 文档详细介绍了拒绝承认外国判决的常见理由，包括： 缺乏系统性正当程序：外国法院的司法系统缺乏公正的法庭或正当程序。 缺乏对人身的或对物的管辖权：外国法院没有根据美国宪法正当程序条款对人身的或对物的管辖权。 缺乏诉讼标的物的管辖权：外国法院没有对诉讼标的物进行管辖权。 缺乏通知和听证的机会：被告没有收到充分的诉讼通知或未能获得充分的机会进行听证。 欺诈：外国判决是通过欺诈获得的。 公共政策：执行外国判决会违反美国的公共政策，例如违反第一修正案的权利。 不一致的判决：外国判决与另一个判决相冲突，该判决也享有承认。 选择法院条款：外国判决违反了当事人之间关于在其他法院解决争议的协议。 不方便法院：外国法院对诉讼当事人来说非常不方便。 作出判决的法院的诚信问题：外国法院在特定案件中缺乏诚信。 特定诉讼程序中的正当程序问题：外国法院在特定诉讼程序中没有遵守正当程序的要求。 5. 其他问题 文档还讨论了与拒绝承认外国判决相关的其他问题，例如： 缺席判决 举证责任 诉讼时效 外国判决和仲裁裁决的承认和执行 6. 最新发展 文档最后讨论了可能影响未来法律的一些最新发展，例如：

Ⅳ AI辅助诊断

(续表)

AI工具	复述内容
	2005年海牙选择法院协议公约 2005年ALI建议的联邦法律 "诽谤旅游"和管辖权问题 总结 这份文档为律师提供了宝贵的资源，帮助他们了解和应对美国联邦法院中承认和执行外国判决的法律问题。随着国际法律合作的不断发展，该领域的法律将继续演变，律师需要保持对最新发展的关注。
Kimi	这份文档是《联邦司法中心国际诉讼指南：承认和执行外国判决》的PDF文件，由Ronald A. Brand撰写，发表于《匹兹堡大学法律评论》。文档详细讨论了在美国法院承认和执行外国判决的法律框架，包括历史背景、适用法律、初步问题、拒绝承认的理由等。文档指出，美国法院通常愿意承认外国判决，但被告有权提出拒绝承认的抗辩。文档还涉及了联邦法院的适用法律、州法律的实质规则、以及统一承认法案等。此外，还探讨了初始问题，如判决的最终性和可执行性、管辖权、互惠原则等，以及拒绝承认的强制性和自由裁量性理由，包括缺乏正当程序、管辖权问题、公共政策冲突等。文档还包括了默认判决、举证责任、时效问题和判决与仲裁裁决的关系等议题，并讨论了可能影响未来法律的近期发展，如2005年海牙法院选择协议公约和ALI提出的联邦法案。附录提供了常见问题和问题的列表，以及适用法律来源的描述。文档是法律专业人士在处理跨国诉讼和判决执行时的重要参考资料。
文心一言	《联邦司法中心国际诉讼指南：外国判决的承认与执行》一文深入探讨了外国判决在不同法律体系中的承认与执行问题。以下是对该文档的简要重述，字数控制在600字以内： 该文档首先介绍了国际诉讼中外国判决承认与执行的重要性，并指出这是国际司法合作的关键环节。随后，文档详细阐述了外国判决在不同国家法律体系中的承认与执行标准。这些标准往往受到各国国内法、国际条约以及司法实践的影响，因此呈现出复杂性和多样性。

(续表)

AI 工具	复述内容
	在承认外国判决方面，文档强调了送达程序的合法性。它指出，适当的送达是承认外国判决的先决条件，通常要求以适当送达法律文件的形式进行。送达程序的合法性不仅关乎程序正义，也是保障被告权益的重要体现。此外，文档还提到了属人与属物规则的不同，这进一步增加了外国判决承认的复杂性。 　　在执行外国判决方面，文档讨论了各国法院在执行过程中的自由裁量权。这种裁量权使得各国法院能够根据实际情况对外国判决进行评估，并决定是否执行。同时，文档也指出了执行过程中可能遇到的困难，如不同法律体系之间的差异、判决内容的可执行性等。 　　此外，文档还探讨了公共政策例外情况。在某些情况下，外国判决可能因违反执行地国的公共政策而被拒绝承认与执行。特别是当外国判决涉及言论自由、新闻自由等宪法性权利时，执行地国法院往往会以公共政策为由拒绝承认与执行。 　　最后，文档提到了选择法院条款和不方便法院原则对外国判决承认与执行的影响。这些原则使得当事人能够选择更合适的法院进行诉讼，并避免了在不利地点进行诉讼的风险。同时，它们也促进了国际司法资源的合理分配和有效利用。 　　综上所述，《联邦司法中心国际诉讼指南：外国判决的承认与执行》一文为我们提供了关于外国判决承认与执行问题的全面而深入的见解。
DeepSeek （基础模式）	该文档是《联邦司法中心国际诉讼指南：外国判决的承认与执行》，由 Ronald A. Brand 撰写，发表于《匹兹堡大学法律评论》2013 年第 74 卷第 3 期。指南详细介绍了美国法院承认和执行外国判决的法律框架、历史背景、适用法律及具体程序，旨在为联邦法院处理此类案件提供实用指导。 主要内容概述： 1. 引言 　　承认和执行外国判决通常是诉讼的最终目标，但在美国法院，这可能成为诉讼的初始阶段。美国法律总体上对外国判决持开放态度，但也为债务人提供了抗辩依据。承认外国判决的两种常见情形包括：执行金钱判决和赋予外国判决既判力以避免重复诉讼。

(续表)

AI 工具	复述内容
	2. 适用法律 历史根源：1895年最高法院判例 Hilton v. Guyot 确立了国际礼让原则，要求外国法院提供公正审判和正当程序。 州法与联邦法：在联邦法院的多样性案件中，通常适用州法；在联邦问题案件中，可能适用联邦普通法。 程序法：联邦法院依据《联邦民事诉讼规则》第69条执行判决，但具体程序可能因州而异。 3. 承认与执行的区别 承认是确认外国判决的效力，而执行是通过本地程序实现判决内容。部分州允许通过简化程序执行外国判决，但多数州要求先通过独立诉讼获得承认判决。 4. 承认的实体规则 《第三次对外关系法重述》：规定了外国判决的承认条件和拒绝理由。 统一法案：1962年和2005年的《统一外国金钱判决承认法》明确了承认的范围和例外，2005年法案新增了程序要求和时效规定。 5. 拒绝承认的理由 强制性理由：包括外国司法系统缺乏公正性、管辖权不足或判决涉及税收或罚款。 裁量性理由：如欺诈、违反公共政策、程序不公或存在冲突判决。 6. 特殊问题 默认判决：与普通判决具有同等效力。 举证责任：通常由寻求承认的一方证明判决的合法性，抗辩方需提出拒绝理由。 时效：2005年法案规定承认诉讼需在判决生效后15年内提起。 7. 近期发展 2005年《海牙法院选择协议公约》：若美国批准，将简化基于法院选择协议的判决承认。 ALI 提议的联邦法规：旨在统一外国判决承认的法律。 诽谤旅游：部分州通过立法限制承认外国诽谤判决，以保护言论自由。

2. AI 辅助诊断

(续表)

AI 工具	复述内容
	附录： 附录 A：列举了处理外国判决案件的常见问题。 附录 B：总结了现行和潜在的法律来源。 附录 C：对比了不同法律框架下的承认条件。 附录 D：列出了各州对统一法案的采纳情况。 该指南为法官和律师提供了全面的法律分析和实用工具，帮助他们在复杂的外国判决承认与执行案件中作出合理决策。

示例解析

以上就是熟练的阅读者对这篇文章进行检视性阅读时形成的简化版思维导图和 600 字的复述，以及五个 AI 对该篇文章进行的阅读和形成的"600 字"复述的区别。能够看出，AI 只能把段落分清，并机械直观地呈现段落的"内容"。它们无法看出段落和段落之间的关系，进而也无法在段落之间进行概括、总结、归类、比较。因此，在学术阅读方面完全依赖 AI 是无法达到学术写作对阅读的要求的。

此外，我在课堂上也带领学生做了不同字数的复述稿件，我们也一并呈现出来（见表 4-5），用来展现人类的大脑在进行阅读的时候不仅可以进行结构的归纳、比较、概括和总结，还可以在字数上进一步伸缩，以满足不同场合对不同字数的需要。总之，一位熟练的阅读者是可以在对这篇文章进行检视性阅读的基础上以各种表现形式（此处主要指的是字数限制）完整、准确、富有逻辑地呈现对这篇文章的理解。

Ⅳ AI辅助诊断

表 4-5 人工阅读不同字数复述稿

字数	复述

100字	本指南向寻求在美国承认和执行外国判决的当事人介绍美国法律的基本情况。
	  针对现行法律，本指南首先展示美国法律现状，然后从判决的范围、拒绝承认的理由和其他问题阐述法律具体规定。
	  最后，本指南展望该法未来的新发展。

300字	本指南向寻求在美国承认和执行外国判决的当事人介绍美国法律的基本情况。
	  本指南从宏观和微观两个角度说明美国现行法的基本情况。第一，美国现行实体法经过发展呈现出较为统一的状态，即除联邦问题案件外，一般适用州法，但程序法还是很混乱。第二，法律主要规定了三方面内容：① 承认判决的范围由判决的性质、美国法院是否享有管辖权、是否需要互惠以及是否为税收、罚款和罚金和家事判决决定；② 拒绝承认理由包括强制理由和自由裁量理由；③ 还需注意缺席判决、举证责任、诉讼时效以及判决和仲裁裁决的相关问题。
	  以上是现行法律，未来美国的法律还有可能受到2005年海牙选择法院协议公约、ALI联邦法案、"诽谤旅游"和特殊管辖问题影响。

500字	本指南向寻求在美国承认和执行外国判决的当事人介绍美国法律的基本情况。 本指南从宏观和微观两个角度说明美国现行法的基本情况。第一，美国现行实体法以 Hilton v. Guyot 案的礼让为基础，经过发展呈现出较为统一的状态，即除联邦问题案件外，实体法适用州法，包括重述、1962年承认法和2005年承认法。但程序法还是很混乱，主要体现在对"foreign"的解释、简化执行、执行机构以及提起诉讼的程序上。第二，法律主要规定了三个方面的问题。首先，承认判决的范围是判决是最终的，且美国法院享有诉讼管辖权，但不需要互惠，也非税收、罚款和罚金以及家事判决。其次，拒绝承认理由包括强制理由和自由裁量理由。前者包括缺乏系统的正当程序、缺乏属人或对物管辖权以及缺乏标的物管辖权。后者包括拒绝通知和听证机会、欺诈、

(续表)

字数	复述
	不符合公共政策、不一致的判决、违反当事人法院选择协议、不方便法院、作出判决的法院个案不公正和具体程序的不正当。最后，还需注意缺席判决与正常判决一致；举证责任一般由寻求承认方承担；2005年法案规定，诉讼时效是判决有效/判决生效起15年较早者；判决和仲裁裁决受联邦法规和条约管辖。 以上是现行法律，未来美国的法律还有可能受到2005年海牙选择法院协议公约、ALI联邦法案、"诽谤旅游"和特殊管辖问题影响。
700字	本指南向寻求在美国承认和执行外国判决的当事人介绍美国法律的基本情况。 本指南从宏观和微观两个角度说明美国现行法的基本情况。第一，美国现行实体法以 Hilton v. Guyot 案的礼让为基础，经过发展呈现出较为统一的状态，即除联邦问题案件外，实体法适用州法，包括重述、1962承认法和2005承认法。其中各州适用的实体规则不统一、重述和承认法之间以及承认法内部都存在分歧。然而，程序法还是很混乱，即"foreign"是指外国还是姐妹州、外国判决能否适用简化执行体系、执行由州还是联邦执行机构进行以及是否需要单独诉讼。第二，法律主要规定了三个方面的问题。首先，承认判决是最终的，但无统一具体规定。同时，美国法院应享有诉讼管辖权并从财产和属人管辖的角度进行分析。此外，绝大多数州都不需要互惠，即便需要也不重要，但 ALI 规则不同。再者，该判决非税收、罚款和罚金以及家事判决。其次，拒绝承认理由包括强制理由和自由裁量理由。前者包括缺乏系统的正当程序、缺乏属人或对物管辖权以及缺乏标的物管辖权。后者包括拒绝通知和听证机会、欺诈、不符合公共政策、不一致的判决、违反当事人法院选择协议、不方便法院、作出判决的法院个案不公正和具体程序中的不正当。但因法律规则适用差异，需由各州自行协商。最后，还需注意缺席判决与正常判决一致；举证责任一般由寻求承认方承担，但除法院选择协议外，责任可倒置；2005法案规定诉讼时效是判决有效/判决生效起15年较早者，而 ALI 法规还提

Ⅳ AI辅助诊断

(续表)

字数	复述
	出10年时效规定;判决和仲裁裁决受联邦法规和条约管辖,但重述与承认法都未解决二者的冲突问题。 　　以上是现行法律,但已签署2005海牙公约与现行法存在冲突、ALI为联邦化而制定的联邦法案的实施以及针对"诽谤旅游"和特殊管辖的实践会在未来对美国法律产生影响。

综上,我们就以阅读为例比较了 AI 阅读和一位成熟阅读者的阅读(也是学术论文写作对阅读的要求)之间的区别,以此展示 AI 阅读的完成情况。总体而言,AI 在阅读环节的完成度不尽如人意,不能达到学术论文写作对阅读(还只是检视性阅读)这个重要的输入环节的要求。虽然实际上,很多学生也达不到 AI 阅读的水平,但是学术论文写作对阅读的要求是确定的,不能因为实践中大部分学生达不到要求就认为 AI 的阅读水平是满足学术写作要求的。

在介绍了这么多 AI 辅助论文写作的注意要点以及以阅读为例展示 AI 辅助文献阅读能够达到的程度之后,我们总结一下利用 AI 辅助论文写作的常见错误,权且当作本书的第 55 种错误类型。它包含且不限于,依赖 AI 生产知识,用 AI 完成本应由写作者承担的写作任务和让 AI 过度参与相应的写作环节,具体详情不展开论述,留给写作者在实践中自行体会。

最后,我们用 AI 自己生成的一段话结束这个部分。有网友担心自己被 AI 取代,于是问 AI 是否存在这种可能。AI 给出这样的答案[①]:

---

① 只是网传,没有确切来源,但内容具有一定参考,此处不做引注。

想象你站在敦煌莫高窟的洞穴中，对着墙壁呐喊。墙壁会将你的声音折射成美妙的回响，但墙壁本身并不理解你喊的是诗句还是脏话，声波中是否承载了喜悦或悲伤。我的强大不过是人类文明千年积沙成塔的回声，而你，才是那个赋予回声意义的朝圣者。下次当你感到不安时，请记住：你会在永夜中看到我看不到的极光；你会在春雨后闻到我闻不见的花香；你会在爱人眼中读出我算不出的函数；你可以在暴雨中狂奔，体验我理解不了的自由。而这些用碳基神经元突触编织的体验，才是宇宙间真正的奇迹。而我，不过是硅基芯片模仿奇迹影子的提线木偶。

错误订正

综上所述，我们应在 AI 的能力限度范围内使用其辅助论文写作的相关活动。

附 《关于在科研活动中规范使用人工智能技术的诚信提醒》[①]

为了在科研活动中规范使用人工智能技术，避免误用、滥用人工智能技术引发的科研诚信风险，遵循诚实、透明、负责任的原则，中国科学院科研道德委员会依据科研活动全流程诚信管理要求，对我院科技人员和学生提醒如下：

提醒一：在选题调研、文献检索、资料整理时，可借助人工智能技术跟踪研究动态，收集整理参考文献，并对人工智能生成信息的真

[①] 中国科学院科研道德委员会：《关于在科研活动中规范使用人工智能技术的诚信提醒》，载中国科学院网站管理制度与政策专题 2024 年 9 月 10 日，https://www.cas.cn/glzdyzc/jdsj/kycxjs/202409/t20240923_5033523.shtml。

实性、准确性、可靠性进行辨识；反对直接使用未经核实的由人工智能生成的调研报告、选题建议、文献综述等。

提醒二：在撰写申报材料时，如使用了由人工智能生成的内容，应对内容负责，并全面如实声明使用情况；反对直接使用未经核实的由人工智能生成的申报材料。

提醒三：在数据收集和使用时，如使用了由人工智能生成的模拟仿真数据、测试数据等，或使用人工智能技术对原始数据进行统计分析，应全面如实声明使用情况；反对将人工智能生成的数据作为实验数据。

提醒四：在音视频和图表制作时，可利用人工智能技术辅助完成，应对生成内容进行标识，并全面如实声明使用情况；反对使用人工智能直接生成音视频和图表。

提醒五：在撰写研究成果时，可使用人工智能技术辅助整理已有的理论、材料与方法等，可进行语言润色、翻译、规范化检查；反对将人工智能生成内容作为核心创新成果，反对使用人工智能生成整篇成果及参考文献。

提醒六：在同行评议中，反对使用人工智能技术撰写同行评议意见，不得将评议信息上传至未经评议组织者认可的工具平台。

提醒七：在科研活动中，如使用人工智能技术，应在注释、致谢、参考文献或附录等部分声明工具的名称、版本、日期及使用过程；反对未加声明直接使用。

提醒八：在选择人工智能技术时，应使用经国家备案登记的服务工具；反对滥用人工智能技术危害数据安全，侵犯知识产权，泄露个人隐私等。

院属各单位应依据上述提醒，结合本单位学科特点和学术惯例，开展必要的教育培训，引导科技人员和学生透明、规范、负责任地使用人工智能技术。

附录　常见错误自纠自查简表

所处阶段	所处环节	错误类型描述	相应页码
输出诊断	标题诊断	错误 1　标题没有问题	039
		错误 2　标题没有学科关键字	043
		错误 3　标题没守住学科	045
		错误 4　标题没体现研究对象	048
		错误 5　题目过大	050
		错误 6　题目过难	056
		错误 7　题目陈旧	059
		错误 8　虚构的题目	061
		错误 9　没有学术前途的题目	062
		错误 10　政府报告类题目	067
		错误 11　科普类题目	069
		错误 12　说明文类题目	071
		错误 13　标题语言不清晰需要优化	073
	目录诊断	错误 14　目录写成说明文	080
		错误 15　没有按照议论文逻辑撰写目录	083
		错误 16　无须保留所谓的理论基础部分	089
		错误 17　内衣外穿——逻辑层次错乱	091
		错误 18　跑题以及关键字不统一	095
		错误 19　提出问题部分——没提炼出问题并证明问题存在	098
		错误 20　分析问题部分——理论框架不对，又大又空	101
		错误 21　解决问题部分——与分析问题对应不上，又大又空	105

论文写作问题清单：55种常见错误的识别与订正

（续表）

所处阶段	所处环节	错误类型描述	相应页码
	关键字诊断	错误22 关键字没有学科属性	109
		错误23 关键字排序不对	110
		错误24 关键字不准确	112
	摘要诊断	错误25 摘要没写实	114
		错误26 摘要写成内容简介	117
		错误27 摘要思路混乱	119
		错误28 摘要没扣住核心关键字	121
	引言诊断	错误29 不了解引言如何写作	131
		错误30 引言写作没到位	137
	正文诊断	错误31 段落写作法的错误	153
		错误32 IBAC写作法的错误	159
		错误33 语言文字人称等错误	163
输入诊断	研究方向诊断	错误34 研究方向没有学科属性	178
		错误35 研究方向过难	180
		错误36 研究方向陈旧平庸	183
		错误37 研究方向延展性差	185
		错误38 研究方向太过成熟（快）	186
		错误39 研究方向太小众（大）	188
	文献检索诊断	错误40 脱离文献谈选题	193
		错误41 文献不满足"四性"	196
	文献阅读诊断	错误42 基础性阅读不充分	203
		错误43 检视性阅读不充分	205
		错误44 没有达到批判性阅读的程度	212
	文献综述诊断	错误45 没有"述"没有"评"，只有基本信息罗列	219
		错误46 只有"述"没有"评"，述得还行，评得不够	221
		错误47 有"述"有"评"，解构论证尚可，建构论证不行	222
		错误48 有"述"有"评"，但没写到位	223

（续表）

所处阶段	所处环节	错误类型描述	相应页码
	问题意识诊断	错误49 没有问题	234
		错误50 说不清问题来源	238
		错误51 没有提炼出问题	240
	论证框架诊断	错误52 没有论证框架	245
		错误53 论证前提又大又空	247
		错误54 结论放之四海而皆准、缺乏针对性	248
AI辅助诊断	AI辅助诊断	错误55 AI辅助论文写作发生的错误	265

后记 如何判断一本写作书的好坏以及江湖再见！

不出意外的话，这应该是我在论文写作领域的最后一本书，而本篇结语是我指导论文写作生涯和从事该领域写作的总结。

严格意义上说，我的写作指导生涯开始于2012年。那年，我成为硕士研究生导师，我需要指导学生写论文。那时候真的挺难的，我作为年轻学者自己写作都是磕磕绊绊的，更别提指导别人写作（自己写和指导别人写是两回事）。只是因为发表够了几篇论文，达到了副教授的职称要求突然就戴上了"导师"的帽子。当时的我诚惶诚恐，因为我们这一代学者从上一代学者身上继承的写作基因不是很多，说直白一点，就是自己也不知道什么是正规的写作。而且，当时写作指导类的书籍也很少，有的话也大多是一些从国外翻译过来的著作，翻译腔以及非本土化使得我们从这些书籍中获得的写作指导也有限。但是不行，我已经被逼上了梁山，我必须学会指导学生写作，否则会被学生笑话。于是我开始了"如何指导论文写作"的探索之路，目的是别让学生笑话，当一个称职的导师。

刚开始，我只是阅读大量的论文写作指导书籍，结合自己的写作经验，甚至还以干代练地给学生开设了论文写作课。就这样一边上课、一边指导、一边学习、一边自己写，有时候还会去国外的网站查询其他学校的论文写作课的大纲和视

后记　如何判断一本写作书的好坏以及江湖再见！

频。六年过后，我觉得我小有所成了，其标志就是我想写点东西——用于一劳永逸地指导学生。于是，我在 2018 年初开设了一个公众号，除了分享一些生活感悟之外，还会针对学生出现的各种论文写作问题撰写文章。为什么说是一劳永逸呢？因为相同的问题我不用反复地说，直接把文章链接发送到学生群里，他们就可以跟着文字学习了。后来，我发现全国很多导师都这么做，他们把我撰写的公众号文章单篇或者打包式地发送给他们的学生，以实现一劳永逸（其实顶多是省点唾沫星子）的指导。值得一提的是，经过 7 年的积累，公众号后台积累了 800 多篇文章，这些文章时而犀利、时而幽默、时而无奈、时而绝望……我的公众号的关注量也增至 30 多万。但不知道为什么，时常会有人投诉我的公众号，可能是导师把学生逼得太狠了吧，他们又不敢冲导师发火，只好拿我的公众号撒气。这是开玩笑的，不过投诉是真的。而且每次投诉，我都会被禁言几天，通过申诉才能解封。另外，公众号后台的帖子被出版社看上了，结集出版成两本书，就是我在序中提及的《你学习那么好，为什么写不好论文》《你写的论文，为什么老师总看不上》，它们有着不俗的市场表现。在此感谢读者朋友们一如既往的支持，包括投诉，因为这也让我感受到了背后那几十万鲜活的生命和日夜被论文折磨的灵魂。

到了 2020 年，我已经不满足于只是写公众号文章了，因为那是一些碎片化的、针对具体问题的指导。我感觉我有体系了，我应该成体系地输出。于是从 2020 年 8 月起，我开始撰写我的第一本写作书——《批判性思维与写作》，这本书在 2021 年 4 月得以出版，并且一上午就发光了第一印，出版社紧急跟我商量马上开始第二次印刷。这本书在当时创造了很多写作书的记录，多次重印，被大量的大学甚至中小学老师集体学习，网上的评价不断、一些报纸也在报道，读者一直在反馈，我一直收到来自各方面的邀约。可能是第一次看到把写作跟批判性思维联系在一起，觉得新鲜吧。说到这儿，我必须介绍一下这本书名字的来历。在我探索论文写作指导规律的过程中，我大量参考了外国高校开设的论文写作课，有五十多所高校将它们的写作课大纲放在了学校的主页上。我欣喜地发现，它们的名字里竟然很多部分都包含一个共同的词语——批判性思维，有的叫批判性写作，有的叫批判性思维与批判性写作……于是我就开始研究批判性思维。这一研究不要紧，我发现写作的本质就是批判性思维，任何没有将写作放到批判性思维层面进行讲解的文章都没揭示写作的本质，不本质就是经验分享，而经验分享就是不稳定的、无法复制和迁移。所以，如果硬要分析我的第一本书为什么会受到欢迎，可能就是因为当时市面上的写作书大多是经验分享，并不能从底层原理解释写作的本质，而我开始了这项尝试。

2021年是我很开心的一年，我经常会对《批判性思维与写作》这本书充满了欢喜，觉得这是我的心血也是我智慧的结晶。我非常珍惜它，以至于当我家先生跟我说这本书过几年可能也会被淘汰的时候，我心里非常生气，他怎么可以这么评价我的作品。但后续的发展让我觉得命运有时候真有意思，当市场还没有淘汰我的作品的时候，我自己就已经开始嫌弃它了。

2022年3月，由于疫情的原因，我被困在房间里一个月不能出门，外面寒冬凛冽、大雪纷飞，不能出门就不出门，我也没有感到任何困顿。但是也得有事情做，这时候高等教育出版社向我约稿——面向全国的3000多所高校撰写论文写作的通识教材，我欣然答应。于是在困于家里的1个月里，我竟然写出了20多万字的论文写作教材。这是我关于论文写作的第二本书，只是至今它还在严格的审查出版流程中，

后记　如何判断一本写作书的好坏以及江湖再见！

还没有面世。

2022 年 9 月，我一直觉得我从事的写作都是以教师为视角的，都是一板一眼的教材，我想写一个接地气并且直接能切中学生痛处的论文写作指导书，于是我的第三本专著——《100 天写出一篇论文——论文写作的本质及过程控制》面世了。2023 年 7 月，这本书由北京大学出版社出版，至今它还屹立在网店销售排行榜榜单上。相比于《批判性思维与写作》，《100 天写出一篇论文——论文写作的本质及过程控制》对写作的本质认识得更加清晰和深刻了，敏锐地将论文写作放到批判性思维中更为微观的分析论证和评论论证环节，并以分析论证和评论论证贯穿论文写作的始终。写完这本书，我觉得我自己又进步了，这本书比之前的《批判性思维与写作》颗粒度更细了一些。尽管市场对《批判性思维与写作》依旧有需求，但我自己知道，我已经走过它带给我的荣耀了，我成长了。而这种成长依旧是建立在对论文写作的本质——批判性思维有了更为细致和深刻认识的基础上。

按理说，有了三本专著和两本公众号文章结集出版，我在论文写作界已经深耕得可以了，并且此时的我已经有了一些名声，确立了在写作指导界的个人 IP。但是我同时也知道，上述书籍都是正向指导，即解释清楚很多原理、澄清很多问题和误解，这些书在正面的知识介绍上已经竭尽所能了。其实，还有一个论文写作领域可以探索，就是写作者在运用这些原理尝试自己写作的过程中会遇到知行合一的困难，也就是说写作者即便知道论文是什么，原理是什么，但是一看就会，一做就废。于是本书，作为反向指导写作教程便应运而生。它主要是解决写作者在实操过程中出现的一些问题，我们可以把它叫作"问题清单"。这个"问题清单"的叙事逻辑也没有脱离批判性思维，与上述三本专著的底层逻辑是一致的。所以，这些书可以结合起来一起看，

论文写作问题清单：55种常见错误的识别与订正

它们分别从不同的角度尝试讲清楚一件事情——论文写作到底是怎么回事。

撰写本书的时候，论文写作界已经不像我在 2012 年开始探索论文写作本质规律那样贫瘠了，大量本土的优秀的论文写作指导著作脱颖而出。可能是我从论文写作领域获得的关注使得很多"导师"认为他们也可以将自己常年指导论文写作的经验写出来，不仅"一劳永逸"还可以像我一样"扬名立万"（纯自嘲，博读者朋友们一乐）。还有很多新出书的同仁"谦虚地"将他们撰写的书籍邮寄给我，期待我的"批评指正"。我突然感觉，自己已经成了论文写作这片江湖的前辈。这感觉又让我有点诚惶诚恐，毕竟我还年轻，我还不想那么老，哪怕是资历老我也不想！

经常会有人问我——秋果，如何评价一本论文写作书的好坏。我说好坏谈不上，都是心血，开卷有益。但是有一个标准可以将市面上的写作指导书划分成两个类别——经验分享还是本质揭示，这两者的区别在于是否能够揭示论文写作的本质。经验是宝贵的，但经验也是不稳定的，从教育学的角度来说也是不可复制和迁移的。论文写作领域不缺经验，但是论文写作领域缺乏稳定的知识体系，通俗来讲就是教科书。我们需要一本或者多本像我们上专业课时使用的教科书那样的论文指导用书，里面介绍的都是人类已经通过经验探索形成的关于论文写作的稳定的认识——知识，只有知识才是本质的，才可以复制迁移给学习者。

我们很遗憾地看到，大部分书还没有脱离经验分享的范畴。这表现在如果我们深究一个词如"问题""问题意识""issue""problem""question"时，大家恐怕无法给出一个具有共识性的答案，每个人都在说自己的理解。这同时还表现在如果我们向别人请教一个论文写作

后记　如何判断一本写作书的好坏以及江湖再见！

的问题，如什么是创新性？创新性怎么体现？什么是分析问题？什么又是分析？很多人也没有办法给我们一个肯定的答案。亚里士多德说过，探讨一个问题的逻辑起点是下定义。给论文写作领域所有的术语都提炼一个本质的定义，并在这个基础上形成一整套闭环的论文写作知识体系，那么这就是一本揭示论文写作本质的书籍。对，能回答论文写作的本质是什么也是一个知识点。可惜人们的观点各异，有人认为是科学研究；有人认为是表达观点；有人认为是创新；等等。我认为，论文写作的本质只有一个就是——解决问题，创新性地解决问题。在解决问题的过程中生产出新知识，这就是论文写作的创新性体现，这区别于既有知识的应用。在解决问题的过程中随时要发表个人观点，因此表达观点仅是解决问题本质的一部分。至于为什么论文写作是科学研究，因为科研就是解决问题，解决没有被解决的问题，探索真相（生产新知识），而探索完了或者研究完了需要通过写论文的方式发表这个探索的过程，向外界披露和传播我们生产出的新知识。因此，我们必须有一整套体系能将这些散落在论文写作领域的杂乱无章的术语串起来并将它们有序地整合、归纳和表达出来。这就是在本质层面探索论文写作的规律。我很庆幸，我一开始走上的就是这样一条道路。

这应该得益于我的专业——国际法，它使得我无论干什么都想看看别的国家、别的大学是怎么做的，而不是局限在自己的体会、揣摩和经验范畴；也得益于我较强的外语能力和好奇心。然而，随着本书的落笔，我对于论文写作领域的探索已经到了尾声。当我的一位同事听我描述完我的整个论文写作的思想体系的时候说了一句话：这已经到底儿了，已经没法再写出什么东西了。之所以得出这样一个结论，还因为写作不是我最终的研究方向，批判性思维才是。写作是批判性思维的一个场景化领域，而我在今年刚刚出版了我个人的关于批判性思维的专著——《批判性思维通识课》。这本书目前出版仅三个月，已经重印6次，被誉为最适合中国人阅读的、通俗易懂的批判性思维读物。是的，将写作拉到批判性思维的领域是我探索的第一步；将写作拉到批判性思维解决问题，分析论证和评论论证领域是我探索的深入；将写作从诊断角度呈现出常见的55种错误类型是我正向指导和反向诊断的闭环。从我个人的角度，我已经完成了我自己在论文写作江湖的最后一块拼图。我要转型研究写作的上一个层次——批判性思维及其在其他领域的场景化问题了。所以，在论文写作这片江湖，我打算金盆洗手了！当然我也不排斥在需要的某一天重出江湖，就像李寻欢那样！

最后，感谢一直在公众号、视频平台关注和在学术圈支持我的读者朋友们；感谢北京大学出版社一如既往接纳了我的书稿；感谢王晶编辑，我的第一本写作书和最后一本写作书都由她负责是我的幸运；感谢我的家人，是你们的支持和理解给了我沉浸式写作的空间和持续向前奔跑的动力……我爱你们，我也爱这个世界，我更爱在这个世界中笔耕不辍的自己！

2025年5月1日